清華法治論衡

第21辑

全球化时代的中国与WTO（下）

高鸿钧 主编
鲁 楠 副主编

清华大学出版社
北京

内容简介

本书是“全球化时代的中国与WTO”之下卷，旨在对全球化时代中国与WTO的关系进行系统反思和战略思考，其内容涵盖贸易、投资、航运、知识产权等诸多领域，主题涉及WTO的历史渊源、价值基础、治理结构、争端解决机制、经济影响、发展前景和潜在危机，以及中国在WTO中的角色和战略等诸多方面，具有全球性、战略性与前沿性。

本书适合WTO及国际经济法领域的研究者和学生参考，也适合政府官员尤其是高层对外战略制定者阅读。

图书在版编目(CIP)数据

清华法治论衡. 第21辑，全球化时代的中国与WTO. 下 / 高鸿钧主编. —北京：清华大学出版社，2015

ISBN 978-7-302-39998-8

Ⅰ. ①清…　Ⅱ. ①高…　Ⅲ. ①法治—文集②世界贸易组织—规则—影响—法律—中国—文集　Ⅳ. ①D902-53

中国版本图书馆CIP数据核字(2015)第086417号

责任编辑：方　洁
封面设计：傅瑞学
责任校对：宋玉莲
责任印制：李红英

出版发行：清华大学出版社
　　网　　址：http://www.tup.com.cn，http://www.wqbook.com
　　地　　址：北京清华大学学研大厦A座　**邮　　编**：100084
　　社 总 机：010-62770175　**邮　　购**：010-62786544
　　投稿与读者服务：010-62776969，c-service@tup.tsinghua.edu.cn
　　质量反馈：010-62772015，zhiliang@tup.tsinghua.edu.cn
印 装 者：三河市金元印装有限公司
经　　销：全国新华书店
开　　本：155mm×230mm　**印张**：20.75　**插页**：1　**字数**：278千字
版　　次：2015年6月第1版　**印次**：2015年6月第1次印刷
定　　价：38.00元

产品编号：057013-01

本 书 由 清 华 大 学 法 学 院　主持

清华大学法律全球化研究中心　编辑

目录

卷首语

主题文章

法治纵论

CONTENTS

FOREWORD

MAIN TOPIC

ARTICALS

BOOK REVIEWS

POETRY

FOREIGN LEGAL INFORMATION

卷首语

世界贸易中的战争与和平

鲁　楠

一

世界贸易的本质是和平，还是战争？

乍看起来，这是十分奇怪的问题。战争是暴力相向，而贸易是互通有无。显然，贸易的本质是和平而非战争。而且，贸易是对战争的替代，是化战争为竞争，化劫掠为交换，化异类为商伴的“美妙”之事，是“永久和平”的第一助手。

在世界贸易史中，一叶扁舟、三五驼峰，漂洋过海，穿山越漠，在殊方异俗的文化孤岛之间穿起金丝银线，以契约打破地域悬隔、身份壁垒与血缘分殊，在无根之境中生长信任，在逐利之念里寻求共识，这不啻为人类进化史中的奇迹，是对“非我族类，其心必异”之血族伦理的超越。

早在古希腊的迈锡尼文明时期，在地中海东岸，小亚细亚至北非之间，曾出现一片“新月”地带，在此兴起过商业的热潮。作为亚里士多德笔下古代世界的“七大奇迹”之一，罗德岛的太阳神巨像是指引海商的灯塔；作为人类最早期的法律形式，“罗德法”是一切商法的原始样本。那些勇敢的商人和航海家们，尽管地位与荣耀无法与阿伽门农和阿基里斯相提并论，但其生活与律法深藏在《荷马史诗》的阴影里。

那个时候，商队如同四处飘散的蒲公英，不仅携带着财富的种子，也传播着文化的讯息。在远方，中国的汉代，随着卫青与霍去病的铁骑横扫漠北，张骞持节走向西域，丝绸之路成为联结欧亚的纽带，人类的宇宙视域有了全新的尺度。在这条道路上，不仅曾有驼铃的回响，还有白马驮经的传说。天竺逸事激励着一代代僧侣向西天而去，汉唐风物吸引着一个个圣徒向东土而来。直到唐代，这条道路迎来了伟大的唐僧。与此相对，在亚洲大陆的南端，一条蓝色的丝绸之路从广州向印度半岛延伸。4 世纪，当法显坐上西去的白帆，他心中的佛国梦与同船商旅的财富梦绑定在一起。在法显的目的地，一些游离于乡村的吠舍和首陀罗们来到城市，成为新的商人和手工业者，并作了耆那教的信徒或佛教的金主。

此后，伊斯兰旋风在欧亚之间升起，穆斯林商人随着它的骑兵登上舞台，新月旗帜下的商队携带着从马格里布到耶路撒冷的商业信件，穿过大洋与大陆，信里诉说着信任与背叛，传递着战机与商机。直到 11 世纪，因蛮族入侵和伊斯兰劫掠而趋于冰冷的地中海才恢复商业的热度。威尼斯商人的大三角帆徜徉在昔日罗马的内湖，而古罗马法学家转世为公证人，以无比的威严为南北的商旅决疑。不愿束缚于土地和附庸于领主的商人们积聚于城市，凭借誓约成了“兄弟”，不仅向昔日的主子索要特许状，还要自定宪法，自我管理，于是罗密欧与朱丽叶成了情人，安东尼与夏洛克成了仇敌。那个时候，奥列隆岛上的女子正在精心编制商人间的惯例，据说这一本商法与古老的“罗德法”有着神秘的关系。

二

然而，世界贸易史绝非一部罗曼史，其字里行间也暗藏着腥风血雨，正如《奥列隆惯例集》的诞生绝非因为爱情，而是幽闭与惩罚的

“硕果”。同一段历史总有不同的讲法，同一个故事既是喜剧也是悲剧。

德国思想家马克斯·韦伯曾说，任何经济活动都是关乎生存的斗争。任何共赢的美梦醒来，真相都是零和博弈。当希腊人在罗德岛竖起雄伟的灯塔，宣告的是对腓尼基人的胜利；当年轻的汉尼拔越过阿尔卑斯山挑衅罗马的军团，其争夺的是地中海的利益；当穆斯林商人们传递信件，讲述着财富的故事，其代价是对基督教商人的压制；而威尼斯的财阀们反戈一击，让巨额金钱变成了十字军铁骑；当罗密欧与朱丽叶相亲相爱，其家族却刀枪相对；当安东尼与夏洛克对簿公堂，其背后是对犹太商人的敌意。当英格兰的羊毛行销欧洲，代价便是北欧产地的衰落，后果便是“羊吃人”和圈地运动；当西印度群岛出现在航海家的地图，香料和象牙便成为新兴的生意，殖民地总督和种族灭绝便是历史的逻辑。当康德躲在柯尼斯堡构想着“永久和平”，谁能想到和平往往是战争的间隙；当大卫·李嘉图提出比较优势的美妙学说，马克思早已看出，真相是比较优势掩盖下的绝对优势，是互利共赢包装下的永恒支配。

在对绝对优势的追逐中，在对永恒支配的执着中，一批批拳王相继倒下，一代代霸主轮番登场。当西班牙与葡萄牙瓜分地球，帝国的末日已将来临；当海上马车夫驰骋七海，霸主的荣耀行将暗淡；马背上的世界精神不过是法兰西的昨日传说，日不落帝国的铅华落尽不过是英吉利的朝花夕拾。

倒是韦伯，从青筋暴露的芝加哥那里，看出了新兴资本主义的野蛮生长，从本杰明·富兰克林的自传中，解读出了明日帝国的精神代码。在小店主与大资本家之间，在老绅士与新扬基之间，在清教徒与盖茨比之间，贯穿着一种宰制世界的神秘力量。当梁启超游历新大陆，回归故国，便已看清，儒家士大夫的优雅身段，无法匹敌盎格鲁-撒克逊商人的精密算计，乡野农夫的勤劳肯干，无法对抗新教工人的职业伦理，帝国奴仆的媚颜屈膝，无法对抗民族国家精英的自由奋斗。前者重复的永远是昨日的故事，后者开拓的往往是未来的希望。

直到一百多年后，在比尔·盖茨与乔布斯身上，流动的仍是哥伦布的血液，在互联网和新技术的数字矩阵里，暗藏的仍是富兰克林的精魂，硅谷是无烟的芝加哥，苹果是艺术化了的蒸汽机。在这永恒的支配中，富士康的女工、班加罗尔的码农与华尔街的豪客各自获得了他们的神圣种姓。

三

在世界经济的战争与和平中，暗藏的是永恒支配的铜墙铁壁，是轮回再生的神圣种姓，是喜忧参半的历史终结。在21世纪，奥威尔的极权主义箴言已然颠倒，和平即战争，奴役即自由，力量即无知。世界体系的永久和平包裹着追求超额利润的永恒战争，世界分工的隐性奴役包裹着新自由主义的神圣自由，充满力量感的世界帝国传播着对这一体系的无聊赞颂与浅薄神话。

世界上最残酷的战争，是未战先输的战争；世界上最无望的和平，是无人挑战的和平。然而，在诸多挑战者中，拉登只能摧毁象征新教伦理的双子高塔，普京只能组织起自娱自乐的民族狂欢。精确打击和全球围猎让前者无所藏身，页岩气革命和油价暴跌让后者气力不支。他们往往缺乏良好的记性，不记得伊拉克战争中的萨达姆，不记得20世纪70年代的石油危机。更何况，挑战者提供的“美丽新世界”往往是更深一层的地狱，正如汉尼拔的骄纵换来的是迦太基的毁灭。在这场超级游戏中，战争与和平交换着彼此的角色，成功与失败仅在一念之间。

也许，解放之路并非一场众声喧哗的革命，也非一次载入史册的远征，历史常常会选择通往新天地的羊肠小径，正如尼奥只需解构并重构黑客帝国的源代码，佛罗多只要将魔戒投入末日火山。在这气势恢宏的世界体系之中，其原始动力是喷薄的生命意志，其运作系统却是约束与导引的法律。是法律确确保着陌生人之间的信任，是法律铺设着商品与资本的管道，是法律决定着是非曲直的尺度，是法律转换着战争与和平的按钮。在法律之中，暗藏着将战争变为和平，将支配化为解放的另一条道路。

在 WTO 的司法竞技中，在上诉法官的司法决疑中，在日益复杂且专业化的世界贸易法律文献中，在纵横捭阖的国际商务谈判中，在犬牙交错的国际、区际、地方性贸易安排中，每一轮较量都暗藏着吸收生命意志之破坏本能的潜力，将之转化为一种创造更佳生命状态的激烈竞争。

于是，我们在世界贸易史的战争与和平之中，发现了比罗德岛的太阳神灯塔更伟大的奇迹，那是罗德法和它的现代化身所开辟的解放之路。

全球化时代的中国与 WTO 高端战略研讨会纪要(下)

清华大学法律全球化研究中心
燕聚鸣小组整理　鲁楠统稿

申卫星:各位嘉宾,各位同学,我们接着进行第二单元的讨论。第二单元发言的也是三位嘉宾,每位嘉宾发言时间也是限制在 25 分钟,下面首先有请来自国家发改委法规司的梁彦副司长。

梁彦:各位老师,各位同学,大家下午好,我非常高兴参加今天的高端论坛。另外,刚才听到几位专家教授讲,我也挺受触动,听众也都是咱们清华大学的老师和学生。结合自己的想法,我想谈自己的三点看法。

第一,讲一下经济全球化、法律全球化给法学教育和法律人才提供了大的机遇。王振民院长开篇致辞的时候也谈到,在目前的背景下,适应 WTO 和法律全球化的法律人才储备不够,这也给法学教育提出了要求。大家可能对经济全球化有一个概念,现在我们基本上面临着两种资源的整合,即在国内、国外两个市场里优化和配置资源。在这种情况下,中国面对经济全球化,不仅把外资引进来,而且自己走出去,取得了举世瞩目的成就,这点每个人都会有切身感受。特别是"入世"以后,中国经济更是快速发展。在"入世"前期,大家曾担心狼来了,但事实证明,中国是"入世"的受益者,即使不是最大的受益者,也是非常大的受益者。"狼来了"的结果不仅是国内的产业没有倒下去,而且使我们的很多产业取得了长足进展。当时,我们特别担心汽车工业受到影响,但现在我们的汽车工业发展得很快。

另外,"入世"以后,中国在各个方面都从国际发展环境中获益。浙江把市场建在家门口,把产品卖到全世界,世界各地都到义乌的小商品市场采购,我们也到世界各地销售,这也得益于"入世"以后外需的拉动。在发展过程中,我们的产品出去了,我们的人出去了,技术不仅引进来,也出去了。现在华为的技术也走出国门,中国确实融入世界经济,在发展中受益极多。过去,我们谈经济发展,就老说"三驾马车":外贸、内需和投资。其中政府投资是强有力的拉动力,这些年来外贸的拉动力也特别大。但在近十几个月,经济有些下滑。世界金融危机以后,外需不旺,导致经济增长的速度减缓,现在企稳了,起码不再下滑。这说明"入世"以后,中国的经济得益于"入世"以后跟各国的贸易发展。

在这种发展过程中,我们需要做出很多改变。首先,我们需要熟悉规则,其实刚才张月姣教授讲得非常好,我们缺乏熟悉国际经贸规则的法律人才。现在包括政策制定者也并不太熟悉 WTO 的规则。我们有那么多的产品出去,还有很多技术出去,到世界各国做生意,不熟悉人家的规则肯定不行。但熟悉也确实需要一个过程,原因是我们缺乏相应的法律人才和知识的储备。其次,在法律全球化的背景下,我们还要参与规则的制定,这一点也很重要。在很多时候,我们没有参与这些规则的制定,或者参与的程度、发言权不够。现在中国是世界第二大经济体,在这种情况下,经济上占主导地位,在规则制定上也要相应地参与,积极地为本国利益争得相应的规则制定权。再次,我们应当谋求主导规则的制定。这么多年来,我们总是在这些规则方面被动应付，而不是在主导规则。而今作为一个经济大国，随着国家发展，应当谋求主导规则的制定，这都给法学教育、法律人才的培养带来了很大机遇。在这个方面，过去确实是重视不够。

第二，全球化也给年轻学子提供大的舞台，这也是切身感受。“入世”之初，为了适应“入世”需要，我们曾经进行大规模的法律、法规清理，看它跟世贸规则是否相一致。当时，我们在清理过程中发现，世贸规则很复杂，条文也很多，我们清理起来觉得很费劲，而且时间要求得很紧，那个时候就感觉到中国太缺乏这方面的人才了，我们都是边干边学。另外，我们还对本国产业非常担忧，那个时候对“入世”的态度跟现在的完全不一样，就觉得狼来了，中国的幼稚产业恐怕难以经受冲击，特别是汽车、纺织、钢铁，还有服务业等许多产业都面临很大冲击。但其实 WTO 规则对这些产业都是有一些相应的保护措施。

我们在法规清理中也发现，在适用 WTO 规则的时候，WTO 规则对三个领域的适用是放宽的，一个是中小企业，一个是高新技术，一个是落后地区，对这三个领域的支持，WTO 并不限制。当时我们在起草《中小企业促进法》的时候，第一章就是资金支持，这是 WTO 规则允许的。在资金支持上我们设了中小企业基金，要求财政上留个户头，每年要给中小企业发展提供一定支持。法律制定后，施行的效果非常好，这几年大家也看到发展中小企业的呼声也越来越高，我们对中小企业财政支持的力度也越来越大。对于落后地区，比如西部大开发，政府做了大量的资金投入，西部开发也是支持落后地区，WTO 规则不限制。再就是高新技术领域，这方面也不受限制，所以，这些年我们对科技的投入量非常大，面也很广，这几年中国的科技发展也是比较快的。当然，最近美国对我们的技术创新方面提出异议，认为政府支持企业的技术创新，建立国企的创新中心不符合规则，在这个方面我们也做了大量的工作。

在工作中，我们也感觉到 WTO 规则比较麻烦，我国遇到很多的纠纷。比如刚才说的稀土官司*，现在还在进行。张月姣教授有个观点，要以平常的心态对待这些官司，这句话我对我触动很大，因为我们一打官司就怕输。一听打官司，首先领导紧张，你们必须把这个官司打好，不能输，但是我们对规则又不太熟悉，这需要一个过程。还有，"绿霸"事件涉及知识产权方面的纠纷，商务部也跟我们一起讨论，共同应对。对于这些方面，我都感觉到，我们确实是不熟悉人家的规则，对WTO的一些要求也不特别清楚。

目前，我们的法律人才、法律知识储备和素养都不够。当我们打稀土官司的时候，首先想找些专家，去商务部找、去院校找，但所获不多；比如"绿霸"，它其实涉及知识产权问题。美国认为，我们保护青少年免受黄色不良信息侵害的软件侵害了它的权利，于是就起诉，同时美国找了13个行业协会的会长向中国政府提出抗议。在这一过程中，我们最后没办法，请了美国的律师事务所律师，毕竟他们熟悉规则。所以，从这个角度来看，清华在这个方面要培养一支能到国际上打官司的队伍。清华见识早，动手快，在这个方面积极开展法学的教育，积累储备一批法学的人才，适应中国的发展与开放，适应中国不断融入世界经济的过程中对法律规则的需要，对法律人才的需要，这是既有眼光，也是非常必要的。

第三，全球化的法律教育与法律人才培养需要国际视野。中国现在是一个大国，大国在国际中的分量和地位非同小可。我们在外交中奉行"大国是关键，周边是首要，发展中国家是基础，多边是舞台"的原则，在这几个关系的处理中，无论是多边还是单边谈判，熟悉法律规则、具有谈判能力的人才都极为缺乏。

此外，我们需要有一种战略思维，这一方面谈起来容易，做起来难。比方说，刚才谈到经济安全的问题，我们现在也在考虑在经济安全方面提出一些立法建议，跟全国人大也进行了沟通。我们的很多法律，包括能源法、粮食法和电子信息法的规定，都有维护国家经济

---

* 指美国、欧盟、日本诉中国稀土、钨、钼相关产品出口管理措施案，简称稀土案。——编者

安全的考虑。但是在具体适用这些法律的过程中,包括引进外资的过程中,最后我们往往发现危机四伏,在很多重要的产业中,我们并不占主导地位。比方说,信息网络这方面,几年前北京国际机场通信网络发生了事故,但是控制终端在西直门,想启动修理得到西直门。在这个过程中我们就发现,这些设备都是从外国引进的,没有中国自己的。如果这些东西都是人家的,一旦发生大的事故,只要人家把这个东西一卡,你的交通网络就中断了。所以,电子信息方面的立法我们也要引起重视,关注经济安全。例如,华为进入美国受阻,我们以为美国非常开放,但我们一进去就受阻,包括过去中海油出去并购,也屡屡受阻,可见各国都重视经济安全。

战略思维是大事,同时还有一些细节的关注。在工作中,包括"入世"谈判和打一些官司的过程中,我们就感觉到,情况经常是"原则的肯定,具体的否定"——大原则全有了,但是一到细节的时候,事情又走不通了。在今后的法律教育中,中国怎么在细节上多下功夫,做到既注重原则,又注重细节,这可能也是人才培养的一个重要方面。尤其现在对外交往越来越深入,范围也越来越广,在一些细节上经常出问题。例如稀土的案例,在稀土纠纷中,我们因为限制产量而受到指责。我也带队去调研过,在生产稀土的这些山上,一旦开发以后,原来的植被就破坏得特别厉害,尤其是广西、江西稀土比较多的地区,只要开发厉害的地方,那个山头老远就能看出来,秃得一片片的,就不再长草了。我们为了保护环境,要限制一些稀土的生产,但到具体的法律细节上,我们的把握就不大,应对国外的指责和法律诉讼的时候也觉得很被动。所以,在这些细节的关注上,中国要多注意,尤其在人才早期的培养上,尽可能全面地熟悉人家的规则,这点也是非常重要的。

WTO是一个国际贸易组织,今后经济全球化的趋势是不可阻挡的,在全球化的背景下,法律全球化的趋势也将不可阻挡,面对这种趋势,我们的法律教学,法律人才的培养肯定也要按照这个趋势来进行,我也特别高兴地看到清华大学法学院很重视这点,时间有限,先谈这些体会,谢谢。

申卫星:感谢梁司长的发言,梁司长从法学教育的高度肯定了这次会议,以及清华大学做的努力,就像梁司长刚才讲的一样,培养有国际视野,懂外语,懂贸易规则,懂国际法律,能够在国际上打官司的人才培养队伍,应该放在国家战略的高度去认识。

今天除了清华大学法学院,还有另外两家兄弟院校的老师和院长,他们也是作为专家来的,接下来有请第二位发言人,西安交通大学法学院院长单文华教授。

单文华:非常荣幸有这个机会来到著名的清华大学,和同学们做一个交流,借这个机会,首先感谢王振民院长、高鸿钧教授、清学法学院给我这样一次机会。今天讲的是和贸易有关的投资问题。投资和贸易是经济全球化主要的载体,其他的专家主要从贸易的角度做了深入研讨,我主要从投资的角度做一点补充。这些年,投资法的发展也非常快,中国也面临很多问题,包括中美谈判、中欧谈判。在世界范围内,国际投资法也面临很大的转型。所以,这方面需要重视。本人也在这方面有过一些接触,包括前一周,我们还在商务部和美国进行投资条约的谈判,后天还要去欧洲议会,就中欧投资问题做一个听证,这也是我这些年关注比较多的领域。接下来我会针对 WTO 中国和国际投资法的发展问题与大家分享几点具有基础性质的思考。

我想用六句话来概括我想讲的东西。

第一句话,WTO 法是贸易法,也是投资法。所有学过 WTO 的人应该对这个观点有比较清楚的认识,WTO 法是贸易法,但是实际上又超越了传统贸易的范畴,涉及投资领域。这点突出表现在服务贸易领域,人们认为服务贸易包括关于投资和增长的协定,投资在其中占据很大一部分。

服务贸易总协定之外还有一个《与贸易有关的投资措施协定》,实际上其内容是关于各国采取的投资措施可能产生一些贸易的效应。这是从规则层面来看,不仅仅是管贸易,也管投资。从实践层面来看也是这样，为了加入 WTO，我们在 2001 年前后，基本上把中国所有的外资法，从基础法到实施细则都修改个遍。从我国“入世”十年经济发展的情况来看，特别是从贸易和投资的发展来看，贸易总量增长了接近五倍，投资总量也翻了一番以上，从 2001 年的 468 亿元到 2010 年的 1057 亿元。所以，“入世”不仅对贸易有很大的效果，对投资也有很突出的促进作用。这就是我想讲的第一句话，它既管贸易，也管投资。

第二句话，对第一句话做一个补充，那就是它主要还是管贸易，其次才是管投资。WTO 对贸易的涵盖是全面的，基本上你能想象的贸易的内容 WTO 都管，而对投资 WTO 只管碎片化的一部分，服务贸易的投资它管，其他两个产业的投资 WTO 管得很有限。服务贸易的投资也是各国主动开放的部分才管，不开放的不管。在其他的第一产业和第二产业有很大量的投资，这一块不是完全不管，但是管得非常有限，只对非常有限的几类措施管。所以，对投资是有局限的管理。

从对投资的实际促进效果来看，WTO 的作用也是有限的。细心的同学可能注意到，贸易增长了五倍，投资才翻一番，十年时间翻一番，按照中国 10% 的经济增长速度来算，这其实不是特别突出的贡献，原因就是 WTO 虽然涉及投资内容，但主要并不管投资。同时还有一个重要的问题，它管投资的力度是有限的，如果是一个正规的管投资的法，它就会涉及投资者和东道国的争端解决问题，这能够给投资者提供强有力的保障，但是在 WTO 里没有这个内容。它主要是个贸易法，其次才是投资法。目前为止，WTO 想讨论一个全面的投资协定是不成功的，多哈回合关于这个问题已经搁置很久。所以，到目前为止，WTO 对于投资的管辖是有限的。

我想讲的第三句话是，在“入世”十年之后的一段时间里，会出现贸易纠纷常态化、投资纠纷凸显化的现象。中国加入 WTO 之后的十年积累了经验，老百姓和官方对 WTO 规则也有很好的接受度。从另外一个角度来说，如果对比投资领域，贸易领域的规则是比较成熟的，而投资领域的规范现在是碎片化的。所以，这就导致将来在WTO，涉及中国的纠纷还会很多，而且会越来越多，但是大家可能逐渐能够用比较平常的心态对待。但是现在，面对很多关于投资的问题，好像大家比较容易激动，中海油收购的问题，中兴、华为的问题都激起国人的义愤，引起很大的关注，其中有理性的成分，也有很多激情的成分。同时这方面的案件也很多，例如，前不久平安保险告比利时的一个公司富通的案件，在这之前香港有一个公司告秘鲁政府的案件，还有中国黑龙江机械开发公司告蒙古国的案件，中国投资者告其他国家的政府的案件已经有好几个了。有没有别人告我们呢？也有。马来西亚的投资者告我们政府在一个房地产开发项目上由于政策的变化导致了损失，这是海南的一个投资项目。投资领域的纠纷会越来越多，这方面也值得引起关注。

与不断增长的投资领域纠纷相对，这个领域的法律供给是非常欠缺的。与贸易法相比，投资法高度碎片化，没有一个WTO这样的组织，也没有一个中央化的一整套规则体系。投资主要靠什么？现在主要靠双边投资协定(BIT)管，在全世界，BIT有将近三千个，很分散，不统一，存在很多的问题。中国现在对外投资快速发展，"入世"以来按每年50%的速度增长，现在已经排名世界第五，今年上半年世界第一，下半年能不能维持不好说，但是第二是肯定能保住的，接受外资第二是能保住的，但是对外投资第二还不一定。我们还面临一个新问题，制定和参与投资规则的时候，我们需要同时打赢两场战争，一场就是外国在中国投资，我们需要保护，我们希望在保护的同时，也保护好自己的经济主权，这是防守的战争；同时我们的企业走出去，还希望能得到外国政府充分、及时、有效的保护，这是一场进攻战。同时要进攻还要防守，一手拿矛，一手拿盾，都要打赢，挑战非常大。这是我想讲的第三句话，"入世"十年，投资这方面的纠纷更加凸显，问题会更加突出，有很多方面需要向贸易领域学习，贸易已经进入规范化和常态化。

第四句话，关于中美双边投资协定(BIT)谈判。我们一位负责的领导人说，这相当于中国的第二次“入世”，为什么是第二次“入世”？因为第一次对中国的影响是如此地深广，他说这次也会具有同样的意义。中美的BIT看上去是中国和美国的谈判，但实际上牵涉多国，因为中国所有的双边投资保护协定都有一个最惠国待遇条款。所以，跟美国谈下来的优惠也会给所有其他国家，也就是说有多边自动传导的效应，因此，在效果上，这将是一个具有多边性质的协定。不仅如此，更因为中国和美国是世界上最大的两个经济体，是最能代表发达国家和发展中国家的两个经济体。我们知道，发达国家和发展中国家在投资法领域长期针锋相对，如果这两个国家能够坐下来一起谈一个协定，应该说对于全世界投资条约立法的发展具有风向标的意义。所以，它具有全球性的意义，引起世界的高度关注。

另外，投资对于一个国家而言，特别是对东道国的经济社会文化的影响，可能不逊于贸易。甚至可以说，投资是一种更深的渗透和介入。因为贸易主要是外国货，汽车、手表、手机这些东西；而投资不仅仅是钱来了，东西来了，而且人也来了。人来了就要带来他的文化、带来管理的理念等各方面的东西，他跟当地经济社会的融合交流是全面而深刻的。如果这能算得上是另一次“入世”的话，可以说是一次深度“入世”，这是我讲的第四句话。

第五句话，中国参与国际规则的制定是“入世”还是“创世”？第一，我们领导人的提法是，这是一次“入世”，因为就像我参加这个谈判的时候，我们的主谈所说的，当然也是礼貌谦逊的说法：我们跟美国谈WTO也好，谈BIT也好，好像都是你们设定一个标杆，我们尝试着跳过去。这确实是一个现实，但实际上，如果我们再更具体看一下现在的形势，看投资的谈判，实际情况可能略有不同。在投资领域，我们现在谈这个协定不像WTO一样，规则是现成的，投资方面没有一个全球性的规则体系，中美双边的规则也没有，你完全是可以主动制定规则的，有这种可能性。

第二，现在中国的经济实力和当年加入WTO谈判的时候相比，已经是今非昔比。当年中国和美国关系是我们仰赖于他们，克林顿签字的时候，大家都高兴得不行，是我们最大的成就。但现在情况不一样了，现在中美是互相依赖、互相需要的关系，投资领域也是这样的。他们在我们这儿的投资存量比我们大10倍，但是在增长的速度上我们比他们快。我们现在在流量上是他们的1/3，按照我们50%的数字增长，几年时间就能赶上并且超过他们，跟他平衡。刚才张向晨主任也提到了，很快我们外资的净出口可能要达到平衡，对美国的投资很可能率先实现这种平衡。所以，如果不是完全对等的话，至少在相当程度上，中美是可以相提并论的关系。

所以，我们可能不只是"入世"，而且还要"创世"。我们对这个世界秩序，包括贸易秩序和投资秩序，乃至总体的世界秩序应该有创造性地参与和贡献。我们现在还缺什么？就缺刚才前面几位，包括张月姣主席、张向晨主任、杨国华司长和梁彦司长都谈的——人才，特别缺人，缺人的同时缺经验。真有官司打起来，我们能找出多少人去研究这些问题，应对这些问题？但是经验可以积累，人才可以培养。这是我想讲的第五句话，到底是"入世"还是"创世"，我想既是"入世"，也是"创世"，因为"入世"是我们现在在相当程度上需要接受的现实，因为比方说中美的谈判，在相当程度上是用美方的范本作为基础的，为什么？因为美方的范本比较成熟，我们现在还没有一个成熟的范本，还因为现在我们在很多资源配置上还不够充分。

还有一个原因，其实同哪个范本作为基础，都不能说对任何一方有必然的优势，真正的优势要取决于其中的过程。所以，归结起来，最后一句话，要以"入世"的姿态做"创世"的事业。考虑到我们的现实，实际上我们还不是老大，即使做了老大，中国人也要做有中国德行的老大，强调德治天下，和谐世界，和平发展。所以，我觉得我们无论是中美的BIT谈判也好，还是将来的谈判，我们还是继续保持韬光养晦的姿态、低调务实的姿态。但是我们在这个过程中，把我们需要和希望创建的体系、制度、规则和价值观念有效地输入进去，继续韬光养晦，必将大有作为。以上就是我想讲的。谢谢。

申卫星：感谢单院长的发言，下面有请南开大学法学院院长左海聪老师。

左海聪：谢谢申卫星的主持，也谢谢高鸿钧教授，还有王振民院长，还有黎宏书记的邀请，使我有机会有这个荣幸在清华与同学和老师们有一个交流，我的题目是“中国在 WTO 中的诉讼实践评析”，杨国华司长是打官司的，张月姣主席是 WTO 上诉机构的成员，都是在顶尖实践中进行操作的，我们从学术上来观察一下，看能不能给同学们带来一些启发。

我讲三个方面的问题，第一是中国参与 WTO 终端解决实践的特点，第二是我们参与 WTO 终端解决的收获，第三是做一个简单的展望。

首先，中国参与 WTO 终端解决实践的特点，这个数据大家都比较清楚，入世十年，中国积极参与 WTO 争端解决实践，起诉 10 件，被诉 29 件，第三方案件 92 件，成为 WTO 案件主要参与方之一。

概括 WTO 诉讼实践可以从三个方面谈它的特点，第一是中国被诉和起诉的案件数量增长较快，成为主要的诉讼参与方，而且起诉和应诉渐趋平衡。大家从不同的角度观察有不同的结论，这是我的判断。

我们简单分析一下 11 年里的状态，第一个五年是过渡期，基本上没案子，成员对中国持观望、克制的态度，中国当然也没必要主动出击。除了 2003 年钢铁保障措施案和 2004 年集成电路增值税案，中国与 WTO 成员之间是风平浪静。到 2009 年宽限期过后，形势就发生了急剧的变化，美国和欧盟对华诉讼政策发生急剧改变，开始积极发起诉讼。首先是 2006 年汽车零部件案，美、欧、加参与其中。2007 年 4 个案件，分别是税收优惠案、知识产权案和出版物案，牵涉三个事项。2008 年 6 个案件，2 个事项，包括金融信息案和中国出口补贴案。2009 年 3 个案件 1 个事项，包括原材料出口案。2010 年是 4 个案件，4 个事项。2011 年两个案件，两项措施，一个是反倾销的，一个是白羽肉鸡的双反案。2012 年有 6 个案件，4 个事项。所以，在 11 年的时间里，其他成员国对华的起诉达到 29 个案件，17 项措施，使得中国在被诉国中的排名迅速攀升到第3名。WTO从1995年运作到现在已经有19年,中国参加11年的时间,我们马上成为被诉第三。在被诉的案件中,美国是最主要最积极的,总共有17个事项都是美国带头提起来的。

对于上述被诉案件中国的态度是积极应诉,全力应对。我们应对的效果还是比较好的,刚才杨国华司长谈了三个案件胜了,三个案件败了,中间有起诉的,也有被诉的,我们被诉的案件中也有胜诉的。应诉的同时,我们也开始主动出击,对美国和欧盟发起了一系列的起诉,2007年第一次单独的案件就是双反措施案。2008年"双反案"(DS379)。2009年我们起诉了三个案子:禽肉案、欧盟紧固件案和美国轮胎案。2010年起诉1件,2011年1件,2012年到目前为止是两件。11年之间,我们起诉的案件达到10件,涉案措施为10项。我们现在起诉和被诉的排名是第3和第12,已经成为WTO最主要和最活跃的成员之一。还有一个措施的比较,案件数量比较是29∶10,当然我们知道,一个措施可以被几个成员提起来就成了几个案件,如果按照措施进行比较是17对10,我们有17项措施被诉,我们也诉了别人10项措施。考虑到涉案措施更具有实质意义,可以认为,中国在WTO中的被诉和起诉渐趋平衡。这很不容易,很多国家都来起诉我们,是17个措施。同时,我们一个国家起诉别人,也有了实践,商务部WTO法一处和二处的人确实付出了非常艰辛的努力。

第二个特点是,中国涉诉的案件覆盖面宽,关涉国家的重大利益。我们涉诉的案件已经覆盖了货物贸易、服务贸易和自主产品领域,无论是被诉还是起诉案件都关涉国家重大利益。最早的集成电路案,涉及我们国家的增值税退税的政策,集成电路是我国重点扶持的产业;后来的零部件案,汽车也是我们一个自主产业;原材料涉及我们对矾土、焦炭、煤、锰等9种原材料的出口限制和出口关税措施。另外,稀土出口也同样极具重要性。服务贸易和知识产权也是一样,出版物市场准入案涉及非常广的范围,出版物、音像制品和电影进口专营和分销,影响到文化产品的进口和分销问题。知识产权案也是,美国多年一直认为中国的知识产权保护水平太低,盗版和侵犯商标权的行为非常严重,这也一直是双边谈判的一个特别激烈的问题。他们在 WTO 里的自主知识产权案,反映了美国多年的诉求。金融信息案和电子支付案,最近电子支付案专家组有个报告,这个也是非常重要的。总体来看,无论是起诉还是被诉,每个案子都关系到我们国家的重大经济利益。但是我们发现,在中国起诉的 10 个案件里,除了美国禽肉案,其他 9 件都是贸易救济的案件,针对美国、欧盟的贸易救济措施,反倾销、反补贴、保障措施或者双反或者特别保障措施,这表明我国对于美国和欧盟长期滥用贸易救济措施限制我国出口的严重关切。我们质疑了美国和欧盟在贸易救济方面的一些制度性问题,比如双反案中,我们谈到双重救济的问题,紧固件案中对欧盟的单独税率问题都提出了挑战,这几个问题都胜诉了,被认为是我们国家在起诉方面的两个重要的胜利。

第三个特点是通过裁决与和解的方式妥善解决有关争端,维护了我国的合法权益。我们根据案件情况的不同,选择和解及裁决方法分别解决争端,较好地维护了我国的权益。对于规则上有抗辩空间或者存在澄清必要的案件,我们通常选择通过裁决解决。通过裁决来解决争端的案件中,我们能够赢得重要的起诉,在被诉中也能够赢得重要的争点。我们在诉讼中已经体现了非常好的职业素养和诉讼能力。比如我们赢了美国钢铁保障措施案、中国知识产权案、美国禽肉案、美国双反案和欧盟紧固件案,知识产权案我们输了一部分,但是主要的我们赢了。输了汽车零部件案、出版物案、美国特保措施案和出口原材料限制案。整体情况是有输有赢。

钢铁保障措施案是中国第一次作为多个起诉方之一参与诉讼,有众志成城的味道。美国像被打的"落水狗"一样,大家都在打它,还是用众志成城比较好。美国双反案被认为是中国在 WTO 诉讼中的重大胜利,欧盟紧固件案也被视为中国在 WTO 中的重要胜利。

汽车零部件案、出版物案和原材料出口限制案,虽然我们败诉了,但是我们抗辩的专业性得到了显现。在汽车零部件案和原材料出口限制案中,我们还展示了我国颁行相关措施时的善意,可能这个措施后来被裁定违反了 WTO 的规定。可是我们制定这个措施的时候,并没有违反 WTO 的意图,我们认为这个措施是符合 WTO 的规定的,现在裁决出来了,说我们法律违反了这个规定,我们可以改。在出版物案中,我们还保住了引用第 20 条抗辩的权利。在特保案中我们失败了,但是中国也表明了自己的严重关切,并澄清了有关的规则。刚才讲的是裁决案件,我们胜了一些,输了一些,即使输的案子,我们也展现了我们诉讼能力,也表明了相关政策的善意。对于一些涉案措施违法行为比较明显,政策调整负面影响可控的案件,我国政府则多考虑选择磋商达成和解的方法予以解决。目前通过磋商解决的几起案件都是这样的。

前面总结了我国参与争端解决的三个特点,一个是数量比较快,起诉与被诉达到了平衡,一个是能够维护我们国家的权益。

其次,我简单谈一下我们参与 WTO 争端解决的收获。

第一点,我认为,中国初步形成了对 WTO 争端解决机制和机构的正面认识。我们真正地在国际法庭里大量运用诉讼手段,在 WTO 是第一次,这也是中国开始对国际法庭进行一个深入了解和积极运用的开始,通过一系列的起诉和被诉案件,逐步地将 WTO 争端解决机制当做解决国际贸易争端的一个司法裁决体制,它能够摆脱双边谈判的不确定性,是一个说理的好场所,是和平解决贸易争端的好方式,这是一个全面的认识。

另外,我们对 WTO 的公正性有没有一个判断?我认为,通过知识产权、美国双反案还欧盟紧固件案,还是确定了中国对 WTO 争端解决机构裁决公正性的认识,应该说中国对 WTO 是有认同的。因为我们作为一个发展中国家在 WTO 有重大的贸易利益,WTO 的专家对中国会采取什么态度关系重大。从这些案件来看,基本上可以认为我们还是得到了公正的对待。

对于这样的体制,中国积极运用它可以维护自己的权益,也可以阻遏其他成员对中国的滥讼,实现起诉和被诉的对等和平衡。很重要的一点是，对于诉讼结果，我们已经将胜诉与败诉视为有约束力的权威裁决，以平常心看待诉讼结果。刚才梁彦司长也提到政府部门对 WTO 很多诉讼还有担心，但事实上从法律的角度来看，胜诉在 WTO 确实是很平常的，应该以平常心来对待，它的裁决是一个公正的，作为一个第三方的裁决，如果我们败诉，我们知道确实违反了 WTO 的规定，如果裁决胜诉的话，我们就有了一个非常具有合法性的依据。

第二点，中国积累了宝贵的诉讼经验，经受住了贸易诉讼高发期的考验，培养了诉讼能力和专业队伍。依据我个人的观察，在现有的案件中，我们基本做到在被诉过程中同时应对多项诉讼，能够协调好各部门的行为，调动指挥好中外律师，赢得该赢的争点，在起诉中能够赢得该赢的案件，具备了较高的综合诉讼能力。

“入世”十年，我们也锻炼了队伍，一是商务部条法司一处和二处的 10 余名法律官员；二是代表中国在日内瓦出庭的中外律师，三是我们推荐了四批共 19 名中国专家和学者列入 WTO 专家组指示性名单。还有高校 WTO 法研究的教师和学生，中国的 WTO 队伍是非常庞大的，也是人数最多的队伍之一。

从张月姣主席刚才说的来看，我们尽管取得了这些成绩，我们有一些地方还没有跟上。比如，一个案件出来，美国的学者或者欧洲的学者能够从他们的立场出发，从学术上来论证他们的做法是如何的合法。或者我们中国胜诉了，我们胜诉没有依据，中国反过来也要进行学理上的论证，我们赢了争点，我们赢得合理，我们也应该去论证。国外的一些措施，它不合理，它违法，我们也要进行揭示。

最后谈一下中国参与 WTO 的未来走势。

我的第一个判断是，中国涉讼的案件会持续增加，中、美、欧可能成为诉讼活动中最活跃的三个成员。一个成员在诉讼中的活跃性取决于贸易份额、自由化程度以及参与诉讼的意愿和能力，如果贸易份额越大，被讼和起诉的概率越大，自由化程度越高，被讼的可能性越小，起诉的可能性越大。中国作为世界第一大出口国和第二大进口国,同时成为美国、欧盟、日本、加拿大、东南亚国家、非洲国家、拉美国家的主要贸易伙伴,全球的贸易伙伴我们都是主要的,未来还会迅速成为第一大进口国,这决定了中国市场对这些贸易伙伴的重要性,因此,中国会不时成为各大贸易伙伴起诉的对象,可能成为一种常态。

中国贸易自由化程度已经较高,但是相比美国、欧盟等发达国家,中国的自由化程度仍然水平较低,毕竟中国在合规性的运用贸易政策工具方面的经验仍然相对不足,这也决定了中国极易成为被诉的对象。最近的贸易救济案件,商务部在反倾销反补贴的措施受到美国和欧盟的质疑,我们确实是经验不够丰富,操作过程中出现违反WTO规定的情形应该说是可以想见的,也是比较容易出现的。通过裁决我们可以了解我们如何做才能符合WTO规则。

在起诉中国的国家中,美国和欧盟是最积极的,基于贸易利益的互惠性和贸易利益的对等性,我们观察可以发现,贸易关系是有互惠性的,但是贸易互惠也有对等,你起诉我,我也要考虑起诉你,你对我友好不起诉我,我也考虑不起诉你,因为我起诉你会引发你对我的起诉。你没有起诉的情况下,我先起诉你就说明这个贸易太重要了,我起诉你,也不怕你因此对我起诉。因此,如果美、欧持续发起对华诉讼,具有较强诉讼能力的中国也会报以相当的诉讼行为。这种基于对等的起诉,加上中国的主动起诉,中国的起诉率会不断提高。可以预见,美国和欧盟作为WTO两个主要诉讼方的局面将有可能逐渐改变为中、美、欧三方鼎立的格局。

第二个判断是,诉讼事项的范围可以进一步扩展,更多的疑难和焦点问题会被诉到DSB。基于中国对WTO争端解决机制和DSB的信任,中国会将更多疑难和焦点争端提交WTO,美国和欧盟也会一如既往地这样做。我们可能继续对美国、欧盟的贸易救济、歧视性待遇等问题给予关注,同时可能会扩大技术美国和欧盟的补贴政策、出口限制、技术性贸易壁垒、服务和投资领域。就被诉事项而言,美欧和其他成员方可能在知识产权、贸易救济、补贴政策等领域寻找新问题进行挑战,也可能会扩及货币政策、能源政策、稀土资源的出口限制等问题。总之，中国和美国、欧盟，以及其他成员的诉讼交锋会更为全面、更为实质，也会更为常态化。

第三个判断，中国对 WTO 法的发展会做出越来越大的贡献。我在 WTO 争端解决机制的时候有一个结论，WTO 这个争端解决机制实际上是代表人类文明史上的一种最重要的权力转移，这个权力转移是什么？WTO 成员把贸易措施是否符合 WTO 的规则裁决权交给了一个第三方，而且是没有保留地，“一揽子”性地交给了 WTO。国家把自己的管制权交给一个国际组织，把自己的管制权是否符合国际规则这么一个裁决权交给了 WTO，从国际关系的角度来看，应该说是人类历史上最重要的一个权力转移，我们还看不到任何其他的大规模的、实质性的，能够产生如此效果的权力转移。这种转移是不是好的？应该说是好的，从 WTO 整个的体制来看也是好的，它是国际社会的公共产品，也有很多国际关系学者认为它是一个稀缺的优质产品，中国要维护这个稀缺的优质的公共产品。WTO 规则是 WTO 体制的核心，通过司法层面的解释和适用，WTO 规则会得到澄清。随着时代和情势的发展，WTO 规则也会赋予新的含义，因此，WTO 法的司法发展是一个长期持续的重要工作。中国作为一个拥有巨大影响力，日益自信并强调平衡和公平理念的中国，WTO 法的发展注入新的视野、理念、方法和内容，从而为 WTO 法的发展做出自己应有的贡献。

我们要通过像张月姣主席，还有专家组的成员，通过解释 WTO 法做出贡献，有学者们通过对 WTO 法的规则进行一些学理上真正有力的解释，形成话语上一定的力量，共同结合在一起，为 WTO 法的发展做出自己应有的贡献，这就是我简单的一个交流，谢谢大家。

申卫星：感谢左海聪院长的发言，也感谢以上三位发言人，下面进行到自由发言阶段，开始之前我想简单说两句。此次会议是由高鸿钧教授主持的法律全球化中心组织的，也是清华大学法学院组织的关于法律全球化问题的第二场高端论坛，上一期我们组织了法律全球化理论上的高端论坛，邀请到了江平先生、潘汉典先生、王家福先生等老一辈法学家,也邀请了中南财经政法大学的吴汉东校长、华东政法大学何勤华校长等一批中青年法学家对这个问题发表自己的看法。这次在法律全球化的背景下探讨WTO的问题,就WTO的问题所引发的经济全球化和法律全球化进行交流。我们发现,这些问题不仅有科学研究的必要,也有人才培养的迫切性。所以,清华大学成立了这样一个法律全球化研究中心,以应对人才培养和科研两方面的压力。

我刚才看了一下,其实清华大学法律全球化研究中心的结构还是挺好的,虽然我们人比较少,吕晓杰教授是从事WTO研究的专家,主要是从规则领域来研究的。张月姣教授过去在外经贸部做司长,后来做大法官,现在做WTO上诉机构的主席,具有丰富的实践经验,是我们宝贵的教学资源。高鸿钧教授是法理学家、比较法专家。其实我个人觉得WTO所带来的东西不单单是规则的变化,可能对政府的行为,甚至对人们的观念,社会生活都带来了变化,它的影响是无处不在的。

清华大学在法学教育国际化方面也有很多尝试,有国际班,国际型人才培养的基地,目前看来,高端国际型人才队伍的建设是尤为必要的,应该纳入到国家战略的高度来对待,才能真正解决这个问题。解决这个问题时不我待,如果只是喊下去永远解决不了问题,我是认真的。

WTO对国际法的贡献与挑战*

车丕照**

WTO,无论是作为一个国际组织,还是作为一套国际条约,都在当下发挥着重要作用。WTO对国际社会的贡献是多方面的:从国际贸易层面看,它降低了国际贸易的障碍,推动了国际贸易的增长;从国际法治角度看,它推动了国际社会的规则导向的理念的进步,使国家更习惯于国际规则的约束。

那么,什么是WTO对国际法的贡献呢?或者说,作为当今国际法体系一部分的WTO规则的创设和实施对国际法产生了什么样的影响?如果WTO对现行国际法的影响是重大的或突破性的话,那么,它是否对国际法已构成挑战?如果有的话,是一些什么样的挑战?

一、WTO对国际法有何贡献

WTO的各项协定既是国际法的组成部分,也是国际法的产物。作为国际法组成部分和国际法产物的WTO对国际法有何贡献呢?

---

* 本文为清华大学文化传承创新基金项目"法律全球化时代的中国与WTO"(项目编号:2012WHYX018)的阶段性研究成果之一,初次发表于《暨南学报》,2014(3)。

** 车丕照,清华大学法学院教授。

一方面，可以肯定地说，WTO并没有突破原有的国际法基本原则。作为国家之间的法律的国际法是基于这样几条基本原则之上的：一是国家主权平等原则；二是缔约自由原则；三是约定必须信守原则。国际法的现实基础是承认每个国家都是主权者。虽然国有大小、贫富、强弱之分，但经过高度抽象，各个国家的共性在于其具有主权，因此，国家的法律地位是平等的。正因为主权者平等，而平等者之间无管辖权，所以，国家之间若要彼此约束，就需要通过相互允诺；[①]基于同样道理，国家间的相互允诺又应该是自由的。在当今国际社会，这种相互允诺的自由主要表现为缔结条约的自由，即每个国家都有与他国缔结条约的权利，国家的缔约权的行使不受外来强制的影响，只要不违反国际强行法，国家间可自由做出任何约定。正因为国际法律关系主要是建立在国家间约定的基础上，因此，约定必须信守就成为国际法的基石。WTO体制与上述原则完全一致，因此，它对已有国际法原则没有任何突破。

但应该看到，WTO对现有国际法体系还是做出了重要贡献，主要表现为以下两个方面。

(一) WTO扩展了国际法的适用领域

无论是与其前身关税与贸易总协定(GATT)相比，还是与其他的国际公约相比，WTO的管辖范围都更加广泛。

与GATT相比，WTO的管辖范围扩展到服务贸易、知识产权等领域。WTO规则的制定者似乎追求着这样的目标：所有的贸易问题都归入WTO；与贸易有关的问题也尽量归入WTO。例如，纺织品和服装贸易，曾一直游离于1947年关贸总协定多边贸易体制之外。经过乌拉圭回合的多年谈判，成员间终于达成了纺织品与服装协定。依照该协定，纺织品和服装贸易分四阶段归入WTO多边贸易体制。

与其他国际公约相比，WTO的适用范围也极为广泛。从条约发

---

① 唯一的例外是国际强行法对国家的约束力并不来自国家的允诺。但可以假设，每个国家在进入国家的国际社会之前必须允诺接受国际强行法的约束，从而构成另外一种允诺。

展史来看，早期的条约基本上是双边条约。普遍性的国际公约是“二战”结束后所发展起来的。一些公约“接近于实现普遍参加的原则”，[①]如1949年的日内瓦四公约、1961年的《维也纳外交关系公约》、1969年的《维也纳条约法公约》和1982年的《海洋法公约》等。这些公约的一个共同特点在于它们都是仅就国际关系中的某一领域或事项创设规则。作为一套国际公约的WTO虽然也可以说是仅就国际贸易问题制定规则，但由于国际贸易自身就是一个非常广泛的领域，而且，如前所述，WTO还纳入了很多“与贸易有关”的问题，所以其管辖范围更加广泛。正因为如此，WTO文件（包括作为附件的成员方彼此的减让承诺）厚达26 000页。[②]

说WTO大大扩展了国际法的适用范围，还因为WTO缔约方的广泛。关税与贸易总协定生效时只有23个缔约方。到乌拉圭回合谈判结束时，关贸总协定的缔约方已有120多个。1995年12月12日，关贸总协定128个缔约方在日内瓦举行最后一次会议，宣告历经近半个世纪风风雨雨的关贸总协定的历史使命结束。[③] 世界贸易组织成立之后，其成员又增加许多。根据WTO官方网站的介绍，截至2013年3月2日，世界贸易组织成员已达159个。

WTO的适用领域及成员的广泛性都进一步扩大了国际法规范的适用范围，应看作是WTO对国际法的贡献。

（二）WTO对缔约方的国内法形成前所未有的约束

同其他国际条约一样，WTO的首要作用也在于规范缔约方之间的权利义务关系，从而对缔约方构成约束。那么，WTO对缔约方的约束在哪些方面有别于其他的国际条约呢？我认为主要表现为

① 李浩培：《条约法概论》，91页，北京，法律出版社，2003。

② John H Jackson，《The Jurisprudence of GATT & the WTO》，399页，北京，高等教育出版社，2002。

③ 虽然世界贸易组织已于1995年1月1日正式成立，但作为机构的关贸总协定与世界贸易组织有一年的并存期。根据乌拉圭回合所达成的协议，世界贸易组织于1996年1月1日取代作为机构的关税与贸易总协定。见东人：《五十春秋梦终圆——从关贸总协定到世界贸易组织》，《经济视角》，1997(4)，41页。

WTO对缔约方的国内法的经常和严格的约束。前面所列举过的那些公约,虽然也规范缔约国的行为,但缔约国的国内法不会经常地受到挑战。而WTO赋予成员方的却是挑战其他成员方国内立法的权利,表现为要求其他成员取消与WTO规则不一致的"措施"。

WTO为什么可以对缔约方的国内立法构成如此普遍、经常而严格的约束呢?其主要原因在于以下方面。

第一,WTO是约束成员方贸易管理方面的行为的,而贸易管理是当今各国政府最为日常性的工作之一,因此,WTO对各成员方政府的约束必然会是经常性的。以WTO所覆盖的货物贸易为例,处于WTO规则监管之下的政府行为包括:装船前检验管理、进口许可、普通关税征收、反倾销税征收、反补贴税征收、海关估价、原产地确认、卫生检疫、技术标准实施以及可能影响贸易的投资管理行为等。由于许多政府部门的职能的日常行使都与上述事项相关,所以,WTO对成员方政府的约束必然是普遍而经常的。

第二,WTO明确规定了其规则对各成员的国内法的约束。《马拉喀什建立世界贸易组织协定》第16条第4款规定:"每一成员应保证其法律、法规和行政程序与所附各协定对其规定的义务相一致。"可以看出,WTO规则的约束对象被直接明确为成员方的国内法,而不是成员方政府的具体行为,由此,WTO所约束的就不仅是各成员方的政府(行政部门)的行为,而是包括成员方的立法机构的行为。所以,WTO各项协定需要由成员方报本国立法机关批准后方产生效力,而不是行政机关可以最终决定的事情。[①] 由于WTO直接将成员方的国内立法置于其监督之下,所以,任一成员方在质疑另一成员方的行为的合法性时,都可以将其主张表达为要求对方修改其相应的国内立法。

第三,WTO确立了纠纷解决方面的强制管辖权。与其他多边争

① 《乌拉圭回合多边贸易谈判结果最后文件》要求各方谈判代表将WTO协定提交各自的有权机关(competent authorities)审议,以期按照相应的程序得到批准。

端解决机制不同，WTO成员不可以拒绝WTO对争端解决的管辖。WTO《关于争端解决的规则和程序的谅解》（DSU）第23条第1款规定："当成员寻求纠正违反义务情形或寻求纠正其他造成适用协定项下利益丧失或减损的情形，或寻求纠正妨碍适用协定任何目标的实现的情形时，它们应援用并遵守本谅解的规则和程序。"DSU第23条第2款进一步要求各成员在处理彼此间的争端时，除按DSU的规则与程序寻求解决外，不得诉诸其他争端解决程序。与此同时，WTO严格的争端解决规则也使各成员无法在专家组的设立和争端解决裁决的通过等环节上阻碍争端解决程序的进行。

WTO管辖范围的扩展和对成员方约束的刚化都增强了国际法在国际社会中的影响力，使全球治理呈现出新的局面。

二、WTO对国际法有何挑战

尽管WTO对主权平等、缔约自由及约定必须信守等国际法基本原则没有任何突破，但它对国际法还是带来某些挑战，主要表现在如下几个方面。

（一）当今多边国际经济体制是否可容纳非传统市场经济制度

由于国际法是以国家为约束对象的，因此，任何一套国际法律制度都可能触及缔约国的国内制度。然而，没有任何一套国际法规则像GATT/WTO这样，要求成员方国内经济制度的整体一致。那么，GATT/WTO是否能容纳非传统市场经济制度呢？这是以往多边法律机制所不曾遇到的问题，因而构成对传统国际法的挑战。虽然GATT/WTO也接受了少数非传统市场经济国家为其成员，但总体上看，其对非传统市场经济制度的容纳十分有限。

"第二次世界大战以后时代的整个贸易体系，是根据市场自由主义哲学的原则建立起来的。"[①]世界贸易组织主要从五个方面来推动贸易自由化。一是进一步推动关税减让。二是通过采取"逐步回退"

① 里斯本小组：《竞争的极限》，张世鹏译，57页，北京，中央编译出版社，2000。

办法，逐步减少配额和许可证；从取消数量限制向取消其他非关税壁垒延伸；把一般地取消量限制原则扩大到服务贸易领域。三是严格管理措施透明方面的纪律，要求各成员将有效实施的有关管理对外贸易的各项法律、法规、行政规章、司法判决等迅速加以公布。四是扩展非歧视待遇原则的适用领域。WTO将最惠国待遇原则写进许多新的协议，如服务贸易总协定和与贸易有关的知识产权协定中，国民待遇原则也在特别承诺的情况下加以适用。五是要求不得采取不公正的贸易手段，进行或扭曲国际贸易竞争。

可以看出，GATT/WTO体制的价值取向是最少政府干预的国际贸易，它所易于接纳的是高度自由化的市场经济国家。GATT/WTO体制对非传统市场经济体制的有限容忍是其关于国有企业的规定。1947年关税与贸易总协定并没有要求缔约方不得设立或保有国有企业，但却对国有企业（总协定限定为“国有贸易企业”，state trading enterprises，STEs）做出严格的限制。按照GATT第17条的规定，这种限制主要体现在两个方面：第一，国有贸易企业在其涉及进出口的购买和销售方面应一视同仁，而不得实行差别待遇；第二，国有贸易企业在进出口方面仅应基于商业考虑而行事。这样一来，虽然GATT/WTO容忍成员方保有国有贸易企业，但却要求国有企业与私有企业遵循同样的行为准则，因此，从总体上看，GATT/WTO体制仍然对非市场经济国家持排斥的立场。

正因为GATT/WTO规则体系是以自由的市场经济制度为导向的，因此，非市场经济国家很难融入这套体系。原先的计划经济国家在加入GATT时都做出了多项特别的承诺，以保证这些非市场经济国家在进入GATT之后，不会对市场经济缔约方造成威胁。例如，波兰在1967年以计划经济国家的身份加入GATT的时候，不仅承担了每年从其他缔约方增加进口7%的义务，而且还被迫接受了特别保障条款。即使这样，波兰也没有充分享受到GATT的无条件多边最惠国待遇。美国曾经在很长一段时间，因为波兰是计划经济国家而援引GATT第35条，与波兰“互不适用”GATT的规定，从而拒绝向波兰提供最惠国待遇。[1]

WTO对非传统市场经济的不够宽容,不仅表现为对国有贸易企业的限制,还表现为对国有企业和国家投资企业身份认定的混淆。在美国向中国企业发起的多次反补贴调查中,均将我国的国有企业视为公共机构,认定其通过提供原材料或贷款的方式向与其交易的企业提供了“财政资助”。这不仅使中国政府和企业承担了过重的举证责任,而且被调查产品通常都被不公平地裁定为适用反补贴税。

不同经济制度的国家之间出现冲突是不可避免的,但像WTO这样的全球性经济组织应在考虑各方利益的基础上寻求一条避免或减轻冲突的途径,而不应该一味地逼迫一方让步。

(二)多边国际法律安排能否兼顾互惠原则与公平原则

由于国家的平等性和缔约的自由性,因此,以条约为主要表现形式的国际法对于国家间的利益分配通常是互惠的(reciprocal)。

互惠的国际法并不意味着国际法是公平的。虽然关于什么是公平很难有一个普遍接受的定义,但公平的最基本的要求应该是不使社会中的弱者得不到其他社会成员所能够得到的利益。著名学者约翰·罗尔斯在其《正义论》一书中曾经表达过这样的观点:“社会和经济的不平等应该以对最不利的群体最为有利,或至少有助于其长远期待的方式来安排。”[2]但在国际法中并没有扶持弱者的价值取向。如果国际法不以国家间的地位平等和交往中的利益互惠为原则,那么,这种国际法的公平性就无从谈起。但仅仅是国家地位的平等和利益的互惠仍可能无法达到公平的效果,因此,在某些情况下就可能需要以不平等或非互惠来实现效果上的公平。

最初的关贸总协定并未关注发展中国家和发达国家之间不平等的经济发展水平和竞争实力,因此也并没有涉及针对发展中国家的

---

① 孙燕君、杨辉编著:《中国重返关贸总协定知识问答》,78~79页,西安,西北大学出版社,1992。

② John Rawls, *A Theory of Justice*, Cambridge: Harvard University Press, 1972, p. 151.

条款。随后,发展中国家开始关注这一问题并开始强调自身发展问题的特殊性以及被差别和优惠对待的必要性。到了20世纪60年代,关贸总协定增加了第四部分,要求缔约方应尽最大可能给予发展中国家出口产品以优惠的市场准入条件;同时,发展中国家不应在贸易谈判中被要求做出与其发展水平不相称的贸易减让。1968年,发展中国家成功地说服了发达国家在联合国贸发会体制下实施普惠制,给予原产于发展中国家的产品更优惠地进入发达国家市场的条件。随后不久,GATT决定给予普惠制最惠国待遇的豁免,即允许普惠制背离最惠国待遇原则。在东京回合,GATT明确承认了发展中国家应该得到差别和优惠待遇的原则,被称为“授权条款”。该条款规定发展中国家的产品在非互惠、非歧视基础上以更优惠的市场准入条件进入发达国家市场,并且把普惠制的10年豁免期改为永久性豁免。

乌拉圭回合谈判结果要求所有成员方适用相同的规则而不考虑各自的发展水平,但仍然给予发展中国家成员方某些特殊待遇,即给予它们更长的延期履行协议义务的期限。例如,《反补贴协议》第27条第4款允许发展中国家在8年内逐步停止所有的出口补贴,《海关估价协定》第20条则规定发展中国家可以在加入WTO之日起推迟5年实施该协定。

从GATT到WTO,虽然都在以互惠原则为主的情况下向公平方向做出一些迈进,但总体上看,这种进步还是非常有限的。以普惠制为例,普惠制要求发达国家单方面向发展中国家提供优惠的关税待遇而不要求发展中国家给予回报,并且不得将这种优惠待遇给予其他发达国家,这冲破了GATT以互惠制和最惠国待遇制度所体现的平等原则,为实现国家之间利益的公平分配创造了条件。但普惠制的设计还远非理想。其主要原因在于这种制度还未能形成为真正含义上的法律制度;而之所以不能认定普惠制为真正含义上的国际法制度,是因为这一制度的两类主体之间,即给惠国与受惠国之间的权利义务关系缺乏稳定的法律基础。虽然《关税与贸易总协定》是确定的国际法文件,但关贸总协定在规定普惠制问题时,使用的是十分笼统、模糊的语言。[①] 根据这样的规定，任何一方都无法向他方提出确定的权利主张。同时，由于 GATT 关于普惠制事项只是对缔约方做出的可以背离互惠原则的授权，因此，各个缔约方都是按照其国内立法来向发展中国家做出普惠制安排的。是否给予、给予何国、如何给予以及何时取消等事项都由给惠国依据本国法律决定，而受惠国无法依据国际法提出任何权利主张。

应该指出的是，WTO 中的非互惠安排与当今世界关注对发展中国家的公平待遇的趋势是相一致的。其他领域中也有类似的原则的存在，例如国际环境法中的“共同而有区别的责任”(Common but Differentiated Responsibilities)原则[②]。这些性质相同的原则将会共同推动国际法的进步。

(三) 当今国际法在全球治理方面是否可为精英治理留下空间

国际法的价值在于通过调整国家间的权利义务关系而确立国际秩序。在全球治理(global governance)的语境下，国际法提供的是治理的规则手段。

如果认为国际法是全球治理的主要规则的话，那么，全球治理的主体就应该是国家。自威斯特法利亚体系建立以来，国际社会就一直是以国家为主体的社会。但自全球治理理论从 20 世纪末兴起以来，国家的地位就开始被轻视。有人认为：“所有国家的统治地位和

① 例如，《关税与贸易总协定》最直接规定普惠制的条文(第 36 条第 8 款)是这样表述的：“在削减或取消针对欠发达缔约方贸易的关税和其他壁垒的谈判中，发达缔约方不期望因其作出的承诺而获得互惠。”

② 1992 年 6 月在巴西里约热内卢召开的联合国环境与发展大会上，正式批准了《气候变化框架公约》。该公约第 4 条明确提出了“共同但有区别的责任”原则，即各国应依据其经济发展水平而承担不同的责任。1997 年的《京都议定书》再次确认了该项原则。有学者指出，“共同而有区别的责任”原则只是国际环境法中的“有差别的义务”表述中的一种。20 世纪 60 年代制定的若干国际文件曾以不同的形式来表达“有差别的义务”，包括：制定标准时要考虑各国不同的情形和能力，要考虑发展中国家的不同情况，要向发展中国家提供资金和技术支持。见李春林：《国际环境法中的差别待遇研究》，61～65 页，北京，中国法制出版社，2013。

治理能力都在下降。主权国家的维持越来越让人难以置信。”[①]有人则强调各类精英在全球治理中的作用,这些精英包括政治精英、商业精英和知识精英。[②]

毋庸讳言,由于国家为拟制的具有人格的实体,因此,即使承认全球治理是国家所从事的治理,那么,各类精英也在这种治理中发挥着重要作用。商业精英和知识精英会主导或影响国家意志的形成,而政治精英则去表达国家意志。从这个意义上说,国家的治理也即精英的治理。

但我们还可以看到另外一种精英治理,即精英(个体或群体)不以国家的名义而从事影响全球治理的行为。WTO中专家组成员和上诉机构成员所发挥的作用就是这样一种情况。

在WTO争端解决过程中,专家组和上诉机构成员无疑发挥着重要作用。如果他们仅仅是就当事方之间的纠纷做出处理决定,那么也算不得特别,因为此前已存在各种争端解决机构,对各种争端解决做出决定性裁判。WTO专家组和上诉机构成员履行其职责的特别之处在于,他们事实上把持着WTO规则的解释权,甚至被认为有创设先例(即“造法”)的功能。这是WTO对传统国际法的另一挑战——以个别精英,而不是国家的意志来影响或决定新规则的制定。

在普通法系国家,法院的判决在确定当事人之间的权利义务关系的同时,可以创造出新的法律规则,即所谓“遵循先例”(*stare decisis*,doctrine of precedent)原则。虽然关于法官造法的依据存在不同的理论解说,但从本质上说,法官造法的权力应该来自于宪法的规定或宪法的认可,也即来自上位法的授权。基于同样道理,国际裁判机构,除非有国家的授权,是无权通过其裁判实践而为国际创设出新的国际法规则的。事实也是如此。

---

① [日]星野昭吉:《全球政治学——全球化进程中的变动、冲突、治理与和平》,刘小林、张胜军译,28页,北京,新华出版社,2000。

② 俞可平编:《全球化:全球治理》,14页,北京,社会科学文献出版社,2003。

从WTO的各项协定上看,WTO并没有授权争端解决机构可以创设“先例”。《建立世界贸易组织协定》第9条第2款规定:“部长级会议和总理事会拥有通过对本协定和多边贸易协定所作解释的专有权力。”但实践中,专家组及上诉机构在裁决意见中经常援用以前的专家组或上诉机构的裁决意见。也正因为如此,争端解决的裁决才被许多人认作具有“先例”的作用。

其实,专家组和上诉机构的裁决意见,并非“先例”,而是“先理”,即属于对WTO现存规则的解释或说明。任何法律适用机构都必须对适用的法律规则做出解释,法律解释是法律适用的必经环节。在WTO已受理的案件中,凡经专家组及上诉机构解决者,几乎都涉及WTO有关协定的解释。有学者统计,截至2005年6月,在97项专家组报告中,仅有3项未涉及条约解释。[①] 但WTO争端解决机构的法律解释不同于部长级会议或总理事会的法律解释。根据《建立世界贸易组织协定》的规定,部长级会议和总理事会拥有对本协定和多边贸易协定做出解释的“专有权力”。尽管争端解决机构可对WTO规则进行解释,但根据DSU第3条第9款的规定,DSU的规定“不妨害各成员方通过《WTO协定》或一属诸边贸易协定的适用协定项下的决策方法,寻求对一适用协定规定的权威性解释的权利”,也就是说,WTO体系内的两种法律解释其实是有等级之分的:部长级会议或总理事会的“立法解释”在效力上要高于争端解决机构的“司法解释”。

那么,是否应该承认争端解决机构的“司法解释”具有造法的性质呢?回答应该是审慎的。

首先,赋予WTO争端解决机构裁决的“先例”地位,与世界贸易组织的性质相冲突。作为一个政府间国际组织,WTO是由各成员通过《建立世界贸易组织协定》这一宪章性文件所设立的。WTO组织

---

① 张乃根:《论WTO争端解决的条约解释》,《复旦学报》(社会科学版),2006(1),122页。

及其各项机构的职能或权限均源自全体成员的集体意志。从WTO的宪章性文件的规定来看，各成员并无意创设一个高于成员意志的组织或机构。WTO及其任何机构均无权向其成员发号施令。赋予WTO争端解决机构裁决的“先例”地位，相当于争端解决机构取得了脱离各成员的意志而自行创设法律的地位，这显然背离了成员们创设WTO及其各项机构的本意。

其次，如果允许WTO争端解决机构以裁判“造法”，将明显违反《建立世界贸易组织协定》的规定。如前所述，《建立世界贸易组织协定》已明确规定：“部长级会议和总理事会拥有通过对本协定和多边贸易协定所作解释的专有权力”；《关于争端解决规则与程序的谅解》也明确规定，如果争端当事方对专家组或上诉机构所做出的解释不满，可以向部长会议或总理事会申请做出正式解释。可见，WTO争端解决机构只是被授权按照WTO的相关规则判断争议中的成员方是否违背WTO规则，而无权自行创设新的规则。虽然专家组和上诉机构在适用规则的时候也需要解释规则，但这种“解释”只能是澄清规则的内容，而不能“衍生”出新的规则。

最后，赋予WTO争端解决机构裁决“先例”地位，对维护国家利益而言是有风险的。由于世界贸易组织创设了庞大的规则体系来约束各成员方的贸易及相关管理制度，而且对成员方之间的争端具有强制性管辖权，因此，许多成员在接受这一规则体系的同时，都谨慎地看护着自己的主权。例如，几乎没有国家承诺世界贸易组织规则在国内法院的直接适用。美国曾经在国会中讨论过，是否建立一个由5名联邦巡回法院法官组成的专门委员会，对WTO的争端解决报告加以评审，以维护美国的利益。[①] 尽管这一提案未获通过，但美国国会于1994年年底制定的《乌拉圭回合协议法》还是对美国国家主权设置了很好的保障。允许WTO争端解决机构享有事实上的造法权，

① 张乃根：《论WTO争端解决机制的若干国际法问题》，《法律适用》，2001(10)，15页。

允许几名专家对主权国家发号施令，并非明智之举。

三、WTO 自身面临着怎样的挑战

上述分析表明，WTO 对传统国际法的挑战并未取得多少成果。在能否容纳非传统经济制度、能否在维持互惠原则的基础上更多地实现公平，以及在是否允许社会精英更多地参与全球治理这三个方面，WTO 各成员方远未达成共同立场，因此也很难做进一步的推进。

与此同时，WTO 自身所面临的挑战日益明显。这些挑战主要表现为以下方面。

（一）多边贸易谈判难以进展

GATT/WTO 的主要功能之一便是发起和组织多边贸易谈判，通过每一回合的谈判，不断消除贸易壁垒并制定新的促进贸易自由化的规则。历时多年的乌拉圭回合谈判成果使国际多边贸易体制焕然一新。此时的 WTO 生机盎然且雄心勃勃。1996 年 12 月，在新加坡召开的 WTO 首届部长级会议上成立了新的工作组，准备将 WTO 规则扩展到与贸易相关的投资领域和竞争政策领域。1998 年 5 月召开的第二届部长级会议讨论了未来谈判日程等问题，为第三届部长级会议启动新一轮多边贸易谈判做准备工作。1999 年在西雅图举行的 WTO 第三届部长级会议，明确了新一轮多边贸易谈判的议题。2001 年 11 月在卡塔尔首都多哈举行的 WTO 第四届部长级会议正式启动了新一轮多边贸易谈判。然而，2003 年 9 月举行的第五届部长级会议上没有使谈判获得任何实质性进展。考虑到成员间很难达成一致，2004 年 8 月，WTO 总理事会决定不再推动就贸易与投资关系、贸易与竞争政策相互关系以及政府采购透明度等新议题的谈判。多哈回合谈判开始呈现停滞局面。2005 年 12 月在香港举行的 WTO 第六届部长级会议仅在取消棉花出口补贴和农产品出口补贴等方面取得有限的进展。2009 年 11 月 30 日至 12 月 2 日，WTO 第七届部长级会议在日内瓦举行。与往届会议不同，此次会议并不进行实质性的谈判，而仅是为各成员方提供一个回顾和审议世贸组织工作的平台。会议也没有形成“宣言”类的法律文件。2011年12月，WTO第八届部长级会议在日内瓦举行。由于各成员方无法在会前就多哈回合谈判早期收获协议达成一致，因此无法按原计划将其提交给部长级会议。2013年12月在印度尼西亚的巴厘岛举行的第九届部长级会议上，各方终于就“早期收获”达成一致，但谈判进展依然是有限的。

多哈回合谈判陷入僵局的直接原因当然是谈判各方（主要是发达国家与发展中国家之间）无法就谈判议题达成一致，而其深层原因则在于多哈回合议题的确定过于乐观。乌拉圭回合谈判在贸易自由化路子上走得太快、太远，这是需要时间来消化的。而且，乌拉圭回合所达成的一些协定（如trips）并没有考虑发展中国家的特殊情况，使他们承担了与其能力不相符的义务。在一些不公平的规则被调整之前，它们当然不会再接受那些与贸易无直接关系的议题（如竞争、投资）。就谈判中的争执焦点问题来看，发达国家不愿意降低农业补贴，却一味地要求发展中国家就市场准入承担更多的义务，当然也加剧了谈判的难度。

（二）区域性贸易协议的兴盛

由于区域性贸易协议（RTA）的成员之间彼此给予更多的贸易优惠，而不把这种优惠给予协议之外的第三方，因此，构成对关税与贸易总协定和服务贸易总协定诉确立的普遍最惠国待遇原则的背离。但上述两个总协定允许这种背离。这种制度设计背后的理念是：在贸易自由化的道路上，如果大家不能一起走得更远一些的话，那么，可以允许部分成员先走一步。为了防止区域性贸易协议瓦解多边贸易体制，《关贸总协定》的第24条和《服务贸易总协定》第5条分别规定了区域性贸易协议必须满足的对内、对外两项条件：参加区域性贸易协议的各方之间必须实质性消除贸易壁垒，同时，对未参加协议者不得提高贸易壁垒。

由于WTO多边贸易谈判长期陷于僵局，各种区域性贸易协议便蓬勃发展起来。根据WTO官方网站公布的数据，截至2013年7月31日，GATT/WTO共收到约575份缔结区域性贸易协议的通知，其中有379项区域贸易协定正在实施当中。[①]

面对快速增长的区域性贸易安排，一些人认为这些区域性安排人为地引起贸易转移(trade diversion)，扭曲资源在全球的有效分配，从而降低全球福利。而区域性贸易安排的赞成者则认为，随着区域性贸易安排的不断发展，就会出现区域与区域之间的便利国际贸易的安排，因而其前景应该是更为自由化的多边贸易体制。[②] 在实践中，繁多的区域性贸易安排的确会带来很多棘手的问题，例如，每个区域性贸易协议都要制定原产地规则，以明确可享受优惠待遇的产品的范围，而每个国家都可能在若干个区域性安排当中，于是，为厘清适用不同原产地规则所可能带来的不同利益，需要耗费大量的钱财和精力。再如，各项区域性安排通常都会建立争端解决机制，一项纠纷出现之后就会出现管辖权的重叠，从而引起纠纷解决的不便。更重要的是，区域性贸易协议的蔓延会冲淡WTO的凝聚力，使多边贸易谈判变得更加困难。因此，世贸组织应严格按照GATT和GATS的相关规定审查各项RTA，并要求各项区域安排遵守WTO关于RTAs透明度方面的规定，以避免RTAs偏离WTO所设定的轨道。

(三) 贸易保护主义抬头

在WTO多边贸易体制进展乏力的同时，贸易保护主义的思潮正在抬头。其主要表现形式就是各主要贸易国家纷纷制定和实施各种贸易措施以减轻进口给本国相关产业所带来的压力。WTO规则中的各种"例外"条款(例如"国家安全例外"、"幼稚产业例外"、"保障措

① http://www.WTO.org/english/tratop_e/region_e/region_e.htm，2013-09-16.

② Michael J. Trebilcock & Robert Howse, *The Regulation of International Trade*, Routledge, 1995. pp. 92～95.

施例外”等)成为某些成员滥用贸易救济措施为国内产业提供保护的借口。例如,2014 年 1 月 15 日,美国会众院通过的《2014 财年综合拨款法案》限制美国部分政府机构采购中国的信息技术产品。随后,美国国际贸易委员会宣布,对中兴、三星等在美销售的手机和平板电脑发起“337 调查”。接下来,美国商务部又对中国光伏产品发起双反调查。与此同时,新兴工业国家和发展中国家的贸易保护举动也呈增长趋势。印度、巴西、阿根廷和墨西哥也都对包括中国在内的许多国家的出口商品发起反倾销调查。①

贸易保护主义在当下的抬头是可以理解的现象。首先,根据辩证法中的否定之否定规律,事物发展到一定阶段之后,就会朝着相反的方向转化。所谓的螺旋式上升和波浪式前进说的正是这样一个道理。因此,在国家政策方面出现贸易自由主义向贸易保护主义的转变是可以从哲学上加以解释的。其次,从历史上看,贸易自由主义与贸易保护主义总是此消彼长。应该说,没有任何一段时期是完全贯彻贸易自由主义或完全贯彻贸易保护主义的时期,而只是哪一种主义在某一时期更占据优势。“二战”结束以来近 70 年的时期是贸易自由主义主导的时期,其制度性成果即是 GATT/WTO 多边贸易体制;而在此之前的约 70 年则是贸易保护主义盛行的时期;再往前追溯几十年又是国际贸易繁荣发展时期。1840 年至 1870 年的 30 年间,国际贸易的年均增长率高达 4.8%~5.3%。其中当然有科学技术发展的因素(如现代化运输工具的采用),但各国所普遍采取的鼓励对外贸易的政策显然是其中重要原因之一。② 虽然基于上述道理可以推测,如果贸易保护主义思潮进一步蔓延,那么在其之后一定会出现新一轮的贸易自由化的过程,但至少在现阶段,WTO 需要认真应对贸易保护主义的挑战。

---

① 周剑:《贸易保护“逆风”又起》,《经济日报》,2014-01-28,第 4 版。

② 贺力平:《19 世纪国际贸易的增长与世界经济发展的相互关系》,《世界经济》,1989(5),50 页。

在新的形势下，我们一方面要积极巩固贸易自由化所带来的成果，维护WTO多边贸易体制；另一方面则应关注新的国际贸易规则的产生并积极参与新规则的制定。WTO作为一套国际公约对缔约方的约束力是确定的。维护WTO的主要任务是严格遵守WTO的各项规则，防止规则被贸易保护主义者所滥用，防止出现区域性贸易安排背离WTO宗旨的情况的出现。随着RTAs的增多，原有的WTO规则可能会逐渐成为一套"最低标准"，但在吸纳RTAs新规则的基础上，WTO也将会"浴火重生"。

“21世纪贸易协定”:TPP对WTO的冲击及我国的对策

黄志雄　毛真真*

在近年来日益盛行的区域贸易自由化大潮中,《跨太平洋伙伴关系协定》(Trans-Pacific Partnership Agreement,TPP)以其雄心和目标、较为迅猛的发展态势,俨然成为这一浪潮的引领者和“旗手”。与以往为数众多的区域贸易协定相比,TPP具有何种新特征?它将对以世界贸易组织(WTO)为基础的多边贸易体制带来何种冲击?中国应当如何应对TPP带来的挑战?本文将对这些问题进行分析。

一、TPP的源起和现状

TPP的源起,可以追溯到由智利、新西兰、新加坡三国在2002年亚太经合组织(APEC)峰会期间发起的《泛太平洋战略经济伙伴关系协定》(Trans-Pacific Strategic Partnership Agreement,又称“P3协定”,2005年文莱加入后成为“P4协定”)。该协定从2003年到2005

---

* 黄志雄,法学博士、武汉大学国际法研究所教授;毛真真,武汉大学国际法研究所博士生。

年总共发起了5轮谈判，并于2006年开始生效。P4协定规定，除投资和服务需要未来加以确认外，其他内容(包括所有商品零关税)将在2015年实施完毕。① 除了传统区域贸易协定所涉及的内容外，该协定还包括了劳工、环境等新议题。

不过，P4协定真正开始受到世界各国的瞩目是在2008年以后。2008年2月，布什总统宣布美国将加入P4协定下的金融服务和投资谈判。同年9月，美国贸易谈判代表施瓦布(Schwab)宣布美国将加入整个P4协定，并邀请澳大利亚、秘鲁和越南三国一同加入。② 由此，最初的P4协定开始"脱胎换骨"，并随后更名为"跨太平洋伙伴关系协定"。2009年11月14日，奥巴马总统在他就任总统后第一次出访亚洲时，正式宣布美国将加入TPP谈判。③ 此后，TPP在参加国和谈判进程方面都保持了较快的发展势头。就参加国而言，除了美国、澳大利亚、秘鲁和越南外，马来西亚、加拿大、墨西哥和日本也已先后加入TPP谈判，使其成员国在短短几年内达到了12个，这些国家的经济总量占全球的40%，贸易总量占1/3。④ 而且，加入TPP的国家很可能将进一步增加。⑤ 就谈判进程而言，从2010年3月到2014年2月25日，TPP已经进行了共计20轮谈判，在一些重要问题上取得

① 刘中伟、沈家文:《跨太平洋伙伴关系协议(TPP):研究前沿与架构》,《当代亚太》,2012(3),36～59页。

② The Office of the United States Trade Representative, Schwab Statement on launch of the U.S. Negotiations to join the Trans-Pacific Strategic Economic Partnership Agreement, http://www. ustr. gov/schwab-statement-launch-us-negotiations-join-trans-pacific-strategic-economic-partnership-agreement (last visited on 28 April 2014).

③ The White House, Remarks by President Barack Obama at Suntory Hall, http://www. whitehouse. gov/the-press-office/remarks-president-barack-obama-suntory-hall (last visited on $ May 2014).

④ TPP, Trade Ministers' Report to Leaders (October 8, 2013), http://www. ustr. gov/sites/default/files/tpp% 20trade% 20ministers% 20report% 20to% 20leaders% 2010082013. pdf (last visited on 4 May 2014).

⑤ 例如，泰国和韩国政府已先后在2012年11月和2013年12月表示有意加入TPP。

了较大进展。[①] 尽管原定2013年年底完成谈判的目标未能实现,各国正力争在2014年年底前结束全部谈判。而且,根据TPP成员国的远景规划,该协议还将成为未来一个更大的“亚太自由贸易区”(FTAAP)的基石。可以预见,TPP一旦完成,对于亚太地区乃至世界经济的影响都是十分巨大的。[②]

2011年11月12日,当时的9个TPP成员国宣布达成一份《框架文件》,对TPP的基本定位和主要内容加以明确化,为随后的TPP谈判奠定了基础。根据该文件,TPP谈判将涵盖20个主要议题,包括竞争政策、合作和能力建设、跨境服务、海关条款、电子商务、环境政策、金融服务、政府采购、知识产权、投资条款、劳工政策、法律问题(包括争端解决、例外条款、透明度等方面的规定)、商品市场准入、原产地规则、动植物检疫标准、贸易技术壁垒、电信业务、临时准入、纺织品和服装以及贸易救济等。可以看出,TPP中的议题涉及范围十分之广,甚至包括了传统区域贸易协定中一些尽量避免的敏感部门。

显然,美国的加入及其随后发挥的主导作用是2008年以来TPP得以取得迅猛发展的关键所在。美国之所以对TPP表现出巨大兴趣,源于它在经济和政治上对亚太地区的日益重视。从经济上说,正如时任美国贸易谈判代表的施瓦布在宣布美国加入P4协定的声明中所说,为了通过进一步扩大贸易来推动未来美国经济的增长,加强同亚太地区的经济联系是必不可少的——该地区占全世界GDP的近60%和全球贸易总额的近50%,显然,“鉴于亚太地区巨大和增长中的市场,以及强劲的经济增长,进一步加强美国同这一地区的联系应

① TPP历次谈判的基本情况可以参见 Australian Department of Foreign Affairs and Trade, Trans-Pacific Partnership Agreement negotiations, https://www.dfat.gov.au/fta/tpp/ (last visited on 20 April 2014)。

② The Office of the United States Trade Representative, Outlines of the Trans-Pacific Partnership Agreement, http://www.ustr.gov/about-us/press-office/fact-sheets/2011/november/outlines-trans-pacific-partnership-agreement.

当成为优先事项。”[①]

还应看到,美国全力推进 TPP 谈判的时间差不多与其转向亚洲、提出亚太再平衡战略同步,可以看出其深层次的战略考量。[②] 出于政治、经济、军事等多方面考量(如后文所述,抗衡中国也是美国的一个重要目标),美国全球战略中心开始从欧洲转向亚太地区,TPP 正是美国亚太再平衡战略的经济抓手,反过来说,美国推动 TPP 能否成功,将决定美“亚太再平衡”战略的可持续性。[③]

至于美国之外的其他国家,他们对 TPP 的兴趣很大程度上源于美国的影响力。美国是世界上最大的经济体,美国市场对其他国家的重要性不言而喻。以新西兰为例,美国是新西兰第三大贸易伙伴,同美国达成优惠贸易安排多年来一直是新西兰最重要的贸易政策目标之一,因为这将大大推动后者农产品和服务业对美出口以及吸引美国旅游者和投资。[④] 正因为如此,新西兰一开始就积极支持美国加入 P4 协定并在 TPP 中发挥主导作用。

二、TPP:一份“21 世纪贸易协定”?

在奥巴马总统宣布将美国加入 TPP 谈判的声明中,他第一次提出:TPP 的目标是达成一份“拥有广泛的成员和与 21 世纪贸易协定相匹配的高标准的区域协定”。[⑤] 美国政府的上述主张,对 TPP 随后的发展产生了至关重要的影响。根据 TPP 成员国的一份首脑声明,TPP 将着眼于应对新老贸易问题和 21 世纪的挑战,成为一份全面

---

① The Office of the United States Trade Representative, Schwab Statement on launch of the U. S. Negotiations to join the Trans-Pacific Strategic Economic Partnership Agreement.

②③ 何亚非:《美国亚太再平衡战略的经济抓手》,中国新闻网,http://www.chinanews.com/gn/2013/11-04/5458652.shtml,2014-03-26。

④ New Zealand Ministry of Foreign Affairs and Trade, Trans-Pacific Partnership (TPP) Negotiations, http://mfat.govt.nz/Trade-and-Economic-Relations/2-Trade-Relationships-and-Agreements/Trans-Pacific/index.php (last visited on 8 May 2014).

⑤ The White House, Remarks by President Barack Obama at Suntory Hall.

的、"下一代的"的贸易协定。[①] 2011年《框架文件》确认,各成员国将致力于达成一份雄心勃勃的"21世纪贸易协定",在TPP成员国之间加强贸易和投资,促进创新、经济增长和发展,创造和维持就业。[②]

那么,较之传统的区域贸易协定,TPP究竟有何独特之处?根据2011年《框架文件》,TPP具有以下五个方面的独特属性。

第一,全方位的市场准入。TPP成员国的目标在于实现全方位、高标准的"一揽子"市场准入,不仅为货物提供全面的零关税准入,而且也取消对服务、投资、金融市场、临时准入和政府采购的限制。[③] 成员国认为,通过这样大面积地削减关税和其他贸易壁垒,能够创造就业、推动贸易和投资的发展。为了保证最大限度的自由化,在货物贸易市场准入方面,TPP成员将在2015年之前适用完全的、任何例外情况的零关税。[④] 在服务投资领域,允许产生部分例外,但采取以"负面清单"(negative list)为基础的谈判形式,即如果没有列为例外即应予以开放。相对"积极清单","负面清单"更能保证服务、投资等领域的开放性和自由化程度。

第二,完整的区域协定。TPP各成员国将致力于达成一份完整的区域协定,以推动TPP国家间的生产和供应链的形成,最终实现支持创造就业、提高生活水平、增加财富和促进可持续发展的目标。[⑤] 为此,各成员国将达成统一的关税减让表和共同的原产地规则,以促进大小企业更好地利用TPP开展贸易。不仅如此,TPP还将第一次

① Trans-Pacific Partnership Leaders Statement, http://www.ustr.gov/about-us/press-office/press-releases/2011/november/trans-pacific-partnership-leaders-statement.

② TPP, Outlines of the Trans-Pacific Partnership Agreement, http://www.ustr.gov/about-us/press-office/fact-sheets/2011/november/outlines-trans-pacific-partnership-agreement.

③ TPP, Trade Ministers' Report to Leaders (October 8, 2013).

④ 刘中伟、沈家文:《跨太平洋战略伙伴协议(TPP):研究前沿与架构》,《当代亚太》,2012(1),35~59页。

⑤ TPP, Trade Ministers' Report to Leaders(November 12, 2011), http://www.ustr.gov/about-us/press-office/press-releases/2011/november/trans-pacific-partnership-tpp-trade-ministers'-re.

在贸易协定中纳入有关区域性生产和供应链问题的承诺，包括海关合作、标准等。从谈判议题的设置可以看出，该协定不仅包括传统的货物和服务贸易等问题，还涉及了与生活水平直接相关的劳工福利以及环境保护问题。[①]

第三，跨领域（cross-cutting）的贸易事项。这主要体现为，在其他自由贸易协定中通常不会涉及的下列四个新议题被纳入TPP谈判范围：①规制性壁垒和其他非关税壁垒。鉴于这类壁垒日益取代关税壁垒成为国际贸易的主要障碍，各成员国承诺将积极改进规制方式，消除不必要的贸易壁垒，推动透明度建设，缩短检查和认证时间，推动在特殊规制问题上的合作，使成员国间的贸易发展更加有效、顺利。②竞争力和商业便利化。TPP成员国将作出加强各国经济的国内和区域竞争力、促进区域内经济一体化等承诺，发挥生产和供应链在增强竞争力和经济发展中的重要作用。③中小企业问题，重视中小企业的国际化发展，帮助解决中小企业在实践中对贸易协定的理解和运用不够的这一问题，保证中小企业在协定实施后，能够充分利用贸易协定带来的优惠和便利。④能力、建设、合作和发展问题。成员国认识到在TPP中，各国发展水平的不同将影响一些国家适用高标准的协定和完全实现协定的优势，因此采取相应措施改善这一问题，加强成员国的能力建设，以使得成员国能够达到TPP规定的标准和要求。

第四，新的贸易挑战。TPP谈判将纳入在全球贸易中出现的新的挑战，例如与数字经济同步发展起来的云计算等新技术，一方面为贸易和投资带来了新的机遇；另一方面也提出了需要加以应对的新的贸易问题。相类似的问题还有与贸易有关的绿色增长以及通过何种手段营造促进竞争的商业环境等。[②]

---

① TPP参照NAFTA制定了《环境合作协议》和《劳工合作备忘录》，并规定这两个属于强制性必须执行的文件。刘曙光：《TPP的总体框架及其特点》，载赵晋平等：《跨太平伙伴关系协定：经济影响与对策》，36页，北京，中国财政经济出版社，2013。

② TPP，Trade Ministers' Report to Leaders (October 8，2013).

第五,与时俱进的贸易协定。TPP 并不是一个一成不变的贸易协定,为了更好地应对未来出现的贸易问题以及随着新成员加入带来的新问题,它需要加以不断更新。由此可见,TPP 的“与时俱进”将主要体现在两方面:与贸易和技术的新发展等有关的“新问题”,和因该协议向其他亚太地区扩张出现的“新成员”。为了应对这两种可能造成 TPP 滞后于新发展的局面,TPP 成员将构建相应的结构、机制以及程序来保证协定的不断更新。

对于何为“21 世纪贸易协定”,学界并没有统一的认识。有学者认为,一个 21 世纪贸易协定,应当超越传统的关税削减措施,包括跨服务贸易、劳工、环境以及知识产权的问题。① 一种更为详尽的理解则认为,“21 世纪贸易协定”必须应对更加广泛和相互关联的贸易问题,如货物应当包括从不同阶段半成品到最终产品的整个供应链;服务贸易的范围和提供方式都大大拓展,并以“负面清单”的形式来推动其自由化;跨境投资日益与服务和货物贸易联系在一起,无法继续通过传统的双边投资协定来管理,而必须通过更广泛的一整套规则加以调整;包含为数众多的各种新议题,如整合各成员之间相互歧异并阻碍贸易的标准和规章、帮助中小企业利用贸易规则等。②

结合上述分析,要想成为一份“21 世纪贸易协定”,最为核心的要求可以概括为两点:第一,更高水平和更全面的贸易自由化;第二,更多“与贸易相关”但在传统贸易协定中鲜有涉及的新议题。而从上文所阐述的 TPP 的特征来看,TPP 在对贸易壁垒的削减和贸易自由化的全面推动作用、广泛的谈判目标等方面具备了成为“21 世纪贸易协定”的可能。在规则的设计上,该协定对未来可能会出现问题的解

---

① Murray Hiebert, Meredith Broadbent, Lindsay Ross. The Significance of the Trans-Pacific Partnership negotiations, Center for Strategic and International Studies. http://csis.org/publication/significance-trans-pacific-partnership-negotiations.

② C. L. Lim, Deborah K. Elms, Patrick Low, “What is ‘high-quality, twenty-first century’ anyway?” in C. L. Lim et al (eds), *The trans-Pacific partnership—A quest for a Twenty-first Century Trade Agreement*, Cambridge University Press, pp. 8～9.

决、如何应对新的贸易挑战等都有了充分的考虑，具备一定的先进性和前瞻性。而且，从其成员跨越四大洲（亚洲、大洋洲、北美洲和南美洲）、经济总量占全球40%等因素来看，TPP已经远非传统的区域贸易协定可以比拟，而足以称为一个"超级自由贸易协定"。事实上，TPP还希望成为未来区域贸易协定的模板。

当然，不能不看到的是，尽管TPP的成员国为该协定规划了一个具有重大影响和意义的目标，并且各国都将TPP谈判的顺利完成当作目前的优先事项，但从实际情况来看，TPP仍然面临着不小的困难，本身也存在一些不足和缺陷，这些都将会在一定程度上影响到该协定的地位和前景。

首先，尽管TPP试图解决由于各种现存区域贸易协定的重复和冲突而造成的"意大利面碗"（Spaghetti bowl）效应[①]，但要达成统一的市场准入规则和原产地规则绝非易事。当前的12个成员国中，在TPP谈判之前已经签订了大量的区域贸易协定，例如，新西兰和新加坡之间有三个生效的特惠协定；文莱和马来西亚有两个生效的特惠协定等。[②] 这种"意大利面碗"现象，造成错综复杂的市场准入规则的适用问题，增加无谓的贸易成本，不利于区域贸易自由化和一体化的进程。在这种情况下，如何在TPP的谈判过程中协调不同区域贸易协定的规定，将是各成员国面临的一个重要问题。对此问题，学者们提出了各种解决方法，[③]出于各国利益的考虑，成员国之间也有不同

---

① 这一术语最早由经济学家巴格瓦蒂(Jagdish Bhagwati)提出，用以描述由于自由贸易协定增多而导致的贸易规则的复杂状况，典型的例子是不同自由贸易协定中存在的不同原产地规则。如果一个国家是多个自由贸易协定的成员，就需要管理各个不同协定中的不同规则。See W. Goode, *Dictionary of Trade Policy Terms*, 4th edition, Cambridge University Press, 2003, p. 322。

② Deborah K. Elms & C. L. Lim, "An Overview and Snapshot of the TPP Negotiations", in C. L. Lim et al (eds.), *The trans-Pacific partnership—A quest for a Twenty-first Century Trade Agreement*, Cambridge University Press, pp. 21～44.

③ 这些解决办法包括：第一，在成员国间，使TPP的规定高于已有的区域贸易协定规定；第二，使TPP与已有的区域贸易协定获得相同的地位；第三，部分领域适用TPP的相关规定，部分领域适用区域贸易协定的规定。Ibid.

的意见和看法。美国主张应当在TPP谈判之前已有双边市场准入规则协定的成员国之间，适用已有的市场规则协定，而在TPP谈判之前没有市场准入协定的成员国之间，重新谈判并适用新的市场准入协定。美国这一做法，主要是为了最大程度保存在TPP谈判之前已有的市场准入成果，避免因为进行新的谈判而削弱已有的成果。而澳大利亚、新西兰、新加坡则认为，无论在TPP谈判之前，成员国之间是否存在市场准入协定，都应当在成员国之间进行新的谈判，最后达成一个统一的市场准入协定，以取代已有的、重叠冲突的市场准入规则。① 由此可见，如何适当解决“意大利面碗”问题、达成统一的市场准入规则，这将成为TPP谈判的一个重要障碍和问题。

其次，从TPP的成员来看，成员之间的发展水平相差较大，阻碍实现完全的自由开放。在当前进行谈判的国家中，既有发达国家美国、澳大利亚、日本等，也有属于发展中国家的越南、马来西亚等。例如，在2010年，APEC成员中越南的GDP所占比例为0.29%，而美国则高达41.89%，②国家的实力和发展水平，决定了国家的利益诉求，同时将直接影响到国内市场的开放规模、关税削减的力度、非关税贸易壁垒的实施程度等问题。例如，美国要求取消国有企业政府授予的市场优势地位，赋予全部企业平等的市场竞争条件，对于越南这个拥有众多国有企业的发展中国家来说，一旦该条得到通过，则将面临极大的阵痛。因此，尽管在谈判之初，各国对于实现所有贸易部门零关税、真正做到区域贸易的自由化有着共同的雄心壮志，但从实际来看，较大的发展水平差距将会对这一点造成不小的阻碍。进一步来说，在发展水平迥异的国家之间推动几乎“一刀切”的高水平贸

---

① Meredith Kolsky Lewis, “ Achieving a Free Trade Area of the Asia-Pacific: does the TPP present the most attractive path?”, in C. L. Lim et al (eds), *The trans-Pacific partnership—A quest for a Twenty-first Century Trade Agreement*, Cambridge University Press, pp. 229～230.

② 胡麦秀：《美国主导TPP的战略动因及其对中国的启示》，《情报杂志》，2012(9)，81～86页。

易自由化，这是否是一种可行和可持续的做法，仍然是值得怀疑的。[①]

再次，TPP 的成员国各自都有经济敏感部门，相互之间的利益纠纷难以协调，很可能将使 TPP 号称的“全部经济部门完全的开放和自由化”名不副实。例如，一旦美国开放纺织品的市场，将会遭到越南纺织品业的冲击；美国和日本之间，则在农产品和汽车方面存在着大量矛盾；加拿大政府要求在 TPP 的谈判中排除乳制品的市场准入问题，但遭到了新西兰的拒绝，因为新西兰是世界上最有竞争力的乳制品出口国之一。同时，对于 TPP 的成员国来说，谈判者们更愿意讨论他们能从中“获得”什么，而不愿讨论他们应当“付出”什么。在其他成员国还没有迹象表示在关键的贸易部门修改其国内政策或开放贸易壁垒的前提下，各成员国都很难接受新的贸易规则所规定的法律义务。[②] 如此一来，在这些利益纠葛没有得到有效的协调和解决的情况下，TPP 的谈判不易得到较大的突破和进展。

最后，美国奥巴马政府并没有获得 TPP 的贸易促进权，影响了 TPP 谈判的最后顺利完成。根据美国贸易促进权（trade promotion authority，TPA）的规定，在美国总统签订贸易协定之前，国会为总统对于贸易协定的谈判设置一定的目标和条件，并予以相应的监督；对于总统提交给国会进行研究审议的贸易协定，国会仅能进行表决，而不能进行修改。[③] TPA 的存在大大便利了美国对外贸易协定的签

---

① 2009 年 11 月，由美国和墨西哥等国专家组成的一个研究团队对北美自由贸易区（NAFTA）的现状和启示进行了综合评估，该评估报告认为 NAFTA 的一个重要教训是，该协定未能兑现它预订的很多目标，包括加大而不是缩小了成员国之间原有的收入、薪资和标准差异，未来的贸易协定应当对成员国之间发展水平的差异给予充分的考虑，并通过有效的机制来帮助较为弱小的成员国。See Kevin P. Gallagher et al, The Future of North American Trade Policy: Lessons from NAFTA, http://www. dusselpeters. com/43. pdf, p. 2; see also Timothy A. Wise and Kevin P. Gallagher, U. S. Trade Policy: Still Waiting for a “21st Century Trade Agreement”, http://www. ase. tufts. edu/gdae/policy_research/LATNTradePolicy. pdf, p. 3。

② Jeffrey J. Schott et al (eds), “*Understanding the Trans-Pacific Partnership*”, Peter G. Peterson Institute for International Economics, 2013, pp. 17～18.

③ 朱瑜：《争论与妥协：美国“贸易促进授权”新探》，《亚太经济》，2008(5)，43～47 页。

订,又被称为“快车道”。而根据美国2002年《贸易法》的规定,美国总统的TPA到2007年的7月1日到期,新的TPA还没有重新进行规定。如此一来,对于TPP的谈判,在美国总统没有获得TPA的前提下,极有可能面临着将协定提交到国会后遭到修改的命运。但是TPP的其他成员国必然不会希望看到已谈成的协定再次进行修改的命运,自然也阻碍了TPP最后的顺利完成。

总之,透过TPP身上的种种光环,不难看出,该协定仍面临着种种难题,也存在各种的不足和缺陷,这将直接影响到未来TPP的成败。

三、TPP对WTO的冲击和挑战

从上文可以看出,TPP从一开始就表现出远远超出传统区域贸易协定的抱负,不仅已经初具亚太地区“小WTO”的雏形,而且力图成为亚太乃至全球范围内自由贸易协定的样板。那么,TPP将会对以WTO为基础的多边贸易机制造成怎样的冲击和挑战?

(一)对最惠国待遇原则的背离和侵蚀

最惠国待遇原则,是WTO法律体系中的核心条款之一。WTO的首要目标在于通过减少关税和消除非关税性贸易壁垒,以消除在国际贸易关系中的歧视性待遇,建立一个公平、互惠互利的自由化国际贸易市场。而在WTO中,非歧视待遇主要通过两个方面实现——处理外国进口产品与本国产品之间关系(“内外平等”)的国民待遇原则和处理两种以上外国进口产品之间关系(“外外平等”)的最惠国待遇原则。因此,对于以WTO为代表的多边贸易体制来说,最惠国待遇原则是国际贸易赖以进行的柱石,也是GATT/WTO法律制度的基石,是贯穿于WTO多边贸易各个领域的一条总的指导思想。[①]

最惠国待遇原则的一个显著例外,是部分成员依据《关贸总协定》第24条,通过区域贸易协定相互给予优惠的贸易政策。实践中,

---

① 赵维田:《世贸组织(WTO)的法律制度》,51页,长春,吉林人民出版社,2000。

自20世纪八九十年代以来，各种区域贸易协定便以惊人的速度不断发展。截至2014年，WTO成员通报的区域贸易协定数量达583项，已生效的有377项。[①] 在区域贸易协定中，双方成员规定更低的关税税率，以促进本区域内贸易便利化的发展。但是这对于没有参加该协定的其他WTO成员而言，则是一种贸易歧视行为。由于WTO成员大量地加入区域贸易协定，这就在事实上造成了对最惠国待遇原则的背离，从而侵蚀着WTO乃至整个多边贸易体制的基础。一个典型的例子是，欧盟的最惠国关税仅对9个贸易伙伴完全适用，其余贸易伙伴都根据不同特殊贸易安排获得不同层级的更优惠市场准入。[②] 这就表明，“最惠国”待遇已经在事实上变成了“最差国”待遇，失去了其本来的含义和作用；同时，随着区域贸易协定的不断增多，使得适用区域贸易协定中规定的特惠制成了普遍性做法，而适用WTO框架下的最惠国待遇原则成为了“例外”，从而极大地冲击了以最惠国待遇原则为基础的多边贸易机制。

尽管每一个区域贸易协定的产生，都会对最惠国待遇原则产生一定的侵蚀和破坏作用。一般而言，区域贸易协定的上述负面影响是与该协定成员国的数量、这些国家在全球贸易额中所占比重以及规则的优惠程度呈正相关态势。从TPP的具体情况来看，该协定现有12个成员国，它们跨越四个大洲，在地理上具有较广的影响力。这些成员汇集了世界头号强国美国、世界第四大经济体日本以及加拿大、澳大利亚等重要经济体，其经济总量占全球的40%，贸易总额占全球贸易额的1/3，在世界上具有很强的经济影响力和话语权。另外，TPP以全部商品零关税、完全的贸易自由化为目标，其对关税和其他贸易壁垒的削减力度是以往的区域贸易协定都难以望其项背的。由此可见，TPP对最惠国待遇原则的侵蚀和冲击也将是前所未有的。

---

① 数据来源于 http://www.wto.org/english/tratop_e/region_e/region_e.htm。

② See Peter Sutherland et al, The Future of the WTO—Addressing Institutional Challenges in the NewMillennium, para. 74, www. wto. org (last visited 9 October 2012).

从另一方面来看,TPP中高标准的贸易自由化条款对WTO中的非TPP成员造成实质上的歧视待遇,这将加剧全球范围内的“贸易转移”(trade diversion)而不是“贸易创造”(trade creation)。[①] 以关税制度为例,关贸总协定乌拉圭回合谈判成果使WTO成员的整体关税水平在1986年各国税率的基础上下调了40%,其中发达国家成员工业品加权平均关税由6.3%下降到3.8%,发展中成员工业品加权平均税率由20.5%下降至14.4%。[②] 由于关税逐步下降和非关税贸易壁垒被取消,WTO成员之间的专业化分工按照比较优势原理得到优化,资源以更加合理的方式得到优化,企业、消费者和各方成员的经济从整体上获益,这就是贸易创造的效果。相比多边贸易体制内关税税率的不断削减(而不是取消),TPP则要求货物贸易应最终达到完全的零关税,并要求在投资和金融服务领域也应实现自由化,取消贸易壁垒。这种高标准的贸易优惠条款的规定,将加剧国际贸易向TPP成员的转移,因为TPP内部实行的是比多边贸易体制内更为优惠的关税制度,使得外部成员在一些产品上原有的贸易优势丧失,从而使原来的与非成员的贸易转移到TPP内,但是贸易蛋糕并没有因为贸易的产生而扩大,这就是TPP产生的贸易转移的现象。[③]

(二)绕开WTO体制的“另起炉灶”

美国国内较为盛行的一种观点认为,美国并没有从其之前签订的贸易协定中得到明显的好处,反而造成了国内的贸易赤字、失业率增高等问题。例如,在《美韩自由贸易协定》签订以后,美国在2013年5月从韩国的进口额达到了57亿美元,出口额仅有32亿美元,贸易赤字高达24.6亿美元,而事实上自签订协定后,美国的进口额都高于

① 关于“贸易创造”和“贸易转移”的一般讨论,参见B. M. Hoekman and M. M. Kostecki, The Political Economy of the World Trading System (2nd edition), Oxford University Press, 2001, p. 351。

② 曹建明、贺小勇:《世界贸易组织》(第三版),122页,北京,法律出版社,2011。

③ 左海聪:《国际贸易法》,354页,北京,法律出版社,2004。

出口额。[①] 在签订了NAFTA以后，美国有70万人失去了工作，而在中国加入WTO以后，美国有270万人失去工作。[②] 相比中国自2001年加入WTO后进出口贸易飞速发展并成为多边贸易体制的主要受益者之一，美国对此十分不满，迫切希望能够通过新的平台重新获得在国际经贸事务中的主导权，而TPP就为美国提供了这样的突破口。作为当前TPP谈判的主要推动力量，美国期待通过TPP这一“21世纪贸易协定”的签订，可以为美国的商品和服务打开主要的世界市场，促进经济更强的增长，提供更好的工作机会，并宣扬美国主要的价值观念。[③] 更为重要的是，美国认为可以凭借TPP，在不违反WTO规定的情况下，“另起炉灶”，适用另外一套贸易规则。

从TPP和WTO关系的角度来看，TPP的谈判在实质上就是在WTO之外另外构建一套高标准的贸易规则体系。以原产地规则为例，WTO历经漫长的探索，才最终建立了以国际商品统一分类和编码制度(HS)为基础的原产地规则制度，达成《原产地规则协定》。但是，TPP在其2011年公布的《框架文件》中宣称，TPP国家同意达成一套客观、透明、可预见的原产地规则，“正在探讨可行办法，来认定在本自由贸易区内累积或使用原材料的能力并据此主张某一产品原产于本区域”，同时在探讨建立一套“简单、高效的要求获得优惠的认证体系”。[④] 但如果TPP最终形成的原产地规则过于严苛，则对于第三国成员来说是十分不公平的，并将对第三国的出口造成一定的损

---

① The Trans-Pacific Partnership: Outlook and Opportunities, U. S Government Printing Office, Serial NO. 113-145, p. 3. http://www.gpo.gov/fdsys/pkg/CHRG-113hhrg82310/pdf/CHRG-113hhrg82310.pdf, last visited 2014/5/8.

② Ibid. p. 35.

③ Ibid. p. 5.

④ TPP, Outlines of the Trans-Pacific Partnership Agreement.

害。以纺织品为例，美国的态度是意图适用“从线开始”[①]（yard forward rule）的原产地规则。同时在P4协定规定的确定原产地的决定性因素之一——累积原则中，仅包括了双边累积原则（即只有最终产品的材料确实产于区域贸易协定的成员国领土范围内，该产品才能被认为是原产于区域贸易协定的），并没有将扩展积累原则（该原则允许将非成员方的投入也可算入到原产地产品之中）包括在内。[②] 在如此严苛的原产地规则之下，必然会对非TPP成员国造成损益，也将进一步冲击WTO建立起来的原产地规则制度，并最终在国际贸易实践中逐渐抛弃WTO适用的原产地规则制度。

TPP“另起炉灶”具有一定的可能性。首先，从TPP成员国的谈判目标来看，他们希望TPP成为未来区域贸易协定的样板，也就是使TPP规则和实践的适用范围从亚太地区逐渐扩大到本地区之外。其次，从TPP成员来看，现有的TPP成员无论是在经济总量还是在全球贸易所占份额方面都显示出了重要的地位和影响力，而且其成员可能进一步增多。如此一来，随着TPP适用范围的扩大，TPP成员就可以绕开WTO的规则，选择适用TPP框架下的国际贸易制度。最后，TPP要求成员国接受该协定中的“超WTO”义务，使得这些规则和义务在成员国的法律法规中扎根，再通过接纳新成员使得这些义务蔓延至国家，渐渐地成为标准适用规则或引入多边贸易谈判议题之中，最终融入WTO规则体系中，并取而代之。[③]

另外，发展迅速的TPP谈判需要各成员国在人力、财力等方面投

---

① “从线开始”这一原产地规则后来遭到了越南等成员国的反对，美国于2013年提出在TPP谈判中纳入“纺织品弹性条款”，即在TPP谈判中列出一个“供应短缺”清单，在清单上列明的产品即使并非原产于TPP成员国，仍可享有TPP成员国之间的优惠待遇。该清单分为暂时性的和永久性的两种。许宏强：《TPP谈判的新进展和前景展望》，载赵晋平等：《跨太平洋伙伴关系协定：经济影响与对策》，55～56页，北京，中国财政经济出版社，2013。

② Henry Gao, "From the P4 to the TPP: Transplantation or Transformation?", in C. L. Lim et al (eds), *The trans-Pacific partnership—A quest for a Twenty-first Century Trade Agreement*, Cambridge University Press, pp. 64～81.

③ 薛虹：《十字路口的国际知识产权法》，89页，北京，法律出版社，2012。

入大量的谈判资源,这必然会导致投入到 WTO 包括其多哈回合谈判的资源减少。更何况,那些从区域优惠安排中获得好处的国家,还往往因为担心已经获得的优惠受到减损而反对多边自由化。由此导致的结果是:已经历时超过 12 年的多哈回合谈判被无限延后,WTO 也被逐渐边缘化并日益陷入危机之中。

值得注意探讨的一点是,在 TPP 得到不断的扩大发展以后,是否会造成体制转移效果,最终达到取代 WTO 的作用?[①] 在国际贸易的发展过程中,这一现象最为典型的例子,就是通过《与贸易有关的知识产权协定》(TRIPs),使知识产权国际保护从世界知识产权组织(WIPO)向 WTO 转移的过程。[②] 不过,一般认为,体制转移发生的前提条件是体制内的国家自主地谋求变革,而当前在 WTO 的体制下,TPP 的签订和发展并不符合这样的情况,它主要是成员国为了寻求更高水平的贸易自由化而发起的谈判。与其说是体制转移,笔者认为这实质上是绕过 WTO 适用更高水平的贸易规则(“另起炉灶”)。从当前维基解密公布的 TPP 有关知识产权和环境保护的条款来看,TPP 规定了远远高于 WTO 的义务水平,已经呈现出想要绕过 WTO 规则的趋势。以知识产权条款为例,[③]其规则的严格程度甚至在某种程度上高于美国国内的承受程度,对于一些权力的有效期限也大大延长,如将著作权的有效期延长到出版后不少于 95 年或者是合作完成后不少于 120 年——这一规定大大长于美国与澳大利亚的区域贸易协定和美韩贸易协定(在这两个协定中,有效期限皆为 70 年)。[④]

---

① 所谓体制转移是指:体制内的国家为了谋求变革,促使现行体制确切地反映其利益诉求,将条约谈判、法律起草、规则(标准)制定活动从给一个国际舞台转移到另一个国际舞台。薛虹:《十字路口的国际知识产权法》,40 页,北京,法律出版社,2012。

② 同上,41~47 页。

③ Secret Trans-Pacific Partnership Agreement (TPP)—IP Chapter, Wikileaks, https://wikileaks.org/tpp/, last visited 2014/5/8.

④ Jeffrey J. Schott et al (eds), "*Understanding the Trans-Pacific Partnership*", Peter G. Peterson Institute for International Economics, 2013, p. 29.

而在环境条款[1]中,其规则与国内应当实施的具体政策直接挂钩,涉及国家的补贴制度、争端解决、合作机制、仲裁程序等。

从当前的国际贸易形势来看,WTO目前处于停滞状态,世界的目光被TPP、《跨大西洋贸易与投资伙伴协定》(TTIP)、诸边服务贸易谈判这三大谈判所吸引,其中TPP谈判的影响力最大。[2] 可以预见,在TPP完成谈判之时,也就是以美国为首的TPP国家绕过WTO,另建平台另起炉灶适用贸易规则之时。

四、TPP对中国的挑战和应对策略

在TPP的谈判中,一个值得注意的现象是:身为亚太地区主要经贸大国,同时也是世界第二大经济体和世界第一出口大国的中国并未置身其中。无疑,TPP特殊的发起背景和发展态势都有可能对中国提出种种不容忽视的挑战。在这种情况下,中国应当积极准备,妥善加以应对。

(一) TPP对中国提出的挑战

进入21世纪以来,中国在国际事务中和平崛起的态势日益明显。美国近年来热衷于推动“亚太再平衡”战略,一个重要原因就是为了在地缘政治、经贸和军事等领域同中国相抗衡,进而确保美国在21世纪国际事务中的主导地位。而积极参与和推动TPP谈判,正是美国“亚太再平衡”战略的经济抓手。[3] 在美国副总统拜登2014年3月为英国《金融时报》撰写的一篇文章中,他通过隐晦但毋庸置疑地对中国加以片面的指责,来为美国推动TPP等贸易谈判的政策进行辩护:“那些匆匆设置保护主义壁垒,并扭曲本国经济、偏袒国有企业的国

---

① Secret Trans-Pacific Partnership Agreement (TPP)—Environment Consolidated Text, Wikileaks, https://wikileaks.org/tpp-enviro/, last visited 2014/5/8.

② TPP与WTO诸边服务贸易协议相比,后者只涉及了服务领域,而TPP则涵盖了众多商品服务议题。TPP与TTIP相比,后者只有欧盟和美国两个成员,且同为西方发达国家,而TPP成员覆盖了亚洲、大洋洲和南北美洲,其地理影响力要大于TTIP。

③ 何亚非:《美国亚太再平衡战略的经济抓手》,中国新闻网, http://www.chinanews.com/gn/2013/11-04/5458652.shtml,2014-03-26。

家,正在挑战我们几十年来一直依赖的规则。……在其他国家利用经济力量争夺影响力、甚至逼迫较小邻国之际,美国除了展开强大的经济攻势,别无选择——既要代表我们自己的企业,也要保护商业开放和公平竞争。TPP已成为表明美国实力不减的标志。我们必须坚持到底。"①

因此,尽管美国方面在多个场合否认TPP谈判是针对中国②,但该协定的各种制度安排不可避免地对中国有着明显的针对性乃至排斥性,这在国有企业、知识产权、环境保护、劳工标准等议题上都显露无遗。以知识产权为例,在美国2013年发布的《特别301报告》中,中国被列入"重点观察名单"。③ 而TPP中的知识产权条款是典型的"超WTO"义务,从当前中国的发展水平来说,这种比TRIPs协定要求更高的义务是难以承受的。又如在有关国有企业的规定中,美国要求消除国有企业的优势竞争地位,保证各企业相同的竞争条件,而在中国的经济结构中,国有企业地位十分显著,它们的快速发展也常常有赖于政府给予其优惠的市场竞争条件。

在这种情况下,中国如果申请加入TPP,将在上述议题上面临着巨大的压力;但如果放弃加入或者不能加入,该协定对中国对外经贸和投资的负面影响也不容忽视。根据中国海关统计,2010年中国面向TPP12成员国的出口率高达35.8%,外资利用率为13.3%。④ 对

---

① 乔·拜登:《美国必须占据全球贸易主动》,FT中文网,http://www.ftchinese.com/story/001055056#adchannelID=2000,2014-05-09。

② 2013年5月16日,美国商务部副部长桑切斯在接受《日本经济新闻》的采访时,强调美国主导的TPP谈判"不是封闭俱乐部,而是一个开放的平台",并表示"美国希望越来越多的国家选择加入TPP",对TPP成为新的贸易准则国际标准充满期待。他还指出:"如果能承担起和先加入成员国同样高水准的自由化义务,也欢迎中国加入",试图表明没有排斥中国的意图。《美商务部副部长:也欢迎中国加入TPP》,http://www.mofcom.gov.cn/article/i/jyjl/j/201305/20130500131528.shtml。

③ 《美国'特别301报告'称遭受11国侵权》,环球网,http://world.huanqiu.com/exclusive/2013-05/3894980.html,2014-04-24。

④ 赵晋平:《我国自贸区战略面临的挑战与对策建议》,载赵晋平等:《跨太平洋伙伴关系协定:经济影响与对策》,133页,北京,中国财政经济出版社,2013。

中国来说,一旦TPP谈判成功,面对全面开放的市场准入、极低的贸易壁垒和关税水平,中国出口和吸引外资的优势将不在,出口、对外贸易、外资吸引等都将承受来自TPP的巨大压力,必然形成一定程度的贸易投资转移作用。

(二)中国的应对之策

对于加入TPP谈判问题,中国政府态度谨慎,表示“将在认真研究的基础上,根据平等互利的原则,分析加入TPP的利弊和可能性”。[①] 而从学界的观点来看,支持和反对加入该谈判者都不乏其人。[②]

笔者认为,面对TPP谈判可能带来的亚太经贸格局“大洗牌”和中国面临的挑战与冲击,中国不必急于加入谈判,应当根据本国的实际国情,结合当下的国际经贸政治形势,着重从以下几个方面做好应对准备。

首先,加紧中日韩贸易协定的谈判。日本和韩国是中国在亚洲地区的两大主要贸易伙伴,与其建立贸易协定,对中国的对外贸易尤其是在亚太地区的外贸发展有着重要的积极作用。从两国的谈判态度来看,韩国对贸易协定的谈判抱着积极主动的态度,而日本则相对冷淡。在这种情况下,中国应当加快与韩国之间的谈判,然后以其为突破口,顺势完成与日本之间的贸易协定谈判。在与日本进行谈判之时,可以采取相对灵活的谈判方式,例如对农产品进行一定的让步,以促进贸易协定的完成。[③] 根据CGE模型的估算,即使我国不加入TPP的谈判,在中日韩贸易协定达成以后,不仅能够抵消TPP带来的不利影响,还能在一定程度上推动促进经济的增长。

---

① 《商务部:中方将认真研究分析入TPP利弊和可能性》,新华网,http://news.xinhuanet.com/world/2013-05/31/c_124790090.htm,2014-04-15。

② 例如,关于主张我国应积极加入TPP谈判的观点可参见何帆、杨盼盼:《中国不应缺席TPP》,FT中文网,http://www.ftchinese.com/story/001050933?full=y,2014-05-12。

③ 王联合:《TPP对中国的影响及中国的应对》,《国际政治经济研究》,2013(4),66~72页。

其次，以"中日韩自贸区"建设为基础，全力推动"区域全面经济伙伴关系协定"(RCEP)的谈判，加快亚洲经济一体化进程。RCEP是中国和东盟各国以及印度、澳大利亚、新西兰、日本、韩国等共同发起的自由贸易谈判，在亚洲与TPP隐隐形成分庭抗礼之势。RCEP主要侧重于货物、投资和服务贸易，部分条款具有"超WTO"性质，但与TPP相比则是一个更传统的自由贸易安排，因此对于RECP中的大部分国家而言更容易接受。如果RCEP谈判进展顺利，即便中国最终没有加入TPP谈判，也不至于被孤立和边缘化。

最后，积极推动多哈回合的谈判。尽管由于区域贸易协定的泛滥，导致WTO为基础的多边贸易体制受到冲击和破坏，但是无论从成员的范围、WTO规则的开放性还是从争端解决机制的有效性来看，多边贸易体制依然有着不可替代的优势。事实上，2001年加入WTO以后，中国也从WTO体制中获益颇多。因此，中国仍有必要自我定位为多边贸易体制的坚定维护者，积极推动多哈回合谈判取得进展，这也有利于从多边贸易体制的角度抵御TPP对中国的不利影响。

当然，中国不加入(或者说，至少现阶段不考虑加入)TPP，并不意味着对这一协定不加以重视；相反，中国有必要高度重视这一谈判，积极跟踪谈判进展并就其利弊影响加以深入研究，在广泛听取各方意见的前提下谨慎加以应对。同时，无论TPP谈判进展如何，我国都应当坚定地深化经济贸易体制改革(包括国有企业改革)，加强知识产权、劳工权益和环境保护，促进经济和社会的和谐、可持续发展，不断增强我国的综合国力。

五、结束语

从默默无闻的P4协定脱胎而来的TPP，现已成为当前国际上最具活力和最受关注的贸易自由化谈判之一。除了成员国包含美国、日本等亚太地区的重量级经济体外，TPP另一个显著特征是，它是一个着眼于高水平贸易自由化和包含诸多新议题的"21世纪贸易协定"。

21世纪将是一个亚太世纪。TPP的兴起,与美国全球战略的调整密不可分,也是美国试图重新确立21世纪国际贸易规则、进而主导国际秩序的重要举措。在此背景下,TPP的发展态势,首当其冲地对以WTO为基础的战后多边贸易体制产生了较大冲击,它不仅带来对最惠国待遇原则的背离和侵蚀,而且表明一些大国正试图绕开WTO体制"另起炉灶"。

21世纪也将是一个中国崛起的世纪。TPP这一"超级自由贸易协定",一方面影响力不断增长,另一方面则在事实上表现出对中国的排斥性。对于身兼新兴经贸大国和亚太大国的中国来说,如何因势利导,化解TPP所提出的种种挑战,将是未来中国和平发展道路上的一个重要课题。

对质疑的质疑
——应如何评价《鹿特丹规则》

蒋跃川　于诗卉*

2008年12月11日，联合国大会第63届会议第67次全体会议审议通过了一部新的国际海上货物运输合同公约，即《联合国全程或部分海上国际货物运输合同公约》。2009年9月23日，在荷兰鹿特丹举行了该公约的签字仪式，因此，该公约又被称为《鹿特丹规则》。在讨论制定该公约期间，以及在公约通过后，对于该公约，包括该公约中一些具体的制度和规定，不论是在国际上，还是在我们国内，都产生了巨大的争议。从国际范围看，支持该公约的声音显然远远大于反对的声音。[①] 然而在我们国内，情况却有所不同，不论是理论界，还是实务界，对该公约持质疑、反对甚至唱衰态度的人士均不在少数。实事求是地讲，笔者也认为公约中的少数规定仍不够合理或严密，还有一些规定是否具有可操作性还有待实践的检验。但瑕不能

---

* 蒋跃川，大连海事大学法学院副教授；于诗卉，大连海事大学法学院讲师。

① 对此，请参见司玉琢、蒋跃川：《国际货物运输的世纪条约——再评〈鹿特丹规则〉》，《法学杂志》，2012(6)，31～32页。

掩瑜！该公约在总体上仍然是一部先进的、值得包括我国在内的国际社会大力推动从而使其能够早日生效的国际海上货物运输新立法！而且，那些确实存在的或可能的瑕疵并非不可以通过其他方法加以化解或者消减其消极影响。笔者此前曾经与其他学者撰写过介绍该公约内容的文章，并在这些文章中表达了对该公约的支持态度。但时至今日，本人越来越深切地感到有些问题在此前的文章中并没有涉及，而很多人对这些问题还缺乏清醒和准确的认识，因而觉得不吐不快。于是，在迟疑再三后，笔者仍然决定再写作本文，以与各位学界和实务界的同仁探讨。

一、制定《鹿特丹规则》的原因

在《鹿特丹规则》通过前，国际上已有三部海上货物运输公约同时并存，即 1924 年的《海牙规则》、1968 年的《海牙-维斯比规则》和 1978 年的《汉堡规则》，且每一部公约都有为数不少的缔约国。[①] 为什么国际社会还要再去制定一部新的海上货物运输国际公约呢？笔者认为，这主要是基于以下几方面的原因。

第一，是为了应对和解决航运及贸易实践中出现的很多新事物、新问题。与 20 世纪六七十年代相比，在国际航运及贸易实践中，出现了很多新生事物，而对这些新生事物，现有的公约均没有涉及。例如，近年来，电子提单等电子运输单证在航运实践中已经被越来越多地使用，而其未来应用前景则更为广泛；但对于电子运输单证的相关法律问题，如其签发、效力、流转等问题，现有的海上货物运输法律（不论是国际公约还是各国国内法）均鲜有涉及。又如，批量合同

---

① 根据国际海事委员会（CMI）网站上提供的资料，截至 2014 年 8 月，《海牙规则》的缔约国（地区）（不包括已同时加入《维斯比规则》的国家）有 63 个，其中阿根廷、伊朗、以色列、马来西亚、波兰、葡萄牙、土耳其等国家在航运或贸易领域有一定的重要地位；《维斯比规则》的参加国（地区）有 33 个，包括丹麦、法国、德国、希腊、意大利、荷兰、挪威、俄罗斯、新加坡、瑞典、英国以及中国香港地区等航运及贸易均较发达的国家或地区；《汉堡规则》共有 34 个缔约国，基本上都是发展中国家。

(volume contract)在几十年前,还主要应用于大宗散货的运输,但今天,这种合同已经广泛应用于集装箱班轮运输;在订立此种合同时,当事人往往希望享有更多的商业上的灵活性。但现有的海上货物运输立法对集装箱班轮运输采取的是强制适用的模式,不允许当事人享有过多的合同自由。这样,就批量合同而言,实践与立法之间就存在明显的不协调,现有立法已无法回应当事人的上述合理诉求。

此外,与几十年前的航运实践相比,当今航运实践的另一个显著不同是,签发可转让运输单证的情形已越来越少,更多的运输中签发的是不可转让运输单证,甚至根本不签发任何运输单证;①而且运输单证的种类也越来越多元化。而当今普遍适用的《海牙规则》和《海牙-维斯比规则》,包括有关国家以此为蓝本制定的国内法,均是以作为物权凭证的提单所证明或包含的合同作为调整对象的,②它们对于很多只签发海运单或者不签发任何运输单证的货物运输均不能强制适用。

除上述这些新事物、新现象外,航运及贸易实践中出现的一些依靠现行立法已无法有效解决的新问题带来的影响则更为直接和突出。例如,得益于船舶速度和港口装卸效率的提高,海上货物运输的周期显著缩短,这导致无正本提单交付货物以及收货人迟延提货等问题就变得日益突出。又如,无船承运人在海运及贸易活动中的参与度越来越高,而无船承运人双重身份的特点,使得货方越来越经常地面临无法准确识别承运人的问题。

第二,是为了重新平衡船货双方利益的需要。《海牙规则》和《海

---

① 据我国国内某大型集装箱运输企业统计,2009年,该公司所承揽的所有货物运输中,签发提单数为101.1828万份,其中签发记名提单86.3916万份,占签发提单总量的85.38%,签发可转让提单14.7912万份;而不签发提单的次数达44.436万次。签发记名提单及不签发提单的总次数,占全部货物运输次数的比例高达89.84%。

② 对于记名提单是否属于《海牙规则》所规定的"提单或者类似的物权凭证"因而需受《海牙规则》的约束,在英美法下,直到10年前才通过一系列案例加以确定。但在英国1992年《海上货物运输法》下,记名却不在该法所定义的"提单"范畴下。显示出在对记名提单性质的认定问题上,英国的判例法和成文法之间仍然存在着不一致。

牙-维斯比规则》赋予了承运人很多优惠的权利，包括航海过失免责和火灾过失免责、单位赔偿限额、短时效等。《汉堡规则》虽然在很大程度上加重了承运人的责任，但该规则的适用范围不大，影响有限。而随着近几十年来造船技术、运输技术的进步，以及保险保障体系的日益完善，国际社会普遍认为再维持这些给予承运人的特权已经不合适，对货方构成了一种实质上的不公，应当通过修法或重新立法的形式加以改变，以实现船货双方利益的新平衡。

第三，为了实现国际海上货物运输法律制度统一的目标。当今，实现调整国际民商事法律关系的法律制度的高度统一，无疑是国际社会普遍追求的目标之一。但在海上货物运输领域，目前有三部公约同时生效并各自都有为数不少的缔约国的现实，使得当今的国际海上货物运输法律制度领域出现了严重不统一的局面，并带来了法律确定性和可预期性较差及择地行诉等种种弊端，因而亟须加以改变。而国际社会普遍认为，通过在现有任何一部公约的基础上以修法的形式实现统一目标并不可行，而通过重新立法，即制定一部全新的国际海上货物运输公约，以统一该领域法律制度，同时使得该领域法律制度能够更加现代化，则是更容易取得成功的路径。

二、如何看待《鹿特丹规则》的“大而全”

在对《鹿特丹规则》的各种批评中，认为该规则过于“大而全”是一种常见的批评理由。如朱曾杰老先生在其《初评〈鹿特丹规则〉》一文中认为：“‘新公约’结构庞大，内容繁杂，前后参引，是一部海运法典、教科书式的国际公约。一般经贸海运从业人员可能难以掌握，这无疑加大了公约实施的困难和达到理解条款的国际统一。……‘新公约’以一步到位的设想，探索运输法的统一，可能适得其反，不易取得正果。”[①]张永坚教授也认为，“(公约)由于设定的目标过于高远，使制定原则出现偏差，即求大、求全、求严，希望一次性解决全部问题，

① 朱曾杰：《初评〈鹿特丹规则〉》，《中国海商法年刊》，第20卷，2009(1—2)，15页。

却忽视了发展的阶段性；努力超前，却罔顾现实所能接受的可能，最终反而不利于目标的实现。”[①]他还指出了统一国际货物运输法律应遵循的路径，认为“在当前的历史条件下，制定一套足以涵盖各种运输方式所有环节的法律制度的条件还不具备，……国际货物运输法统一化的比较现实和可行的制度设计，应该是在充分顾及各国基本利益的基础上，由易到难，由个别到一般，由简单到复杂地渐次推进。”[②]看起来，张永坚教授建议的是一种“分步走”战略，即对希望解决的问题分阶段各个击破，最终达到统一的目的。

无独有偶，有外国学者也建议各国考虑《鹿特丹规则》所存在的问题，不要使该公约生效，而去考虑其他可能的替代方案，如制定《海牙-维斯比规则》的另一议定书，在其中吸收《鹿特丹规则》的主要优点；甚至可以将《国际公路货物运输合同公约》等其他几个调整单一运输方式的公约的内容也吸收进来，以一种“非海运公约的道路”实现现代物流体系下的国际货物运输法律制度的统一。[③]

但笔者认为，不论是张永坚教授建议的“分步走”战略，还是阿尔坎塔拉(Alcantara)先生等人建议的制定《海牙-维斯比规则》另一议定书的方法，都存在难以接受的弊端，因而并不见得比《鹿特丹规则》更好。

首先，如果采用“分步走”的战略，可能会有两种具体的做法：一种是分阶段分别就海上货物运输中涉及的各个法律问题制定单个的国际公约；另一种是先制定一份基础公约，确定一些基本原则并解决一些基础性的问题，然后再以制定议定书的形式逐个解决其他小的问题。而另定《海牙-维斯比规则》议定书的方法，则与上述分步走战略的第二种做法一致，即在《海牙-维斯比规则》这份基础公约的基础

① 张永坚：《国际海上货物运输法律制度统一化中的中国选择》，《清华法治论衡》，第20辑，147页。

② 同上，151～152页。

③ Jose M. Alcantara 等：《〈鹿特丹规则〉引发的忧虑》，李俊译，《国际经济法学刊》，第18卷，2011(4)，71～88页。

上，通过制定新的议定书解决其他问题。显然，不论采取上述哪一种做法，最终结果都将使海上货物运输法律制度将由多个法律文件组成，每一个法律文件事实上都是一项国际公约，都会有其各自的参加国；而我们显然难以保证每一个法律文件的参加国都是一样的。这样，国际海上货物运输法律制度将真正变得支离破碎，与国际社会所追求的统一目标相去甚远。事实上，十多年前调整航空货物运输合同的《华沙公约》体系面临的就是这样的问题；这也正是国际社会制定《蒙特利尔公约》以合并并取代《华沙公约》及其相关文件的根本原因。

其次，采用制定《鹿特丹规则》这样“大而全”的国际公约，有助于各国就公约所调整的一些主要问题，在各有妥协的基础上达成“一揽子”的解决方案，进而有助于使公约获得最大程度的支持。而如果采用“分步走”的战略，或者采用阿尔坎塔拉先生等建议的做法，显然难以在多个不同法律文件的基础上达成此种“一揽子”的妥协方案，从而导致这些法律文件的任一个甚至全部难以获得广泛的支持。

此外，笔者始终认为，判断一部公约的好坏，不应只看其是“大而全”，还是“小而精”，主要还是应当看其规定是否合理、是否能够公平且切实可行地解决实务中产生的法律问题。《联合国海洋法》公约有320个条文，涉及与海洋有关的几乎所有问题，且对各国来说都是关乎海洋权益的重大问题，因此不可谓不“大”、不“全”、不“严”；但迄今为止，全世界已有150多个国家批准了该公约，足以证明该公约所取得的巨大成功。可见，“大而全”不应成为“控诉”《鹿特丹规则》的“罪状”；相反，如果公约的规定足够合理，因而能很好地解决其所要解决的所有问题，“大而全”更应成为其夸耀人前的资本。

三、对《鹿特丹规则》具体内容的质疑的评述

对《鹿特丹规则》所规定的一些具体制度或内容，很多人士提出了批评或质疑。在笔者观之，这些批评或质疑中有的十分中肯，有理有据；但有的却并不准确，或者并不客观。限于文章篇幅，笔者现就

规则中遭致批评或质疑较多的一些制度，对批评者的批评或质疑，作一评述。

（一）在非海运区段实行“最小网状责任制”是否会对某些国家构成不公平

与以往那几部海运公约不同的是，《鹿特丹规则》的适用范围已经不局限于海上运输，而是扩大到了包含海运的国际货物多式联运。[①] 如果一项货物多式联运包含海运区段，则该运输的非海运区段，也有可能受《鹿特丹规则》的调整。之所以说“有可能”受《鹿特丹规则》调整，是因为根据规则第 26 条，如果在非海运区段存在另一项调整该区段单一运输方式的国际公约，且该国际公约符合第 26 条所规定的条件的，则该区段运输仍应由该公约调整，而不适用《鹿特丹规则》。[②] 可见，《鹿特丹规则》对多式联运中非海运区段的适用，采用的是一种“网状责任制”的做法；但与一般多式联运法律常常采用的网状责任制相比，《鹿特丹规则》只承认其他国际公约在非海运区段的优先适用效力，而排除了国内法的优先适用效力，不论该国内法是否本应强制适用于该区段运输。此外，第 26 条中“但（货物灭失、损坏或迟延交付的事件或情形）发生的时间仅在货物装上船舶之前或仅在货物卸离船舶之后”一语还意味着，如果货损为隐蔽性损失（即无法确定货损发生在哪一个区段）或者渐进性损失（即货损的发生和发展延跨两个以上运输区段），也不适用其他公约，而应适用《鹿特丹规则》。因此，《鹿特丹规则》所采用的“网状责任制”，被尽可能地保持

① 《鹿特丹规则》第 1 条第 1 项将“运输合同”定义为：“‘运输合同’是指承运人收取运费，承诺将货物从一地运至另一地的合同。此种合同应当就海上运输作出约定，并且可以对海上运输以外的其他方式的运输作出约定。”当然，根据规则第 5 条的规定，此项货物多式联运的收货地和交货地须位于不同国家，且海上运输的装货港和卸货港也须位于不同国家（即所谓“双重国际标准”），且这几个地点中的至少一个须位于本公约的缔约国，《鹿特丹规则》才适用于该项货物多式联运。

② 还需要注意的是，即便《鹿特丹规则》适用于一项货物多式联运的非海运区段，该规则也仅适用于货方与承运人之间的关系；而货方与在该区段受承运人委托履行承运人相关义务的区段承运人及其他非海运履约方之间的法律关系，以及承运人与此种区段承运人及其他非海运履约方之间的法律关系，均不由《鹿特丹规则》调整。

在了一个最低限度内，因而通常被称为“有限网状责任制”或“最小网状责任制”(limited network system)。

国内有学者认为，《鹿特丹规则》的这一做法，是专为照顾欧洲地区国家利益所设的特别规定，是“典型的欧洲条款”，这将在欧洲国家和那些只能强制适用本公约规定的其他国家之间构成法律适用上的双重标准，对后者而言显然不公平。[①] 还有学者认为，这样的规定，将使“中国承担的义务比欧盟国家要多，因为其必须将公约适用于本国更大的地域范围；这种适用范围的不对等不仅在表面上看起来不公平，也可能引发实际上的不公平”，并详细列举了其认为的实际上的不公平的几种情形。[②]

笔者认为，上述观点缺乏事实和逻辑依据，显然难有说服力，理由如下。

第一，欧洲国家所参加的调整海运外其他运输方式的国际公约，包括经 1978 年议定书修正的 1956 年《国际公路货物运输合同公约》(CMR)、2000 年《布达佩斯内河货物运输合同公约》(CMNI)、经 1999 年议定书修正的《国际铁路运输公约—国际铁路货物运输合同统一规则》(CIM-COTIF)和调整空运的《华沙公约》及《蒙特利尔公约》。从这些公约的规定可知，这些公约均只适用于“国际运输”，即收货地或交货地位于不同国家的货物运输，[③]而不适用于国内运输。而欧盟国家中，除奥地利、瑞士及部分东欧国家外，大部分国家，尤其是欧盟中的主要经济体，都是沿海国家，各自基本上都有重要的海运港口。这就意味着，欧盟国家的进出口货物，如果采用包含海运的多式联运方式进行运输，此种运输在欧洲一端的非海运运输，大部分仍将是国

---

① 张永坚：《国际海上货物运输法律制度统一化中的中国选择》，157 页。

② 郭瑜：《中国不应加入〈鹿特丹规则〉的若干理由》，《国际经济法学刊》，第 18 卷，2011(4)，55 页。

③ 见 CMR 第 1 条、CIM-COTIF 第 1 条、CMNI 第 2 条、《华沙公约》第 1 条、《蒙特利尔公约》第 1 条。不过，《华沙公约》和《蒙特利尔公约》中所指的“国际运输”，除出发地点和目的地点位于不同国家领土内的运输外，还包括出发地点和目的地点在一国领土内，但该项运输的一个约定的经停地点位于另一个国家领土内的运输。

内运输，而不是国际运输。这些运输，无论如何都将不受上述国际公约调整。这样，在《鹿特丹规则》下，根据该规则第26条，一项包含海运的多式联运在欧洲境内的非海运运输，大部分仍将适用《鹿特丹规则》，而不适用上述这些欧洲国家普遍参加的国际公约。因此可以说，《鹿特丹规则》排除国内法适用的"最小网状责任制"的做法，对欧洲国家（至少那些沿海国家）的影响，与中国相比并没有多大差别。

基于上述事实，笔者不得不对那种认为"最小网状责任制"的做法是专门为了照顾欧洲国家利益的观点提出质疑。试想，如果欧洲国家认为排除国内法适用的做法会对某些国家构成显失公平，他们还会同意这一做法吗？因为遭受所谓不公平待遇的也将包括他们自己尤其是他们当中处于沿海地区的那些主要经济体国家。如果《鹿特丹规则》的做法真的是要"专为照顾欧洲国家利益"，按照上述学者的逻辑，更好的做法应该是保留国内法的适用，而不是排除国内法的适用。但《鹿特丹规则》的最终规定，却显然并不是这种理想的能够更好地照顾欧洲国家利益的规定。这样的规定，还能称得上是"欧洲条款"吗？

第二，持上述观点的学者还认为，《鹿特丹规则》的这一做法，对欧洲船东有利，而对中国船东不利，因为"欧洲船东在本国适用本国参加的国际公约，在中国适用《鹿特丹规则》，不会有任何不便；中国船东则在本国要适用《鹿特丹规则》，在欧洲国家则要适用对方参加的区域国际公约——显然，他们将面临对法律的不了解等问题。"[①]不清楚该学者所指的"等问题"还包括哪些其他问题。单就"他们将面临对法律的不了解"这一问题而言，难道保留国内法的适用，从而使中国船东在欧洲需要面对数量众多的欧洲国家的国内法，中国船东就将会比现在（《鹿特丹规则》的做法下）更少地遇到"将面临对法律的不了解"这一问题吗？

第三，在讨论制定《鹿特丹规则》时，我们国内就曾有人对排除国

① 郭瑜：《中国不应加入〈鹿特丹规则〉的若干理由》，55页。

内法的适用表达了强烈的担忧。为此，国内各方面也做了很多的研究和讨论。然而，直至今日，也没有人能说得清排除国内法的适用会对我国的国家利益产生何种实质性的不利影响。上述那些学者对《鹿特丹规则》这一做法的"指控"不可谓不严厉，认为这会对包括中国在内的部分国家构成明显的"不公平"。然而，到底会构成什么样的实质性的不公平，学者们却都语焉不详。

需要指出的是，国际社会在启动制定《鹿特丹规则》工作之初，确实只是想要制定一部纯粹的海运公约。但在讨论制定这一公约的过程中，考虑到1980年《联合国国际货物多式联运公约》一直未能生效的事实，为了最大程度地实现货物运输法律的统一，同时不构成对已有的调整其他运输方式的国际公约的强制适用范围的影响，立法者将本公约的适用范围扩大到了海运之外的其他运输区段，但在这些区段实行"最小网状责任制"，只保留其他强制性国际公约的优先适用，而排除了国内法的优先适用。这种做法，显然有其十分积极的意义，正如有国内学者指出的，"符合国际货物多式联运立法统一化的需要"、"增强了非海运区段法律适用的确定性和可预期性"、"增强了承运人对非海运区段风险的可预期性"及"避免因查明外国法困难而造成诉讼迟延和诉讼成本增加"等。① 当然，笔者也承认，这种做法可能会产生一些技术上的问题，如因其他运输方式与海运在很多方面存在不同，因而将《鹿特丹规则》扩大适用于非海运区段可能会带来的"水土不服"等。但无论如何，将这一问题与所谓国家利益联系起来，显然并无逻辑上的根据。在欧洲更多地适用调整其他运输方式的国际公约，而在中国更多地适用《鹿特丹规则》，就必然会产生对欧洲国家有利而对中国不利的结果吗？

(二) 关于批量合同的规定是否一种进步

《鹿特丹规则》引入了"批量合同"的概念，并且规定，除少数不得

---

① 陈琦:《〈鹿特丹规则〉下非海运区段不优先适用国内法之利弊分析》，《中国海商法年刊》，第20卷，2009(3)，17～18页。

背离的强制性规定外，批量合同可以背离公约的规定，即赋予批量合同当事方以相当大的合同自由；而且，在符合特定条件时，批量合同中背离公约的条款，在承运人与托运人之外的其他第三方之间也有效。

对于《鹿特丹规则》关于批量合同的规定，有学者认为，公约允许批量合同背离公约的规定动摇了公约强制性的基础，与公约的立法宗旨相悖，会导致合同自由原则再一次被滥用，等于是在向完全合同自由的自然原始状态变相回归，因而并不是一种进步。[①]

笔者对上述观点不敢苟同。事实上，笔者对《鹿特丹规则》关于批量合同的规定也并不十分满意，主要是认为规则规定的不得背离事项的范围过于狭窄，另外规则关于批量合同管辖权条款约束第三人的条件规定得仍不够严格；[②]但笔者认为，以承认有限的合同自由作为抨击批量合同规定的理由，并认为其不是一种进步，恐怕有失公允。

《海牙规则》及此前的美国《哈特法》等国内立法，当初确乎是为了限制承运人滥用合同自由而制定的，并由此确立了近现代海上货物运输立法的"强制性"这一典型特征。然而，作为本质上属于合同法的海上货物运输法，"合同自由"才应是其根本的特征；而"强制性"显然并非其天生的特征，更不会是一种永远一成不变的特征，而是一种颇具"时代性"的特征，是通过立法对"合同自由"加以干预而形成的一种"例外"。

近现代海上货物运输法被赋予强制性的特征，归根结底是由于近现代航运实践中承、托双方实力总体上不对等造成的。但谁也不敢保证这种实力不对等的状况将会永远存续下去，因而谁也不能保证海上货物运输法将永葆强制性的色彩。事实上，随着海运业的进入门槛与百年前相比已大幅降低，海运业的竞争日趋激烈，承、托双

---

① 张永坚：《国际海上货物运输法律制度统一化中的中国选择》，158～159页。

② 见蒋跃川、朱作贤：《〈鹿特丹规则〉的立法特点及对其中涉及重大利益的几个问题的分析》，《中国海商法年刊》，第21卷，2010(1)，31～32页。

方实力不对等的状况如今已大为改观。现在,即便是在班轮运输中,也已经有越来越多的货方与承运人希望基于合同自由原则相互洽商运输条件——就像租船运输中普遍采取的那样——而不希望只能按照强制性的海上货物运输法建立双方之间的权利义务关系。因此可以说,在今天,仍固执地坚持海上货物运输法的强制性,认为其不能有半点松动,显然已经不合时宜。《鹿特丹规则》在坚持甚至进一步扩大了海上货物运输法强制性特点的同时,[①]顺应商业实践本身对灵活性的正当需要,赋予符合特定条件的批量合同当事方以有限的合同自由,这与以往的公约相比,无疑是一种大大的进步。

诚然,如上述论者所指出的那样,"《鹿特丹规则》关于'批量合同'的特别规定,是在美国代表积极斡旋和坚持下被首次纳入国际海运公约的。"[②]这的确是事实。但我们必须要承认的是,在美国之外的其他国家,包括在中国,批量合同的应用也已经越来越广泛;而中国的批量合同当事方,对商业灵活性的要求,想必不会与美国的批量合同当事方有什么不同。因此,即便我们站在中国的立场上,难道就可以对此种对商业灵活性的吁求视而不见?美国人基于本国立场所提出的主张,如果也能同样很好地适应其他国家的现实需要,我们又有什么理由反对这种主张?

而且,正如有学者所说,"如果将批量合同和《鹿特丹规则》第80条作为一种创新来看的话,主要应当从其技术设计和法律逻辑层面判断其是非功过才是公道做法……"[③]笔者认为,作为《鹿特丹规则》讨论制定过程中争论最为激烈的议题之一,规则最终对批量合同的规定,虽然在某些细节方面仍然存在前文提及的那些不足,但总体上

---

① 根据《鹿特丹规则》第79条,不仅排除或者限制承运人、海运履约方义务或赔偿责任的合同条款无效,排除或者限制托运人、收货人、控制方、持有人或者单证托运人的义务或赔偿责任的合同条款也无效,即《鹿特丹规则》采取的是一种"双向强制"的立法模式,不仅限制承运人一方的合同自由,也限制了托运人等货方的合同自由。

② 张永坚:《国际海上货物运输法律制度统一化中的中国选择》,158页。

③ 莫世健:《〈鹿特丹规则〉是非论》,《国际经济法学刊》,第19卷,2012(2),235页。

已经充分考虑到了各方的关切,整个制度设计在法律逻辑方面并不存在问题。对包括我国在内的一些货主国家所尤为关切的中小货主的保护问题,规则第80条第2款所规定的条件已经足够严格,因而应已能够为他们提供有效的保护。

而对于一些国家及学者所指出的中小集装箱班轮公司的正当利益有可能因批量合同制度的实施而遭受不当损害的问题,[①]这恐怕更多的是个商业问题或市场问题,而不是法律问题;因为,即便在实施强制性海上货物运输法的今天,集装箱班轮公司——甚至包括那些大集装箱班轮公司——为了揽得货载,而放弃法律赋予他们的有关权利和保护,[②]与大货主签订近乎"城下之盟"的运输合约的情形,早已经屡见不鲜。

(三)全程适航义务是否脱离实际

与现在普遍实行的《海牙-维斯比规则》相比,《鹿特丹规则》中承运人责任制度的变化可谓最具革命性,也最引人关注。这些变化包括:取消了承运人的航海过失免责和火灾过失免责的权利;将承运人履行适航义务的时间从开航前和开航当时延长到了航程中;增加了关于承运人迟延交付责任的规定;明确了货损赔偿诉讼中作为索赔人的货主和承运人各自的举证责任及举证顺序,并以此确立了承运人的责任基础;较大幅度地提高了承运人的赔偿责任限额;延长了诉讼时效等。

对于将承运人履行适航义务的时间从开航前和开航当时延长至航程中,从而使承运人的适航义务变为一种持续性的"全程适航"义务这一变化,有不少学者提出了质疑,认为这种规定"脱离实践,超越客观,过于理想化"。[③] 一些实务界的人士也担心,这一变化可能会给

---

① 见胡正良:《〈鹿特丹规则〉对我国国际海上货物运输业的影响》,《海大法律评论》,2008,68页。

② 承运人常常被要求放弃的权利和保护有:限制单位赔偿责任的权利、航海过失和火灾过失免责的权利、船舶潜在缺陷造成货损免责的权利、1年短时效的保护等。

③ 张永坚:《国际海上货物运输法律制度统一化中的中国选择》,161页。

船舶的正常营运造成不合理的冲击，给承运人增加无法实现的负担。笔者认为，上述质疑和担忧，很可能是未能正确理解规则的相关规定造成的。

与《海牙规则》及《海牙-维斯比规则》相比，《鹿特丹规则》中的适航义务虽然变为了一种持续性的全程适航义务，但履行适航义务的标准却并未改变，依然为"谨慎处理"这一相对标准。这意味着，不论是在开航前和开航当时履行适航义务，还是在航程中履行适航义务，承运人始终只须以一个通常谨慎的承运人的标准行事即可。换言之，《鹿特丹规则》并未对承运人苛以任何超出对通常谨慎的承运人所要求的不合理要求。例如，船舶航行在大洋中时主机发生故障，必须更换某一关键部件才能修理好，但该部件只能从岸上获得，船上没有多余的备件，所有行政法规也未要求船上必须配备这一部件；此种情况下，就不应要求承运人必须采取一切可能的手段——例如雇用飞机空运该部件至船上——使船舶恢复适航状态，否则就认为承运人没有履行适航义务，因为这显然已经超过了对通常谨慎的承运人的合理要求。

还需指出的是，"谨慎处理"这一标准，是一种弹性很强的标准，它对承运人在"开航前和开航当时"以及"航程中"这两个不同阶段的实质要求是有所不同的。例如，同样是前文所述的主机故障，如果该故障发生在开航前，承运人就有义务在开航前采取一切可能的手段将其修好，否则即可认为承运人未能履行适航义务，对这一问题，斯特利(Michael F. Sturley)教授等人所著的《鹿特丹规则》一书中有很精彩的论述。[①]

总之，笔者认为，在依然遵循"谨慎处理"这一弹性的相对标准之前提下，认为持续性的全程适航义务脱离实际、会给承运人的正常营运带来不合理冲击等观点和担心，无疑是不正确和不必要的。

---

① [美]迈克尔·克尔斯特利等：《鹿特丹规则》，蒋跃川等译，86～87 页，北京，法律出版社，2014。

(四)关于货物交付的规定是否会使无单放货“合法化”

《鹿特丹规则》“货物交付”一章中，对可转让运输单证下的货物交付作出了一项与传统提单制度有很大区别的规定，即如果货物因规定的原因不能交付，承运人可以依次通知托运人或单证托运人，并凭后者的指示交付货物。对于这一规定，在国际和国内学术界均引起了巨大的争议。本人也曾撰文指出这一规定存在的一些弊端。[①]不过，在对该规定的种种质疑和评论中，有一种观点认为，《鹿特丹规则》的规定将会使无单放货“合法化”。[②] 笔者认为，这一提法十分不妥，会使人误以为承运人即便无单放货，也无须对任何人承担赔偿责任，因而不得不辨。

《鹿特丹规则》第 47 条第 2 款(a)项和(b)项允许承运人在货物无法交付时，根据托运人或单证托运人的指示交付货物，但同时，该规则第 47 条第 2 款(e)项规定，承运人根据托运人或单证托运人的指示交付货物的，仍须对善意的可转让运输单证持有人负损害赔偿责任。上述规定的立法目的是给予承运人一种可选择的途径，使其可以在自愿承担有可能要对善意可转让运输单证持有人承担损害赔偿责任这一风险的前提下，尽快将货物交付出去，从而摆脱因无法交货而面临的困境。在笔者看来，一项可能会导致行为人承担损害赔偿责任的行为，无论如何都不能被称为“合法的”行为。

笔者认为，承运人根据该规则第 47 条第 2 款所作出的交付行为，既可能是合法的，即将货物交付给了正确的权利人；但也有可能构成

---

① 蒋跃川、朱作贤：《〈鹿特丹规则〉的立法特点及对其中涉及重大利益的几个问题的分析》，《中国海商法年刊》，第 21 卷，2010(1)，33～34 页。

② 在这一问题上，使用了“合法化”或“合法”一语的文章甚多，具有代表性的包括：郭瑜：《中国不应加入〈鹿特丹规则〉的若干理由》，66 页；王欣：《简评〈鹿特丹规则〉对中国外贸的影响》，《中国海商法年刊》，第 21 卷，2010(3)，17 页；韩立新：《〈鹿特丹规则〉下可流通提单“物权凭证”功能沦丧抑或传承?》，《中国海商法年刊》，第 21 卷，2010(3)，1～7 页；李笑黎：《〈鹿特丹规则〉下无单放货解决机制：从凭保函放货到凭指示放货》，《中国海商法年刊》，第 22 卷，2011(1)，49～54 页；焦杰、李伯轩：《〈鹿特丹规则〉无单放货规定之研究——兼论其对我国货方的影响》，《国际经济法学刊》，第 20 卷，2013(1)，205 页。

大陆法系民法中常说的“民事违法行为”，即将货物交付给了一个无权提取货物的人，从而损害了善意持单人的正当权利。在后一种情况下，承运人即需要对其违法行为给善意持单人造成的损害承担赔偿责任。而对于该交付行为合法或违法的判断，一方面，在于承运人，如果承运人认为该行为有可能构成违法行为，他就可以不采取，即不按照托运人等的指示交付货物；另一方面，作出指示的托运人或单证托运人也应进行此种判断，如果托运人或单证托运人认为他指示的交付行为有可能构成违法，他也有权不向承运人作出此种指示。总之，《鹿特丹规则》并不保证承运人根据该规则第 47 条第 2 款所采取的交付行为一定就是“合法的”。而《鹿特丹规则》允许承运人通过采取一项可能是违法的行为解决其常常面临的无法交付货物的难题，不得不说是一项颇具勇气的创新。

（五）司法管辖权的规定是否合理

《鹿特丹规则》为了解决货方常常面临的管辖权方面的困境，参照《汉堡规则》，专门规定了“管辖权”一章，允许货方在几个规定的地点中选择其中之一对承运人提起诉讼。但如果双方之间签订了批量合同，且其中订有管辖权条款，约定某一法院具有排他性的管辖权，并且该约定符合规则所规定的严格限制条件的，则该约定的法院将具有排他性的管辖权。为了不使公约因管辖权规定与有关国家的传统做法不一致而降低其可接受程度，该规则第 74 条规定，管辖权一章的规定仅对那些声明受该章约束的缔约国具有约束力。

对于《鹿特丹规则》关于管辖权的规定，有观点认为，“其中只规定了对承运人和海运履约方诉讼的管辖权，没有对托运人作相应规定”，因而“平衡利益的原则并没有贯彻到底”。[①]

笔者对上述观点同样不敢苟同。尽量实现承、托双方之间的利益平衡，的确是《鹿特丹规则》的立法目标之一。但平衡利益显然并不意味着对承运人有哪方面的规定，就必须要对托运人也作出这方

① 张永坚：《国际海上货物运输法律制度统一化中的中国选择》，161 页。

面的规定。在讨论制定公约的过程中，针对承运人享有赔偿责任限制这一点，曾有代表提出也应当对托运人就因其过失而给承运人造成的迟延损失赋予其限制赔偿责任的权利，以体现双方权利义务的对等和平衡。而联合国贸法会负责运输法审议工作的第三工作组也确曾对此问题进行过认真的讨论，[①]但终因很难找到一种科学、可行的确定限额的方法而作罢。笔者认为，出于平衡利益的目的而对托运人所作的任何与对承运人所作规定相对应的规定，都应当以其确有必要和切实可行为前提；如此种规定实无必要，或并不可行，则不应为单纯追求双方表面上的利益平衡而引入，否则，必会给人一种“为赋新词强说愁”的牵强感。

《鹿特丹规则》规定管辖权一章，并且只对货方对承运人和海运履约方提起诉讼的管辖权作出规定，是因为确实有此必要。对此，相信经常处理海上货物运输货损赔偿纠纷案件的人士必定会有深切的感受。而承运人对货方的诉讼，在实践中几乎总是在作为责任人的货方所在地(该地往往也是起运港或目的港)法院提起的，承运人在该地通常都有分支机构；而海运履约方对货方的诉讼，则往往就是在他们自己所在地的法院提起的，自然更无任何障碍。总之，不论是承运人，还是海运履约方，当他们欲对货方提起诉讼时，管辖权应都不是问题，他们几乎不会面临常常困扰货方的管辖权方面的烦恼。既如此，要求《鹿特丹规则》对承运人或海运履约方诉货方的管辖权也作出规定，不仅多此一举，而且有可能因造成不必要的与有关国家诉讼法律的冲突而降低公约的可接受程度。

对于《鹿特丹规则》关于管辖权的规定，郭瑜教授也提出了质疑，认为如果中国加入《鹿特丹规则》，由于几种情况的存在，“中国法院的管辖权将受到限制，其受理的海事案件将减少。”[②]对于郭瑜教授的上述观点，莫世健教授已经提出了有力的反驳，指出：第一，加入《鹿

① 见《第三工作组(运输法)第十六届会议工作报告》(A/CN. 9/591)第147、153段；《第三工作组(运输法)第十八届会议工作报告》(A/CN. 9/616)第101～113段。

② 郭瑜：《中国不应加入〈鹿特丹规则〉的若干理由》，51～54页。

特丹规则》后，很难说中国的管辖权就会减少；第二，中国法院管辖权的多少，与中国的“好处”之间没有必然的逻辑关系。[①]

笔者想在莫教授宏论的基础上再补充几点。

第一，考虑到现在的班轮运输提单中都会列入一条管辖权条款，而且其中约定的管辖法院通常都会是班轮公司的总部所在地，而我国法院目前对班轮提单背面的管辖权条款效力问题仍然存在一定争议，因此，如果我国加入《鹿特丹规则》并且不对第14章作出不适用的声明，由于该规则第66条和第68条允许货方在一个相当广的范围内选择其中一个地方的法院对承运人或海运履约方提起诉讼，可以预料，我国法院受理货损赔偿案件的数量应当会增加，而不是减少，因为我国货方对于在我国法院提起诉讼将不会再有任何顾虑，而外国货方将也有可能选择在我国起诉；[②]而且，我国法院也将不必再在这一问题上举棋不定，进而可以避免很多诉讼拖延时日，节省司法资源。[③]

第二，作为一部国际公约，自然不会也不应考虑是否会使某一缔约国的司法管辖权受到何种影响，因此，以公约对单个国家管辖权的影响作为判断公约规定合理与否的标准，显然并不可取。

---

① 莫世健：《〈鹿特丹规则〉是非论》，《国际经济法学刊》，第19卷，2012(2)，251～252页。

② 前引郭瑜教授一文中还认为：“中国出口商多采取FOB合同。在中国法院当前受理的海上货物运输案件中，有相当部分是FOB卖方提出的。《鹿特丹规则》下，FOB卖方不是运输合同当事人，不享有运输合同下对承运人的合同诉权……这样，在发生货损货差时，往往只能通过国外买方向承运人索赔违约损失，而买方多半会选择在本国起诉，中国法院自然丧失了对这部分案件的管辖权。”见郭瑜：《中国不应加入〈鹿特丹规则〉的若干理由》，53页。对此，笔者想指出的是，虽然在一开始运输法工作组将诉权问题列入了讨论范围，但后来发现，对该问题的争议极大，几无可能达成统一，因此，最终通过的《鹿特丹规则》并未对诉权问题加以规定，而是将该问题留给各国国内法解决；故FOB卖方是否享有对承运人的诉权，须根据国内法确定，其结果恐怕并非郭教授所说的那样一定不享有对承运人的合同诉权。

③ 据笔者所知，近几年来，有很多货损赔偿诉讼案件，光是就管辖权问题，就会打好几年，且往往一直要打到最高院，由最高院作出提单管辖权条款是有效还是无效的裁定后双方才肯善罢甘休。

第三，即便站在中国角度评价公约关于管辖权的规定是否对中国有利，也不应从是否有助于中国法院扩大管辖权这个角度来看问题，而应从是否有助于中国的货主能更方便地提起诉讼，不会使他们再面临管辖权方面的困境为标准。从这个意义上说，公约对中国显然是极为有利的。

（六）《鹿特丹规则》中其他一些创新是否合理、先进

对《鹿特丹规则》中的其他创新或者有较大变化之处，也有很多质疑之声，笔者现择其中较重要者略作评述。

第一，对于规则中有关电子运输记录的规定，有观点认为其“只是简短的几个条款，没有具体的安排，宣示意义更大于规范意义”①。但笔者想要指出的是，不对电子运输记录作太具体的规定，正是规则制定者们的本意，原因是实践中电子商务的发展实在太快，谁也无法预测未来的电子商务将会以一种什么模式开展，因而在目前只作原则性的规定无疑是一种更为合理的选择。而且，规则关于电子运输记录的规定，是在与联合国贸法会下负责电子商务的另一个工作组（即第四工作组）进行协商后确定后，而后者认为现行的规定“措辞严谨，技术性很强”②。

第二，对规则引入的“履约方”及“海运履约方”概念及其相关规定，有学者认为，这“使得该公约调整的当事人已经不限于承托双方，其中的关系人变得相当复杂”。③ 还有学者认为，“履约方”在运输合同中的法律地位不清，且此种“在缔约方之外另行规范其他主体行为的做法，显然有别于传统合同法律制度的一般规定”④。但笔者认为，规则所规定的“海运履约方”制度，实际上是《维斯比规则》所明确承认的“喜马拉雅条款”以及《汉堡规则》确立的“实际承运人”制度的延

---

① 郭瑜：《中国不应加入〈鹿特丹规则〉的若干理由》，66 页。

② 见《第三工作组（运输法）第十九届会议工作报告》（A/CN. 9/621）第 24 段。

③ 张永坚：《国际海上货物运输法律制度统一化中的中国选择》，163 页。

④ 吴焕宁：《对〈鹿特丹规则〉性质的质疑》，《国际经济法学刊》，第 18 卷，2011(4)，7～8 页。

伸，只不过其涵盖的主体范围与前二者相比有所扩大，它们的立法目的和制度设计所遵循的立法逻辑则是一脉相承的；在我国《海商法》早已引入“实际承运人”制度并运用良好的今天，还认为“海运履约方”制度将会使货物运输法律制度的关系人“变得复杂”，令人费解。此外，“履约方”的概念和制度设计，在法理上完全符合大陆法系下“债务履行辅助人”理论，[①]因此，对我国这样的传统大陆法系国家而言，理解和接受该制度，应毫无困难。而更为关键的是，如同《维斯比规则》承认“喜马拉雅条款”和《汉堡规则》确立“实际承运人”制度一样，《鹿特丹规则》引入“履约方”的概念，并就其中的“海运履约方”的法律地位和责任作出明确规定，是对因《1991 年联合国国际贸易运输港站经营人赔偿责任公约》一直未能生效这一现实而催生出的实际需要的呼应，有其强烈的现实基础。而规则关于海运履约方规定的合理性，笔者认为，除个别细节问题有待进一步明确外，总体上是合理、先进的；[②]将“承诺”履行承运人义务的人也归为履约方的范畴，则更被一些学者视为“立法上一大进步”。[③]

第三，对规则关于控制权的规定，国内也有不少质疑之声，主要是担心其对 FOB 贸易下的卖方保护不力。[④] 笔者认为，首先，在海上货物运输越来越少使用可转让运输单证，甚至根本不再使用任何运输单证的情况下，引入“控制权”和“控制方”的概念，有助于解决实践中经常产生的一些问题，如谁有权利就处于运输途中的货物对承运人下达有关指示、谁又应当作为承运人的相对人履行有关义务等，因此，总体上应当认可引入控制权制度的必要性。其次，关于控制权制

① 对此，请参见夏元军、李群：《论承运人的债务履行辅助人责任》，《中国海商法年刊》，第 18 卷，2007，167～185 页。

② 对此，请参见蒋跃川：《在中国〈海商法〉中引入“海运履约方”制度的若干问题论析》，《甘肃政法学院学报》，2011(5)，130～135 页。

③ 夏元军、李群：《论承运人的债务履行辅助人责任》，《中国海商法年刊》，第 18 卷，2007，171 页。

④ 这主要源于《鹿特丹规则》第 51 条第 1 款的规定，即在不签发可转让运输单证等情况下，托运人为控制方，FOB 贸易卖方只有在托运人指定其为控制方时才能成为控制权。

度所存在的不利于保护 FOB 卖方等问题，则应当辩证地看待。若站在 FOB 贸易下卖方的立场上看，这确实是个问题；但若站在规则制定者们的立场上看，将控制权首先赋予订约托运人、除非在托运人同意时方将此项权利赋予其他人，却显然是一个更合乎法理的选择。而且，在我国《海商法》下，由于规定了两种托运人，但并未对他们各自应享有哪些权利再作出明确的划分，因此，FOB 卖方是否一定能取得运输单证进而获得控制货物的权利，也并不清楚。而《鹿特丹规则》的规定虽然表面上看不利于 FOB 卖方，但却非常明确，这无疑有助于 FOB 卖方事先知晓法律风险之所在，并通过在买卖合同中订入相关条款或者坚持要求签发可转让运输单证等方式解决这一问题。总之，还是如笔者和其他很多学者此前一直所主张的，这些缺陷并非不可以通过其他措施加以避免；FOB 卖方的保护问题，在很大程度上其实并非立法所能解决的问题，而主要应依靠提高货主的风险意识和法律水平来解决。

第四，对于规则关于承运人识别的规定，笔者赞同前引张永坚教授文章中所指出的，在非海运区段也推定登记船东或光船承租人为承运人，显然并不合理。[①] 规则制定者们无疑没能考虑到这一点。但总体上而言，规则关于承运人识别的新规定，在合同中未明确载明谁是承运人时，为货物索赔人确定承运人提供了明确的法律指引，这对于解决实践中经常困扰货主的识别承运人的困难，充分保护货主的利益，具有非常积极的作用，因此是一项十分值得肯定的创新。

四、应如何评价《鹿特丹规则》

（一）《鹿特丹规则》对中国相关行业的影响

我国国内对《鹿特丹规则》持批评观点的人认为，该规则对我国的航运业、港口业和货主都会造成不利影响，因而加入《鹿特丹规则》对我国总体上不利。对此，在笔者与司玉琢教授撰写的《国际货物运

---

① 张永坚：《国际海上货物运输法律制度统一化中的中国选择》，162 页。

输的世纪条约——再评〈鹿特丹规则〉》一文中，已经做出了相应的反驳，指出：《鹿特丹规则》对我国航运业的不利影响并不大，而且，从长远来看对我国航运业的发展有利；规则对我国贸易的不利因素确实存在，但并非不可避免。[①] 除该文所述外，笔者在此还想作如下几点补充。

第一，有学者认为，欧洲社会已经“去船东化”，与中国等亚洲新兴航运国家在利益诉求方面的不同日益明显。[②] 甚至有学者认为，“在中国发展商船队的时候，船东的责任就增加了。”[③]言下颇有《鹿特丹规则》提高船东责任是专门针对中国的意思。笔者对上述观点颇不能认同。首先，所谓“去船东化”的欧洲社会，恐并非事实。固然近些年来有不少欧洲船公司被出售给了来自亚洲的资本，但当今世界排名前三位的班轮公司却仍然都是欧洲公司。[④] 而德国的赫伯罗特(Hapag-Lloyd)与智利的南美轮船(CSAV)于今年合并，组建为了全球第四大集装箱班轮公司。航运业在丹麦和希腊等欧洲国家中依然占据着举足轻重的地位。可见，欧洲社会已经“去船东化”的论断，并不客观。其次，加重船东责任尤其是取消承运人航海过失免责的权利，几乎已经在全球范围内取得了共识。即便如前述阿尔坎塔拉先生等对《鹿特丹规则》抱有强烈怀疑的学者，也认为这是《鹿特丹规则》的一项“主要优点”。[⑤] 可见，《鹿特丹规则》加重船东责任是专门

---

① 司玉琢、蒋跃川：《国际货物运输的世纪条约——再评〈鹿特丹规则〉》，《法学杂志》，2012(6)，27～34 页。

② 张永坚：《国际海上货物运输法律制度统一化中的中国选择》，157 页。

③ 郭瑜：《中国不应加入〈鹿特丹规则〉的若干理由》，57 页。

④ 根据全球知名的航运咨询公司 Alphaliner 的统计，截至 2014 年 8 月 20 日，世界排名前三位的班轮公司分别为丹麦的马士基航运(APM-Maersk，船队运力规模 2796133TEU，占世界集装箱班轮运输船队总运力的 15.2%)、瑞士的地中海航运(MSC，船队运力规模 2506621TEU，占世界集装箱班轮运输船队总运力的 13.6%)和法国的达飞轮船(CMA，船队运力规模 1581617TEU，占世界集装箱班轮运输船队总运力的 8.6%)。与之相比，中国两大班轮公司中远集运和中海集运的运力规模分别为 792697TEU 和 664260TEU，占世界集装箱班轮运输船队总运力的比例分别为 4.3%和 3.6%。

⑤ Jose M. Alcantara 等：《〈鹿特丹规则〉引发的忧虑》，李俊译，《国际经济法学刊》，第 18 卷，2011(4)，87 页。

针对中国的看法，多少有些“阴谋论”的臆想的成分。

第二，我国航运业中中小船东所占比例确实不小，有不少人认为《鹿特丹规则》对他们最为不利。但笔者想指出的是，在我国沿海从事货物运输的船东，绝大多数都是中小船东，而且我国沿海货物运输所适用的法规[①]对承运人责任的规定比《鹿特丹规则》更为严格，也未见这些中小船东的经营就受到很大影响。在笔者的个人经验里，似乎还没有遇到或听闻哪一家中小船东是纯粹由于承担的货损赔偿责任过重而倒闭的，甚至也没有哪一家中小船东是纯粹由于遭遇某种法律风险而倒闭的。因此，所谓《鹿特丹规则》有可能会对我国中小船东构成严重不利的说法，似乎有些危言耸听了。

第三，认为《鹿特丹规则》对港口业不利的观点，也没有多大说服力。笔者曾参与了由交通运输部组织进行的国内港口行业对《鹿特丹规则》的评估项目，结论是除了该规则第 20 条关于连带责任的规定可能会使港口经营人在一些极罕见的情况下先要对货主承担超出其过失比例的责任，以及该规则第 19 条可能会使港口经营人在对货损无过失时也有可能被货主告上法庭从而增加港口经营人的法律诉讼成本外，《鹿特丹规则》对我国的港口经营人“总体上利大于弊”。

（二）在评价《鹿特丹规则》时我们更应该看重什么

围绕《鹿特丹规则》的争论已经持续了好几年，而且在未来若干年中估计还将持续下去。在《鹿特丹规则》通过后，我国的有关部门即组织相关行业及高校等科研机构对规则进行了初步的评估，并得出了好几份评估报告，其结论也各不相同、莫衷一是。

总结这几年来国内各界对《鹿特丹规则》的研究和争议，笔者感到，我们似乎对所谓“利益”看得重了点，却多少轻视了从纯粹技术角度对规则进行的研究。必须承认，中国既是一个贸易大国，也是一个航运大国；实施《鹿特丹规则》的结果如果是将对这两个行业中的任何一个产生实质性的伤害，我们对《鹿特丹规则》的评价就应当是负

① 即《国内水路货物运输规则》。

面的。但这个世界上，贸易大国不止我们一个，航运大国也不止我们一个，而且，航运国家往往也都是贸易国家。所以，国际社会历经十余年的努力，且除少数国家外，大多数航运及/或贸易国家都参与了公约的制定，立法者们以及联合国贸法会是否还会通过一部将肯定会对航运业或者贸易业构成实质性伤害的国际公约？

也许有人会说中国与其他国家的情况不一样，比如，我国的出口贸易以 FOB 为主。但笔者想说的是，现今普遍适用的《海牙规则》及《海牙-维斯比规则》根本就没有考虑 FOB 卖方保护的问题，而我国的海商法除了规定了两种托运人外，也没有对 FOB 卖方做出多少保护性的规定，但这并没有妨碍我国在 30 多年的时间内迅速成长为世界第一货物出口大国。而且，实践中 FOB 卖方所遇到的问题，完全是因货物运输法律规定得不合理或不完善所引起的情况显然并不多，更多的还是因为贸易合同的某一条款或者选择的贸易结算方式对其不利造成的。这就如同很多人担心的所谓《鹿特丹规则》会对我国中小船东产生不利影响一样，他们所面临的问题绝大多数也不是由于某部法律规定得不好造成的，而是源于他们自身的管理或者纯粹市场因素。总之，过分夸大《鹿特丹规则》对我国相关行业可能产生的所谓“利益”上的影响，无疑无助于我们对该规则作出客观的评价和评估。

视听服务补贴与中国“文化强国”战略

顾　宾*

我国国务院继2009年7月发布《文化产业振兴规划》后，2010年1月具体针对电影行业发布《关于促进电影产业繁荣发展的指导意见》，对中国电影产业发展在宏观政策上给予大力支持。2011年各级政府具体出台许多文化产业税收、资金支持计划。“文化强国”的共识在政府政策层面全面落实。根据2007年联合国教科文组织《保护和促进文化表达多样性公约》，①文化具有文明确认和身份特征的特点。文化产品不同于一般产品，需要采取特别措施予以保护。与此同时，文化产业发展离不开市场支持。WTO推动贸易自由化，其中包括文化产品贸易的自由化。②

---

* 顾宾，北京外国语大学法学院讲师、法学博士。

① 《保护和促进文化表达多样性公约》英文名称为 Convention on the Protection and Promotion of the Diversity of Cultural Expressions，2005年10月在联合国教科文组织全体大会通过。教科文组织148个成员投票赞成，四个国家投弃权票，只有美国和以色列两个国家投反对票。该公约于2007年生效。美国不是成员国。

② 文化产品往往以有形货物的形式表现，但是，随着网络和高科技发展，更多文化产品呈现无形性。

在1997年加拿大期刊案中，文化与贸易之间的冲突引起激烈讨论。[①] 在2009年，中国期刊和视听产品案中，[②]关于文化和贸易的争论走向新高潮。根据WTO上诉机构裁决，中国应当进一步向以好莱坞电影为代表的西方文化开放国内市场。面对西方文化产品的激烈竞争，中国有意通过补贴等政府资助的方式加快发展本国文化产业。笔者在参与起草国务院《服务贸易促进条例(学者草案)》过程中，发现起码有以下几个问题需要回答：其他国家的政府支持文化产业的情况如何，WTO等国际法律对文化补贴的问题如何评价，文化产业补贴的历史和未来国际立法走向如何？

一、文化服务与政府角色

(一) 文化产品：货物抑或服务

在WTO法律框架下讨论文化产品，首先讨论的是文化产品的货物属性还是服务属性，因为这个问题的回答决定文化产品贸易适用GATT还是《服务贸易总协定》。由于GATT和《服务贸易总协定》在WTO体系中处于并列位置，而且没有明确的相互排除适用关系，考虑到文化产品兼具有形和无形的特点，一般认为文化产品可以同时接受GATT和《服务贸易总协定》两个协议约束。但是，如前面所讲，随着互联网技术发展，文化产品的服务特性越为明显。在视听文化产品中，电视节目一般视为《服务贸易总协定》独立管辖；而影院电影则视为GATT管辖，这个判断可以从GATT第4条"有关电影片

---

① *Canada—Certain Measures Concerning Periodicals* ("*Canada—Periodicals*"), WT/DS31, Appellate Body Report circulated on 30 June 1997.

② *China—Measures Affecting Trading Rights and Distribution Services for Certain Publication and Audiovisual Entertainment Products* ("*China—Publication and Audiovisual Products*"), WT/DS363.

的特殊规定”得出。[①] 其他相关活动，如电影的租赁和放映服务，则在《服务部门分类表》列为视听服务。[②] 视听产品的服务和货物属性界限越来越模糊。消费者可以从网络下载音乐，期间不发生任何实物运输，而音乐传统上由影碟或磁带作为载体。从价值上讲，这个有形载体在音乐或电影的经济价值占比微不足道。货物和服务缺乏法定界限曾经引发加拿大期刊案的冲突解释。本文讨论的视听服务涵盖范围广泛，其生产过程通常得到政府大量补贴。

（二）视听服务特性的不同主张

视听产品兼具文化和商业双重属性。这是视听产品区别于普通产品的特性。[③] 一些国家尤其是美国认为，视听产品首先是可以交易的产品，应当和其他产品一同适用统一的服务规则。根据传统自由贸易逻辑，美国认为文化产品如果能够不受限制地在世界范围自由交易，则各国人民可以用最低的价格享受最好的视听服务。《保护和促进文化表达多样性公约》在某种意义上认可该逻辑，它承认文化表达市场自由原则，并且认为有必要使得各种文化表达自由互动。[④] 其他国家持不同意见，它们认为文化产品是特定文化身份的载体，它的

---

① GATT 第 4 条规定成员有权利为国产电影规定最低放映限额。该条是 GATT 第 11 条“取消数量限制”规定的例外。起草第 4 条的背景是为了恢复“二战”期间遭到破坏的欧洲文化产业。Wouters，Jan and Meester，Bart De. “The UNESCO Convention on Cultural Diversity and WTO Law：A Case Study in Fragmentation of International Law”，42/1 *Journal of World Trade*，2008，p. 218。

② 《服务部门分类表》把视听服务与其他三个分部门服务即邮政、快递、电信和其他服务，一起放在通信服务部门。视听服务涵盖范围广泛，包括电影和录像带生产和分销服务（CPC 9611），电影放映服务（CPC 9612），无线电和电视服务（CPC 9613），无线电和电视转播服务（CPC 7524），语音服务即其他服务。《临时中央产品分类》对 CPC9611 进一步分类。在视听和电信服务的下一级自部门可能会有服务类别重复。而且从广义角度理解视听服务时，“娱乐、文化和体育服务”与“零售服务”会有重叠，关于视听服务部门的详细内容参见 WTO Doc. S/C/W40，15 July，1998。

③ 与视听产品的双重属性有关的法律谈判史，详见 Neuwirth，Rostam J. “The ‘Culture and Trade Debate’ Continues：The UNESCO Convention in Light of the WTO Reports in *China-Publications and Audiovisual Products*：Between Amnesia or Deja vu?”，44/6 *Journal of World Trade* 44(6)，2010，pp. 1337～1338。

④ 《保护和促进文化表达多样性公约》第 2.7 条、第 1(b)条。

存在意义远远超过娱乐和教育消费者的功能。[①] 所以，文化产品受到自由贸易规则规范是不适当的。

文化产品有三个特性。第一，它是人类劳动和创造力的产物，与自然界事物不同。第二，它表达某种象征意义，因此具有无关乎商业价值的文化价值。第三，它构成知识产权，至于是否为知识产权法律所保护在所不问。《保护和促进文化表达多样性公约》承认文化产品“传递身份、价值和意义的特性”并规定了前两个特性，但没有提及第三个特性即知识产权问题。[②]

但是，欲处理好视听产品多边纪律问题，需要超越视听产品的文化属性，认识它在解决就业和创造财富方面的巨大作用。[③] 视听产品是一些国家外汇收入的重要来源。[④] 据估算，好莱坞 40%收入来自出口市场。加拿大视听产品出口收入占到视听产品总收入 57%，印度则是 42%。但是国家之间的收入不平衡问题很大，根据英国视听观察协会估算，2000 年欧盟和美国之间视听产品贸易逆差达到 82 亿美元。美国视听产品国际竞争力强，是其在多哈回合力争视听服务自由化的主要原因。[⑤]

(三) 文化市场的政府干预

经济学理论和经济现实显示，市场不以符合文化保护目的的方式提供文化产品。文化产业具有鲜明的经济属性。一旦文化产品生

---

① 欧共体认为文化不能只有商业属性，而是“在人类学和社会学意义上体现一个民族的身份和尊严”。COM(2003) 520 final，27 August 2003。

② Shi，Jingxia & Chen，Weidong. “The ‘Specifity’ of Cultrual Products versus the ‘Genrality’of Trade Obligations：Reflection on ‘China-Publications and Audiovisual Products’”，45/1 *Journal of World Trade*，2011，p. 160.

③ 视听服务需要超越文化属性，法律服务需要超越政治属性。这是 WTO 服务贸易自由化面临的最大挑战，也是推动服务自由化的突破点。关于法律服务对于多哈进程的作用，参见 Cone Ⅲ，Sydney M.，“Legal Services and Doha Round Dilemma”，41/2 *Journal of World Trade* 41(2)，2007，p. 270。

④ Peng，Shin-yi，“Liberalization of Trade in Television Services：The Negotiation Dilemma and Challenges for the Future”，43/4 *Journal of World Trade*，2009，p. 660.

⑤ Poretti，Pietro，*The Regulation of Subsidies Within The General Agreement on Trade in Services of the WTO*，Wolters Kluwer，2009，p. 233.

产出来并进入市场，则该产品提供给下一个消费者的成本会很低。美国生产商在美国巨大而富有的消费市场收回产品成本后，后续产品售价就会很低。这个道理适用于其他国家，但是由于它们市场偏小，收回生产成本的难度较大，很难把产品价格卖得很低。这会倒逼这些小市场国家生产视听产品的成本预算。对消费者来说，如果售价相同，它会选择制作成本较高的视听产品；因为这样的产品有资金保证，质量往往更好。今天，一些文化产品（例如电影）的生产和销售往往需要巨额预算，市场往往掌握在少数制作商手里。这些市场力量并非总为消费者利益服务，所以政府需要介入影响市场格局。此外，规模经济学告诉我们，生产数量达到一定程度将会降低生产成本。生产的专业化客观上危害文化产品的多样化市场。为了矫正文化市场失灵，确保本国文化的生存力和竞争力，需要政府适当介入文化市场。

视听服务补贴在多数发达国家很普遍，而且补贴额度惊人。补贴甚至被认为是政府支持视听服务部门的主要资金手段。根据贸易政策报告的数据，视听服务是收到补贴最多的服务部门，补贴的形式通常包括直接授予资金、免息贷款、财税刺激、风险投资基金支持和人力资源培训等。回答 WTO 秘书处问讯的五个国家均表示以各种方式支持本国视听服务产业。[①] 从 WTO 各成员实施的最惠国待遇例外和国民待遇限制也可以看出政府支持活跃在视听服务领域的企业活动。[②]

以欧盟为例，欧盟补贴视听服务的主要方式是“媒体计划 1991”。这个计划旨在支持视听节目发展，促进电影片分销，以及培训专业人员。在过去近 20 年的时间，这个计划支持了数千部电影分销和相关专业人员培训。从 2001 年到 2006 年，超过五亿欧元资金用于支持 8000 个项目。“媒体计划 2007”是第四个多年度计划，实施有效期至

① WTO Doc. S/W/16/Add. 2, July 23, 1997, and S/W/16/Add. 5, December 22, 2005.

② WTO Doc. GATS/EL/31, April 15, 1994.

2013年，配备资金7.55亿欧元。[①] 此外，欧洲电影产业还接受来自欧洲投资银行的视听倡议计划资助。这个倡议计划旨在通过向各种欧洲银行和融资机构提供担保或直接分担融资成本的方式，帮助欧盟视听服务企业获得各项贷款。除了欧盟一级的支持项目，还有各成员自身的支持计划。例如法国是视听服务的最大补贴国家。根据欧洲视听服务协会报告，2000年法国电影和其他视听服务支持款项高达3.681亿美元。对比人口和土地面积相似的其他欧盟成员国，德国是1.496亿欧元，英国是5750万欧元，意大利是9450万欧元，西班牙是8000万欧元。[②]

法国授予企业补贴包括两种途径：自动授予补贴和裁定授予。所谓自动授予，指基于视听服务产品的收益率给予补贴，是“成功者”补贴（Times NewRoman），授予补贴的标准是票房收入，补贴内容包括电影宣传和剪辑。这种补贴授予方式对高成本电影有利，接受补贴的产品未必含有文化内容，但是非常成功。约有60%的补贴属于这个类型。第二种情况是裁定授予补贴，也叫作选择性补贴，由专家委员会根据创作产品的艺术性做出补贴决定。这种补贴方式是对市场失灵的纠正，有利于实验产品和新作品问世。可以看出，视听产品的文化属性主要通过第二种补贴方式予以保证。这种补贴方式占有40%左右的资金。[③]

二、文化补贴谈判历史与展望

（一）视听服务多边纪律

根据WTO秘书处资料，视听服务的公共支持政策主要采取进口替代补贴，由此损害国外同类产品和产品供应商的竞争利益。此外，

① http://europa.eu/rapid/pressReleasesAction.do?reference=IP/07/169&format=HTML&aged=1&language=EN&guiLanguage=en，2011-05-21.

② European Audiovisual Observatory. Statistical Yearbook, vol. 3, 2002, p. 102.

③ Ibid, pp. 20～26.

还没有关于文化产品出口补贴的报告。[①] 根据现有多边规范规定，《服务贸易总协定》第17条“国民待遇”和第23.3条“非违约之诉”可以用来规范政府补贴情况。从理论上讲这两个规定都可以约束补贴，但是，由于这两个规定的施行是附条件的，所以作用可能是有限的。在视听服务领域，由于各成员在市场准入和国民待遇问题上采取自主承诺原则，实际上只有少数几个成员在视听服务领域作出承诺。WTO秘书处提供的《视听服务背景文件》显示，在乌拉圭回合只有19个成员对视听服务作出承诺，其中只有两个国家(美国和中非共和国)作出全面承诺，包括视听服务的六个子部门，涵盖市场准入和国民待遇两个方面。[②] 其他重要的视听服务生产者包括日本、印度和中国香港，做出的承诺非常有限。

多哈发展回合中各成员的出价显示，视听服务领域的新承诺在短期内不会有实质增长。[③] 而且多数在视听服务领域作出承诺的成员对于外资企业享受政府补贴的资格方面作出限制，也就是说成员在国民待遇一栏提出限制。[④] 加拿大和欧盟曾经反对把视听服务纳入《服务贸易总协定》，因为他们是视听服务的最大补贴成员。他们也曾主张把“文化例外”作为《服务贸易总协定》第14条“一般例外”的内容之一，但是没有成功。于是，它们选择与多数成员相同的办法，

---

① 但是，国内补贴可以间接方式发挥出口补贴的作用。这是因为国内补贴通过国民待遇的方式吸引外资，而这些外资生产的视听产品主要用于出口。假设中国采取这种补贴方式，对于美国电影生产影响很大。可以预期好莱坞可能考虑国内过高生产成本，来华投资拍摄，然后向包括美国市场在内的全球市场发行。

② WTO Doc. S/C/W/40，15 June，1998.

③ WTO各成员承诺减让表主要从如下几个方面限制外国视听服务：一是外资入股比例；二是限制外资电影片的放映时间占比；三是补贴政策方面，不予外资国民待遇。Peng，Shin-yi，“Liberalization of Trade in Television Services：The Negotiation Dilemma and Challenges for the Future”，43/4 *Journal of World Trade*，2009，p. 658.

④ 可参见美国、中国等成员的服务减让表(GATS/SC/90，46，WT/ACC/CHN/49/Add. 2)得出该结论。

不对视听服务部门开放作出承诺。[①]《服务贸易总协定》框架下的服务贸易自由化非常灵活，由于最惠国待遇豁免的规定以及国民待遇限制，成员有权利实施具有歧视性和贸易扭曲性的补贴政策。从各成员没有法定义务开放某一服务部门看，各成员实际在《服务贸易总协定》框架下享有完全的视听服务“普遍豁免权”。《服务贸易总协定》很难对各成员文化构成冲击。另一方面，对于受到外国政府补贴的外资企业，本土企业缺乏与之平等竞争的能力，《服务贸易总协定》对此往往无能为力。

（二）视听服务补贴谈判历史

不同国家对于视听服务的文化属性存在不同认识，也就对文化产品与普通产品是否存在区别以及是否需要对文化产业提供财政支持，各国都存在不同看法。这个问题自1947年《关贸总协定》成立以来各国反复讨论。在第二次世界大战后对于这个问题的激烈争论导致GATT第4条出现，即规定各国有权利保护本国的最低电影放映限额。

乌拉圭回合继续争论文化和贸易关系。当人们第一次讨论是否要把服务贸易多边规则纳入谈判议程时，关于视听服务贸易的讨论最为激烈。加拿大要求把视听服务从服务贸易议程上取消，这是因为加拿大现实考虑无法与作为视听服务强国兼邻国的美国竞争。加拿大需要保护本土视听产业，力争不把视听服务纳入多边规范。

比较温和的立场来自欧盟、澳大利亚、印度、埃及和巴西。这些国家提出不同议案，内容包括增加“贸易的文化例外”谈判；《服务贸

① 加拿大对模式三“商业存在”提出水平限制，规定“非加拿大企业对加拿大文化遗产或国家身份有关的企业的并购活动或新设企业活动，需要经过批准”。加拿大服务贸易减让表对“加拿大文化遗产或国家身份有关”的商业活动范围作出如下界定：①纸质或电子形式的书籍、杂志、期刊或报纸的出版、发行或销售，但不包括以上产品的印刷和排版活动本身；②音像制品、电影的生产、发行、销售和展览；③录音或音像音乐制品的生产、发行、销售和展览；④纸质或电子形式的音乐的生产、发行或销售；⑤通过无线广播供公众收听的转播节目，以及所有无线电、电视和光缆传播，所有的卫星节目和广播网络服务。WTO Doc. GATS/SC/16，15 April，1994，4。

易总协定》第14条一般例外列表;在第19条"逐步自由化"、第15条"服务补贴"谈判议程中联系最惠国待遇豁免规定(《服务贸易总协定》第2条及其附件),就视听服务的特殊属性增加明确说明。

美国的态度是另一个极端,与加拿大截然相反。简单地讲,美国认为以上这些国家或成员的建议本质是保护主义措施。最终美国的立场取胜。视听服务完全遵守《服务贸易总协定》规定,成为第15条"服务补贴"谈判纪律的不可分割的组成部分。[①]但是,各国在视听服务的属性认识上仍然分歧巨大。美国认为视听服务第一特点是可贸易商品,而多数欧盟国家以及加拿大认为,视听产品的文化属性超越商业属性。

在《服务贸易总协定》160多个服务部门中,视听服务是唯一一个在多边谈判中明确谈及服务补贴议题的部门。服务补贴的几个谈判草案主要是由美国、巴西和瑞士等利益差别很大的WTO成员提出。[②] 美国和巴西在视听服务领域立场存在冲突。美国是全球视听产品出口商,好莱坞电影业具有强大动力开拓国际市场。巴西不同,它代表拉丁美洲和东南亚发展中国家利益。瑞士没有外向型的视听服务业。在谈判中,它对各成员国通过补贴等方式保护文化身份的做法表示担忧。[③] 瑞士的立场代表一些内部市场较小的WTO成员立场。

尽管各成员在视听服务补贴多边纪律立场差别很大,但是也有共同之处。首先,几个议案都提出建立临时性视听服务补贴多边纪律。实际上承认了水平的整齐划一的承诺模式并不存在于所有具体

---

① 但是多数WTO成员利用GATS内在的灵活性事实上一般性地豁免了视听产品的协议义务,或者不对具体服务部门作出承诺,或者在必要时保留最惠国待遇豁免。

② 这些草案没有在WPGR会议上提出,而是向服务贸易理事会提出,作为早期谈判建议的组成部分。WTO Doc. S/CSS/W/99,9 July 2001;S/CSS/W/74,4 May 2001;and S/CSS/W/21,18 December,2000。

③ 瑞士几乎没有补贴本国很小的视听服务业,它的公共财政补贴仅相当于一部美国好莱坞大片宣传费用的一半。关于瑞士公共财政支持本国视听服务业的情况,参见WTO Doc. S/WPGR/W16/Add. 5,22 Dec. 2005。

服务领域。其次，这些议案从不同程度承认视听服务的文化和商业双重属性，一方面承认补贴在实现文化公共政策目的方面的必要性，另一方面要求需要在最大限度内限制具有潜在贸易扭曲性质的补贴。对此，美国虽然长期反对为视听服务补贴设立独立纪律，但也认可“为特定目的谨慎设立补贴”的必要性。[①] 遗憾的是，这几个议案在多哈回合启动以前就已经提出，之后便长期搁置。它们的象征意义大于实际价值。

（三）视听服务补贴多边规范的建议

《服务贸易总协定》本身并不是一个终结版的协议。它的目标是扩大服务贸易自由化。如果把讨论限定在《服务贸易总协定》对服务补贴的影响上，显得过于局限。视听服务是《服务贸易总协定》谈判议程组成部分，无法排除各成员进一步推动视听服务自由化的可能。尽管自由化谈判的速度和节奏无法预测，但是自由化的方向是确定的。多数成员国一直以来支持的视听产品“一般豁免”原则可能会受到不断冲击。反过来，视听服务自由化客观上具有扩大《服务贸易总协定》第 17 条和第 23.3 条适用范围的效果。于是，也就增强了应对视听服务补贴替代进口效果的救济能力。

视听服务进一步减让，虽然满足一些成员进入其他成员市场的要求，但是对于解决文化和贸易关系悖论没有帮助。不论是第 17 条国民待遇还是第 23.3 条非违约之诉，它们适用补贴规则时都没有考虑成员的文化特征。这要求采取其他措施应对这个问题。参考各成员在多边场合提案，有两个方案可供参考。一是在《服务贸易总协定》第 14 条增加“保护文化身份或价值”的内容；二是第 2 条，为了确定具有文化价值的视听产品，以产品价值为准实施数量限制，然后对符合条件的产品给予补贴。

1. 保护文化身份例外

把“保护文化身份例外”加进《服务贸易总协定》第 14 条，早在乌

---

① 美国认为，“成员也可以考虑制定补贴谅解，尊重每个国家保护民族文化的需要，建立培育地方文化的环境”。WTO Doc. S/CSS/W/21，18 December，2000。

拉圭回合就提起过,但是后来放弃了。[①] 多哈回合宣言虽然没有提及文化服务,但是在服务贸易理事会会议上多次讨论过。[②]有一种观点认为,"文化身份"可以被《服务贸易总协定》第 14(a)"公共秩序"例外涵盖进去。因为随着外国文化产品涌入,可能对本国基本社会利益造成严重损害,进而破坏公共秩序。文化身份的承认是一个基本社会利益,在《文化多样性世界公约》得到承认,并通过《保护和促进文化表达多样性公约》发生法律约束力。在中国视听服务产品案中,中方担心美国视听产品进入中国市场造成文化冲击,进而影响社会稳定,中方决定援引"公共秩序例外原则"豁免加入议定书规定的义务。该案详细分析见后。

文化例外之所以没有写进《服务贸易总协定》第 14 条,是因为贸易与非贸易议题本身存在冲突。不仅是贸易与文化关系,还有贸易与人权、劳工标准、金融等问题,都有待各成员制定具体指南指导 WTO 裁决机构裁判案例。一个相关联的担忧是一旦把文化例外加进来,那么其他非贸易议题都可能会跟上来。潘多拉魔盒就打开了。WTO 推进贸易自由化的主旨可能因此偏离。

2. 基于产品价格实施数量限制

为了在保护视听产品文化属性的同时不扭曲贸易,可以基于产品价格实施补贴。文化价值导向的视听产品一般不追求大制作、大明星,所以制作成本会偏低些。抓住这个特点去补贴较小成本的视听产品可以较好地实现预期目的。同时这种补贴标准有利于发展各国小微企业,促进市场经济发展,符合 WTO 宗旨。当然,由于是针对视听产品作出这样的规定,所以需要独立的纪律保障。

基于产品价格实施数量限制的好处是可以避免非贸易议题在《服务贸易总协定》第 14 条泛滥成灾。如何辨别补贴是为了保护一个国家的文化身份,还是为了纯粹的贸易目的,是很有难度的。因为人

① WTO Doc. MTN. GNS/35, 23 July, 1990.

② WTO Doc. S/CSS/W/21, 18 December, 2000.

们在判断补贴的目的时,主观要素可能会起到作用。如果能够做到基于产品价格实施数量限制,可以有效避免主观因素干扰。

第一个判断基准是成本预算。有关主流电影和艺术电影的制作和发行成本报告显示,把成本预算作为补贴基准是可行的。根据美国电影协会(MPAA)报告,2005年制作和营销一部MPAA电影需要9620万美元。[①] 但如果是制作具有文化意义的电影,不需要在演员、场地、宣传、特效等方面花费过多。有人推算,这样一部电影可以500万美元为标准。这个500万美元是基准;低于500万美元的电影不受到补贴纪律的约束。当然随着年份推移,这个基准需要考虑通货膨胀和成本上涨等因素而作出适当调整。

但是这样的补贴纪律可能受到规避。例如导演为了享受补贴,可能选择制作小成本电影,而这些电影未必都是为了文化保护目的。这就要求第二个约束条件,即一个导演拍摄的小成本电影所接受的补贴数量,随着片数逐渐递减。也就是说,该导演的第一部小制作影片接受30%补贴,第二部只能接受15%,第三部就免掉享受补贴的权利。

此外还需向WTO秘书处通知补贴情况,接受WTO秘书处监督,避免滥用视听产品补贴项目。如前所述,法国60%的电影补贴是自动补贴,即补贴授予高票房电影。据此可以质疑法国电影补贴是否真正以保护本国文化为目的。

欧共体《国家援助法》没有对视听产品补贴作出单独规定。但是,《欧共体条约》第87、88条和89条关于竞争的规定适用于视听产品。第87(3)(d)条规定:如果援助推动文化和遗产保护,且不对共同体贸易条件和竞争环境造成损害,则该援助被认为与共同市场相符合。《电影院法案》负责评估第87(3)(d)条政府援助电影院和电视节目的条件,它们包括:①援助适用于文化产品,文化内容必须根据国家标准确认;②生产商能够在其他成员国自由支配使用不少于20%

① http://mpaa.org/policy/industry,2011-12-12.

的电影预算而受援资金不受影响；③援助额度不得超过制作预算50%。[①]

欧盟委员会根据《欧共体条约》第87(3)(d)条“文化例外”规定和《电影院法案》，在2006年对法国电影和视听产业补助情况进行评估，认为不论是自动规则还是裁量规则都构成国家援助。但是这些援助未能满足欧盟法“文化例外”要求。欧盟委员会也对其他成员国政府援助视听服务产业的政策作出评估。需要指出，视听产品文化属性的实体性评定，根据欧盟法交予各成员国。

三、中国视听产品案与中国的文化补贴政策

（一）中国视听产品案经过

处理文化和贸易关系以及处理WTO协议与联合国教科文组织《保护和促进文化表达多样性公约》关系的最重要的案件莫过于中国视听产品案。[②] 该案件确立了重要的法律先例，是继加拿大期刊案后第二个处理贸易和文化关系的案件。[③] 该案件的背景是中美贸易顺差越来越大，而美国急切为本国视听产品寻找国际市场。[④] 美国通过该案件诉讼，破除中国进口文化产品的壁垒，对中国内容审查制度造成冲击。[⑤]

中国视听产品案的诉讼策略经历了变化。在专家组开始阶段，

---

① http://eurlex.europa.eu/LexUriServ/LexUriServ.do?uri=CELEX:52009XC0207(01):EN:NOT,2011-12-12.

② *China—Measures Affecting Trading Rights and Distribution Services for Certain Publications and Audiovisual Entertainment Products*, DS 363.

③ Neuwirth, Rostam J. “The ‘Culture and Trade Debate’ Continues: The UNESCO Convention in Light of the WTO Reports in *China—Publications and Audiovisual Products*: Between Amnesia or Deja vu?”, 44/6 *Journal of World Trade*, 2010, pp. 1349～1350.

④ Shi, Jingxia & Chen, Weidong. “The ‘Specifity’ of Cultrual Products versus the ‘Genrality’ of Trade Obligations: Reflection on ‘China—Publications and Audiovisual Products’”, 45/1 *Journal of World Trade*, 2011, p. 162.

⑤ 2012年2月18日，中美双方就解决WTO电影相关问题的谅解备忘录达成协议。双方赞赏彼此为解决这一重要问题的分歧所做出的努力。

我国援引《保护和促进文化表达多样性公约》有关规定就我国限制视听作品市场准入和贸易权的做法提出抗辩。在此策略失利后，我国迅速调整策略，改用 GATT 第 20 条“公共道德”作为限制措施的抗辩理由。这两个法律依据都与本案具有相关性。我们逐步分析争端当事方主张和 WTO 裁决机构的裁决意见。

在专家组阶段，中国强调文化产品的特殊性，把抗辩的法律依据放在《保护和促进文化表达多样性公约》。专家组承认该公约旨在保护文化多样性，但并不能为中国提供有效抗辩。这是因为该公约明确规定，本公约不得用以修改当事方在共同加入的任何其他国际条约下的权利与义务。而无论在 WTO 协议还是在中国加入议定书中都没有“文化例外”的规定。[①]

在专家组后期阶段，我国试图援引 GATT 第 20 条“公共道德”例外规定，并进一步援引《保护和促进文化表达多样性公约》和《文化多样性世界宣言》作为体现公共道德的法律依据。[②]但是，专家组并没有分析《文化多样性世界宣言》本身及其法律属性，而是着力分析文化产品是货物还是服务，从而决定应当由 WTO 的哪个协议规制。在这方面，中国主张电影片是服务贸易，并把中国关于年进口 20 部电影的服务贸易减让表承诺作为限制贸易的依据。但是专家组认为，GATT 第 4 条“关于电影片的特别规定”把电影片作为货物处理，所以中国的措施应当接受《中国入世议定书》“贸易权承诺”检验。[③] 该“贸易权承诺”要求中国对货物和货物贸易权实施国民待遇。所以中国限制电影贸易权的措施违反这项要求。对于中国主张“公共道德”例外规定来豁免该项承诺义务，专家组认为“中国有一个先入为主的假设，即

---

① Panel Report, *China—Measures Affecting Trading Rights and Distribution Services for Certain Publications and Audiovisual Entertainment Products* (*China—Publication and Audiovisual Products*), WT/DS363/R, 12 August 2009, paras 4.108 and 4.207.

② 由于美国没有加入该公约，所以我国增加了对该宣言的援引。我国认为该宣言应当起到国际习惯法的作用。

③ Panel Report, *China—Publication and Audiovisual Products*, para. 7.560.

认为进口争议产品根据其内容将对中国国内公共道德造成负面影响。中国援引该宣言旨在支持该假设。我们对此表示认可，但我们更需要具体了解争议产品的内容类型。”[①]中国在此没能满足专家组“了解争议产品的内容类型”的要求。上诉机构支持了专家组裁决。

（二）文化补贴：中国视听产品案后的中国对策

视听产品案后，中国就如何执行 WTO 裁决与美国展开长期磋商。[②] 2012 年 2 月 18 日，中美双方就解决 WTO 电影相关问题的谅解备忘录达成协议。根据该协议，美国电影进口配额从每年 20 部增加到 34 部，票房分账比例将从 13％提高到 25％。[③]该协议将刺激美国片商加强在中国的宣传力度，中国电影文化产业将面临更加激烈竞争。[④]从更大的层面，中国近年来加快“文化强国”的步伐，新近颁布的《国家“十二五”时期文化改革发展规划纲要》要求大力扶持影视、数字出版和动漫等文化产业。[⑤] 国家商务部《服务贸易发展“十二五”规划纲要》要求加大服务贸易发展财税金融支持力度，重点支持企业扩大服务出口。[⑥] 文化补贴是各国提升国际软实力的通行做法。[⑦] 中国在符合《加入议定书》的基础上，根据《服务贸易总协定》对文化产业实施补贴。从服务贸易多边规则和市场准入谈判观察，中国文化补贴的合法空间仍然很大。

---

① Panel Report, *China—Publication and Audiovisual Products*, fn 538, para. 7.756.

② 关于 WTO 争端裁决执行机制研究，参见傅星国：《WTO 争端裁决的执行机制》，96～145 页，上海，上海人民出版社，2011。

③ 例如，《变形金刚 3》在中国取得 10 亿元人民币票房，按照新的分账比例美方的收益将从 1.3 亿元提高到 2.5 亿元。http://www.chinadaily.cn/ent/2012-02/19/content_14640911.htm，2012-02-18。

④ 2011 年中国电影总票房为 131.15 亿元人民币，20 余部美国分账大片就超 49.1 亿元，占 37％。

⑤ http://news.xinhuanet.com/2012-02/15/c_111529537_2.htm，2012-02-20.

⑥ http://www.gov.cn/gzdt/2011-11/28/content_2005320.htm，2011-12-12.

⑦ 《保护和促进文化表达多样性公约》第 6(d)条，GATT1994 第Ⅲ.8 条均允许补贴文化产业。详细分析参见 Wouters, Jan and Meester, Bart De. “The UNESCO Convention on Cultural Diversity and WTO Law: A Case Study in Fragmentation of International Law”, 42/1 *Journal of World Trade*, 2008, p. 221。

迈向卫生公平：WTO中的药品知识产权

何 隽*

一、健康权可否由市场定价

在所有关于社会公平的讨论中，疾病、药品与健康都是无法回避的话题。1946年签署的《世界卫生组织章程》是第一份提出健康权(the right to health)的国际文件，在其序言中指出，“享受可能达到的最高水平的健康，是不分种族、宗教、政治信仰、不因经济或社会条件而有区别的每个人的基本权利之一”。此后1948年通过的《世界人权宣言》、1966年的《联合国经济、社会及文化权利国际公约》(ICESCR)，以及多个区域性人权法律文件①和许多国家宪法②都将健康权

* 本文是清华大学文化传承创新基金项目“法律全球化时代的中国与WTO”(2012WHYX018)和国家知识产权局“实施创新驱动发展战略中知识产权政策导向问题研究”(SS14-A-05)的部分研究成果。

何隽，法学博士、清华大学深圳研究生院副教授。

① 例如，1961年《欧洲社会宪章》、1981年《非洲人权和人民权利宪章》和1988年《美洲人权公约关于经济、社会和文化权利领域的附加议定书》(萨尔瓦多议定书)。

② 截至2009年，已有135个国家，将健康权纳入本国宪法。参见WHO，WIPO and WTO，*Promoting Access to Medical Technologies and Innovation：Intersections between Public Health，Intellectual Property and Trade*，2013，p. 40。

作为最基本的人权。

联合国经济、社会和文化权利委员会(CESCR)第 14 号《一般性意见》[①]规定各成员国不得干涉民众享有健康权,要求各国采取措施,以防止其他各方干涉民众享有健康权,同时通过法律实施、采取积极措施和政策使个人能享有健康权。简单而言,各国应尊重、保护和落实民众的健康权。这其中,最重要的是确保公众能够非歧视地获得基本药物。考虑到知识产权对基本药物价格的影响,CESCR 在第 17 号《一般性意见》[②]中指出,知识产权从根本来说是一种社会产品,具有社会功能,因此各缔约方有义务达成适当的平衡,即不能过度鼓吹知识产权创造者的私人利益,需要在确保其利益与公众广泛应用其产品之间促成充分的平衡,各方都有责任防止基本药物的价格过高。

基本药物(essential medicines)是那些满足人群卫生保健优先需要的药品,在一个正常运转的医疗卫生体系中,基本药物在任何时候都应充足供应,保障质量,且价格为个人和社区所能承受。基本药物通过循证方法来确定,对药物的选择考虑到患病率、安全性、药效以及相对成本效益。由世界卫生组织(WHO)的专家小组编写一个标准清单,为会员国提供范本,各国可根据本国需要进行改编。基本药物清单(EML)每两年修订一次。1977 年,首个清单确定了 208 种基本药物,2013 年的清单涵盖了 583 种药物(包括活性药物成分、医疗设备和疫苗),除用于治疗传染性疾病,例如疟疾、艾滋病病毒/艾滋病、结核,最近的清单越来越多地关注到非传染性疾病,包括心脑血

---

① UN CESCR, General Comment No. 14: The Right to the Highest Attainable Standard of Health (Art. 12 of the Covenant), UN document E/C. 12/2000/4, 11 August 2000.

② UN CESCR, General Comment No. 17: The Right of Everyone to Benefit from the Protection of the Moral and Material Interests Resulting from any Scientific, Literary or Artistic Production of Which He or She is the Author (Art. 15, Para. 1 (c) of the Covenant), UN document E/C. 12/GC/17, 12 January 2006.

管疾病、癌症、慢性呼吸道疾病和糖尿病等慢性病的治疗。[①] 任何实体，包括个人、政府、制药公司或医学协会都可建议增加药物，但必须提供相应证据，说明所建议药物的安全性、功效和成本效益，证明该药物对满足重点卫生保健需求是至关重要的，并能够充足供应。

由于药品的价格受专利影响，增加新的基本药物常常需要等到药品专利期届满，进入仿制药大规模生产阶段。例如，利培酮(Risperidone)是新一代的抗精神病药，因不良反应较轻，上市4年后，1998年首次被建议列入基本药物清单。由于当时该药仍在专利保护期内，价格昂贵而被拒绝列入清单。2008年专利到期后，利培酮及其仿制药的单价大幅度下降，目前利培酮固体口服制剂已经被列入基本药物清单之中。[②] 又如，用于治疗慢性粒细胞性白血病的伊马替尼(Imatinib)是诺华公司的专利药品，曾经价格非常高昂，目前其在美国专利即将到期，在欧盟仿制药已获批准，药品价格预期将下降，因此世界卫生组织的专家小组在2013年将其列入基本药物清单。[③]

由于药品开发和上市过程漫长，且资金投入大，如果单纯依靠市场激励机制，这些投资最终都会转嫁到消费者即患者身上，因此专利保护期内药品价格居高不下，这也严重影响到针对贫困人群疾病的药品研发。世界卫生组织宏观经济学和卫生委员会(CMH)将疾病分为三类：第一类疾病在富国和穷国均有发现，传染病包括麻疹、乙型肝炎、B型流感嗜血杆菌等，非传染性疾病包括糖尿病、心血管疾病和吸烟引发的疾病。第二类疾病在富国和穷国都有发生，但大部分发生在贫穷国家，例如艾滋病病毒/艾滋病和结核病。第三类疾病是那些绝大多数或全部发生在发展中国家的疾病，最典型的是热带病，包括登革热、非洲人类锥虫病(昏睡病)、盘尾丝虫病(河盲症)、血吸虫

---

① WHO, *Essential Medicines and Health Products: Biennial Report* 2012-2013, WHO/EMP/2014.1, August 2014.

② WHO, The Selection and Use of Essential Medicines: Report of the WHO Expert Committee 2013, pp. 79～80.

③ Ibid, pp. 45～46.

病等。第二类和第三类疾病，通常被称为被忽视的疾病（neglected diseases）。[①] 由于气候原因，上述疾病主要集中发生在贫穷国家，对高收入国家居民几乎不存在威胁，而贫困人群根本不可能承担高昂的治疗费用以支撑药品研发，因此成为被药品研究忽视的疾病。

事实上，不是疾病被忽视，而是疾病的患者因为贫穷而被以利益为导向的制药商所忽视。我们所面对的残酷现实是，一旦由市场来配置健康，药品研发资源在全球的分配差距将日益扩大。哈佛大学政治哲学教授迈克尔·桑德尔指出，随着金钱最终可以买到的东西越来越多，包括良好的医疗保健，收入和财富分配的重要性越发凸显出来。在过去几十年里，一切事物的商品化使得金钱变得越发重要，也使得不平等的矛盾变得更加尖锐。市场不仅在分配商品，还在表达和传递人们针对所交易商品的态度。[②] 一旦维持健康所必需的药品和医疗被待价而沽，那么其所代表的作为基本人权的健康权的价值就被市场所侵蚀，这就意味着健康权由市场定价，价高者得，而穷人则丧失基本的健康保障。因此，药品知识产权所涵盖的绝不仅是私人利益的分配问题和经济问题，而是道德问题和政治问题。

二、《TRIPs 协定》的灵活性

20 世纪末，当世界贸易组织（WTO）将知识产权纳入其管辖范围时曾面临激烈的争论：一旦在国际贸易法框架下讨论知识产权，如何解决知识产权自身的社会价值及其蕴含的深层道德问题？[③] 尽管争论继续，乌拉圭回合结束后，经过近 30 年实践，贸易与知识产权之间的结合越来越紧密。

---

① WHO, Public Health, Innovation and Intellectual Property Rights: Report of the Commission on Intellectual Property Rights, Innovation and Public Health, 2006, pp. 12～13.

② [美]迈克尔·桑德尔：《金钱不能买什么：金钱与公正的正面交锋》，邓正来译，XV～XVI页，北京，中信出版社，2012。

③ 何隽：《WTO 框架下知识产权保护的反思》，《清华法治论衡》，175 页，第 20 辑，北京，清华大学出版社，2014。

1994年《与贸易有关的知识产权协定》(《TRIPs协定》)正式生效之后,世界卫生组织会员国随即讨论了其对公众健康的潜在影响,要求世界卫生组织总干事报告WTO工作对国内医药政策和基本药物应用的影响,并建议在合适的时机在WTO与世界卫生组织之间开展合作。[①] 此后,在公共卫生、知识产权和贸易的交叉领域一直存在着辩论,近些年也正在达成越来越多的共识。第52届世界卫生大会(WHA)授权世界卫生组织秘书处与WTO成员展开合作,以监督《TRIPs协定》和其他贸易协议的影响,在必要时帮助成员国制定适当的卫生政策,来减轻贸易协议的负面影响。[②] 对此项决议的执行,包括建立一个世界卫生组织工作网络,以监测《TRIPs协定》对公共卫生的影响。除此之外,世界卫生大会认识到知识产权对促进医药创新和基本药物研发的重要性,敦促成员国考虑在必要时,调整国家立法以便充分利用《TRIPs协定》中的灵活性条款。[③] 在艾滋病毒/艾滋病领域,世界卫生大会强调发展中国家基于《TRIPs协定与公共卫生多哈宣言》(《多哈宣言》)有效利用强制许可。[④] 世界卫生大会还要求世界卫生组织组织秘书处,在成员国提出请求时给予支持,以帮助其制定符合国际组织要求的贸易和卫生政策[⑤],并根据成员国请求,提供针对《TRIPs协定》灵活性条款的技术和政策支持。[⑥]

世界卫生组织"公共卫生、创新和知识产权全球战略和行动计划(GSPA-PHI)"[⑦]明确敦促会员国考虑实施TRIPs灵活性,包括《多哈

① WHA, *Resolution: Revised Drug Strategy*, WHA49.14, 25 May 1996.

② WHA, *Resolution: Revised Drug Strategy*, WHA52.19, 24 May 1999.

③ WHA, *Resolution: Intellectual Property Rights, Innovation and Public Health*, WHA56.27, 28 May 2003.

④ WHA, *Resolution: Global Health-Sector Strategy for HIV/AIDS*, WHA56.30, 28 May 2003.

⑤ WHA, *Resolution: International Trade and Health*, WHA59.26, 27 May 2006.

⑥ WHA, *Resolution: Public Health, Innovation and Intellectual Property*, WHA60.30, 24 May 2007.

⑦ WHA, *Resolution: Global Strategy and Plan of Action on Public Health, Innovation and Intellectual Property*, WHA61.21, 24 May 2008.

宣言》中确认的灵活性条款，并将它们纳入本国法律。对于比《TRIPs 协定》所要求更广泛的知识产权保护，世界卫生组织敦促成员国在采纳或实施该义务时要考虑到对公众健康的影响；成员国还应该在谈判其他（双边或区域）贸易协定时考虑灵活性。GSPA-PHI 更新并扩大了世界卫生组织在涉及公共卫生和知识产权领域的职能，在《TRIPs 协定》生效后，通过决议的方式，将上述职能赋予世界卫生组织。这项职能体现了世界卫生组织各成员国的明确愿望，即确保相关政府间组织在针对公共卫生和知识产权问题时，彼此间更密切的合作，成为迈向公共卫生、创新和知识产权实践行动全球共识的重要一步。

根据世界知识产权组织（WIPO）知识产权与发展委员会（CDIP）的报告①，《巴黎公约》留给成员国的政策空间被称为“不对称性”（asymmetries）。成员在执行《巴黎公约》方面的自由源于适用国民待遇原则，《巴黎公约》未建立最低强制标准，成员国可以在自己法律中自由设定这些标准。就专利而言，根据《巴黎公约》，各成员国必须设立专利制度，但专利领域政策考虑的要点由各国政府决定。因此，各国可以在本国法律中自由设定自己的专利保护标准，这些标准同时适用于其他成员国国民。这样，如果某一国家将药品发明排除在专利保护之外，那么不论是该国国民还是其他国家国民，均不能获得药品专利。

CDIP 报告指出，《TRIPs 协定》与《巴黎公约》不同，它规定了 WTO 成员必须达到的最低实体保护标准，而这些标准是在乌拉圭回合谈判时根据发达国家当时的水平设定的，因此，最低实体标准减少了回旋空间。发展中国家意识到这种“后 TRIPs 时代”的变化将减少政策空间，正在寻求对这套规则的更好理解，以便能够以连贯的方式落实协定，并利用可用的各种选项，将这些选项用于根据本国政策选

---

① WIPO CDIP, *Patent Related Flexibilities in the Multilateral Legal Framework and their Legislative Implementation at the National and Regional Levels*, CDIP/6/REF/CDIP/5/4 REV., 18 Aug. 2010.

择来执行协定。这些选项被称为“灵活性”(flexibilities)。

灵活性的选项可以简单分为两类:关于过渡期的灵活性和《TRIPs 协定》实体灵活性。其中,实体灵活性包括有资格得到保护的客体、保护的范围、保护的实质性标准、执法机制和相关行政事项。可以看出,灵活性来源于正常的条约执行行为,即可以通过不同的选择将 TRIPs 义务转化为国家法律,使国家利益得到照顾,同时 TRIPs 的规定和原则得到遵守。然而,需要清醒认识的是,大部分特殊和差别待遇条款,尤其是那些需要发达国家做出积极行动的条款,缺乏法律可执行性,因此发展中国家从相关条款中的受益极为有限。①

三、药品专利权的限制

为了确保全球健康资源的公平分配和利用,《TRIPs 协定》及此后的《多哈宣言》对药品专利权进行限制,其中最重要的限制是为了公共健康目的和惠及最少受惠者的强制许可制度,以及权利用尽和平行进口制度。此外,出于药品监管审批目的的例外(Bolar 例外)允许在专利期内为获得市场准入所需的信息,在不经过专利权人同意的情况下使用该专利。这一例外充分考虑到药品监管审批常常需要耗时几年,如果等到专利权届满才能使用专利技术获取审批所需信息,那么将导致仿制药延迟进入市场,不利于更多人群获得药品。目前有 48 个国家在专利法中规定了 Bolar 例外。②

(一) 强制许可

《TRIPs 协定》谈判的出发点之一就是确保各国对药品提供专利保护,出于公共卫生的考虑,TRIPs 保留了部分对专利保护客体和专

---

① 车丕照、杜明:《WTO 协定中对发展中国家特殊和差别待遇条款的法律可执行性分析》,《北大法律评论》,2005(2),287~304 页。

② WIPO CDIP, *Patent Related Flexibilities in the Multilateral Legal Framework and their Legislative Implementation at the National and Regional Levels*, Annex Ⅱ.

中国《专利法》第 69 条规定“为提供行政审批所需要的信息,制造、使用、进口专利药品或者专利医疗器械的,以及专门为其制造、进口专利药品或者专利医疗器械的”,不视为侵犯专利权。

利权范围的规定。2000年,当大多数发展中国家履行《TRIPs协定》实质性义务的期限到来时,发生了一起具有里程碑意义的诉讼:南非医药行业协会和所属的39家公司向比勒陀利亚高等法院提起诉讼,指控南非《药物和相关物品控制修正案》(MRSCAA)违背了《TRIPs协定》。原因在于为了降低艾滋病药品的价格,该法案授予南非卫生部长实施药品强制许可和平行进口的权力。这起诉讼引发了非政府组织和艾滋病活动家领导的运动,他们在法庭中指出南非法律的依据是WIPO的示范法。最终,医药公司于2001年无条件撤回起诉。[①]这一事件经发展,最终导致2001年在多哈举行的WTO第四次部长级会议上通过《多哈宣言》。

《多哈宣言》阐明了《TRIPs协定》在促进医药应用上的一般作用,说明其具体的灵活性,确定了一个更加清晰的环境。该宣言第4条确认:"《TRIPs协定》没有也不应当妨碍成员国为维护公共卫生而采取措施";因此"协议能够也应当以一种有助于成员国维护公共卫生,特别是促进所有的人获得医药的方式进行解释和实施";此外,WTO成员"有权充分运用《TRIPs协定》中为此而给予灵活性的条款"。

《多哈宣言》第5条针对《TRIPs协定》第31条对"未经权利人授权的其他使用"即强制许可制度进行澄清,规定WTO各成员都"有权批准强制许可,并且可以自由决定批准强制许可的理由"。上述澄清消除了一个误解,即认为强制许可只能在国家紧急状态才能使用。WTO各成员有权决定构成国家紧急状况或其他紧急情况的条件,这样政府机构可以不必首先选择与专利所有人协商以获得自愿许可。《多哈宣言》列举出可以列入紧急状况的类型,涵盖公共健康危机,包括与艾滋病病毒/艾滋病、结核病、疟疾和其他传染病有关的危机。[②]

---

① Duane Nash,"South Africa's Medicines and Related Substances Control Amendment Act of 1997",15 *Berkeley Technology Law Journal*,2000,pp.491~497.

② 我国《专利法》第49条规定,"在国家出现紧急状态或者非常情况时,或者为了公共利益的目的,国务院专利行政部门可以给予实施发明专利或者实用新型专利的强制许可",这其中包括爆发大规模疫病的情况。

2007 年,由于与默克制药公司谈判未果,巴西对抗逆转录病毒药依非韦伦颁发药品专利强制许可。巴西政府表示,38%的巴西艾滋病患者正在服用这种药品,颁布强制许可预计可以使得该药的单价从当时每片 1.59 美元降至每片 0.45 美元。① 除巴西之外,泰国、马来西亚、厄瓜多尔和印度尼西亚都曾对治疗艾滋病的药物颁发强制许可。强制许可并没有限于解决传染性疾病或公共健康紧急状况。2012 年初,印度颁发了首个药品强制许可,允许本国仿制药厂商 Natco 公司生产拜耳公司拥有专利权的抗癌药物索拉非尼。印度《专利法》规定,专利权人应当尽最大可能在印度合理使用专利。拜耳公司通过进口向印度引进该药品,并没有在印度国内进行生产。Natco 公司曾在 2011 年 12 月向拜耳公司申请生产该药的许可,但遭到了拒绝。Natco 公司据此声称其申请符合《专利法》中规定的强制许可适用的所有情形,即公众对于该专利的合理需求未得到满足,或公众不能以合理的可支付价格获取该专利,或该专利未在印度领土范围内使用。印度知识产权局认同了上述理由,认为拜耳公司没有遵照执行,因此签署了强制许可。② 在 2006 年至 2008 年期间,泰国对多个药品宣布政府使用,包括心脏病药品的氯吡格雷和抗癌药品来曲唑、多西他赛和厄洛替尼。③ 事实上,即使没有真正授予强制许可,强制许可制度所产生的议价能力也可以作为谈判的筹码。

《TRIPs 协定》第 31 条规定的强制许可受供应国内市场的限制,潜在的出口国面临着法律障碍,《多哈宣言》适应需要,规定了惠及最少受惠者的为向最不发达国家出口进行的强制许可。《多哈宣言》第 6 条,承认对于制药企业没有制造能力或制造能力不足的 WTO 成员国有可能会遇到按照 TRIPs 规定有效利用强制许可的困难,并计划

---

① 何艳霞:《巴西首次颁布药品专利强制许可》,《中国知识产权报》,2007-06-20,第 4 版。

② 段然:《印度颁布首个药品强制许可》,《中国发明与专利》,2012(5),110 页。

③ 何艳霞:《泰国欲对 4 种癌症药品实施强制许可》,《中国知识产权报》,2007-11-09,第 4 版。

随后展开工作，帮助在制药领域不具备生产能力或能力不足的国家有效利用强制许可赋予的额外的灵活性。[①] 根据《多哈宣言》第 6 条的制度，特殊的出口许可不受限制，但要求根据强制许可生产的全部产品必须出口。2012 年，加拿大成为第一个通知 WTO 出口强制许可仿制药品的国家，一家加拿大公司获得强制许可将抗艾滋病药品出口到了卢旺达。[②] 由于一些国家可以通过非专利法渠道，从未实施药品专利保护的国家如印度进口仿制药，《多哈宣言》第 6 条制度在此前很少被利用。但是，随着印度开始对药品实施全面的专利保护，以及最不发达国家的过渡期临近届满，使得在将来采购新药的仿制药更加困难，第 6 条制度可能具有更大的意义。

然而，目前发展中国家以强制许可作为政策工具应对公共健康问题的情况还很少见，美国佛罗里达州立大学法学院阿博特教授曾担任多个国际组织的顾问，经他研究发现[③]，造成这种情况的原因有多个：其一，《TRIPs 协定》只是在近期才开始增加对专利保护的影响；第二，发达国家及其利益集团反对利用强制许可，面对反对，发展中国家需要有采取行动的有力的政治承诺；第三，一些发展中国家表示担心外国直接投资人出现对抗性反应；第四，较之采用强制许可来挑战外国专利权人，发展中国家的企业发现与他们达成共识会更加容易；第五，有效地实施强制许可还需要有行政、财政和技术能力方

① 2008 年我国《专利法》第三次修改时，针对药品专利的强制许可新增第 50 条，规定："为了公共健康目的，对取得专利权的药品，国务院专利行政部门可以给予制造并将其出口到符合中华人民共和国参加的有关国际条约规定的国家或者地区的强制许可。"按照 TRIPs 的规定，有资格进口实施强制许可的药品的成员指任何最不发达成员，以及任何已向 TRIPs 理事会通报（无须理事会批准），表明希望使用此制度作为进口方的成员。除最不发达国家成员外，进口成员要证明其在所需药品的生产领域制造能力不足或没有制造能力；确认该药品已在其地域内授予专利权，其已经或者计划颁发强制许可。

② WTO，*Canada is First to Notify Compulsory Licence to Export Generic Drug*，4 October 2007. 参见 WTO 网站，http://www.wto.org/english/news_e/news07_e/trips_health_notif_oct07_e.htm，2014-08-10。

③ Frederick M. Abbott，"The Doha Declaration on the TRIPs Agreement and Public Health：Lighting a Dark Corner at the WTO"，5 *Journal of International Economic Law*，2002，pp. 498～499.

面的前提条件，而这些，恰好是发展中国家常常不具备的。因此，发展中国家很少利用强制许可制度的问题需要从多方面加以解决，不仅需要重视合适的法律制度建设，还需要获得资金、技术和智力等方面支持。

(二) 权利用尽和平行进口

为避免产生更多的分歧，《TRIPs 协定》的制定者规定，在 WTO 框架下解决争端时，协定中的任何条款均不得用于处理权利用尽问题。[①]《多哈宣言》确认 WTO 各成员在符合最惠国待遇和国民待遇的前提下，有权自由地、不受干扰地建立其权利用尽体系。[②] 这使得 WTO 成员的权利用尽制度，可以在国家、地区或国际标准间进行选择。权利用尽(exhaustion)是指知识产权权利人在同意首次销售之后，不能再阻碍进一步的分销和再销售。在此情况下，权利人被认为“用尽”了他对这些商品的权利，因此权利用尽也被称为首次销售。平行进口(parallel import)是指首次投放到另一个国家的产品，通过与权利人授权渠道相平行的另一个渠道进口。平行进口不是经由专利权人授权的渠道进口，但并不是假冒，各国对权利用尽的规定决定了平行进口是否合法。权利用尽决定了知识产权权利人在何种程度上可以阻止在另一国市场获得授权的产品进行销售或进口。这就意味着 WTO 成员可以自行决定是否允许平行进口专利产品，包括医疗产品，上述行为不会被视为违背 TRIPs 规定。

根据权利用尽的区域范围，可以分为国际用尽、国内用尽和地区用尽，一个国家选择在什么区域范围内专利权的权利用尽，将决定能否从价格更低的国家或地区进口(或再进口)药品，因此对促进药品应用具有重要作用。国际权利用尽意味着经权利人同意在世界上任何地方的首次销售之后，该商品上的知识产权就被用尽。截至 2010 年，约 20 个国家在其本国法中采用了专利权国际用尽制度，包括阿根

---

① 参见《TRIPs 协议》第 6 条。

② 参见《多哈宣言》第 5 条 d 项。

廷、中国、哥斯达黎加、埃及、印度、肯尼亚和南非，以及《卡塔赫纳协定》的各方（玻利维亚、哥伦比亚、厄瓜多尔和秘鲁）。[①] 英国知识产权委员会在其报告《整合知识产权与发展政策》中，建议采用国际权利用尽制度，以方便发展中国家和最不发达国家应用医药；同时要建立差别定价制度，即同样的产品在发达国家价格高，发展中国家价格低，这样就需要对市场进行细分，以避免低价药品进入高价市场，发达国家需要加强自身的法律制度，以防止此类进口。[②] WHO 公共卫生、创新和知识产权委员会（CIPIH）也呼吁发达国家和发展中国家的价格应有所区别，建议发展中国家应继续从差别定价中获益，并保持寻求更低价格药品平行进口的能力。[③]

国内用尽意味着权利用尽的适用仅限于首次销售发生在本国地域之内。在该制度下，知识产权权利人的权利用尽仅限于其同意在国内上市的产品，从而使得权利人可以阻止平行进口。约有 40 个国家采用国内用尽制度，包括巴西、马来西亚、墨西哥、摩洛哥、泰国、突尼斯和土耳其等。[④] 美国专利法并未对权利用尽规则做明确规定，在案件处理中国际用尽标准和国内用尽标准均有采用。[⑤] 地区权利用尽是指，权利人在该地区首次销售产品，则用尽该产品上的知识产权，不仅限于本国，还包括整个地区，因此本地区内不能反对平行进口。采用地区权利用尽标准的主要包括欧盟成员国、欧洲经济区（EEA）和非洲知识产权组织成员国等。

《多哈宣言》给予了 WTO 成员对权利用尽制度做出不同选择的

---

① WIPO CDIP, *Patent Related Flexibilities in the Multilateral Legal Framework and their Legislative Implementation at the National and Regional Levels*, Annex II.

② Commission on Intellectual Property Rights, *Integrating Intellectual Property Rights and Development Policy: Report of the Commission on Intellectual Property Rights*, London September 2002, pp. 41～42.

③ WHO, *Public Health, Innovation and Intellectual Property Rights*, pp. 123～124.

④ WIPO CDIP, *Patent Related Flexibilities in the Multilateral Legal Framework and their Legislative Implementation at the National and Regional Levels*, Annex Ⅱ.

⑤ Margreth Barrett, "The United States' Doctrine of Exhaustion: Parallel Imports of Patented Goods", 27 *Northern Kentucky Law Review*, 2000, pp. 920～927.

自由,各国可以根据自身需求,选择适合自身发展的标准,以最好地服务于本国政策目标。在很多国家,知识产权法律并没有明确权利用尽或采取何种标准,而是将其留给法院和专利行政部门在实践中根据个案裁决。但是,与《TRIPs协定》不同,《多哈宣言》并无具体的法律条文,必须将《多哈宣言》规范的内容纳入本国知识产权法律,或者写入双边或多边的知识产权或贸易协定中才能加以落实。在美国和加拿大、摩洛哥的双边贸易协定中允许平行进口,然而,在同一时期,美国与智利、多米尼加、秘鲁、巴拿马、哥伦比亚的双边贸易协定中则排除了平行进口的适用,这样事实上限制了这些发展中国家在与美国公司进行专利药品贸易时,实施平行进口的可能性。① 由于同发达国家签署自由贸易协定,或因希望加入WTO,或因各种双边谈判的压力,一些发展中国家引入了比《TRIPs协议》还要严格的知识产权保护法则,一些超TRIPs或TRIPs-Plus条款使得更多的药物在发展中国家被授予专利,有可能限制甚至阻止平行进口。②

除了权利用尽,影响专利药品平行进口的重要因素还有两类:第一,是有关药品市场准入的法律法规。每种药品都可能存在不同版本,即不同剂型、规格和包装,如果某一版本药品没有获得进口国的相应市场准入,那么即使采用国际权利用尽标准,该药品也不得进口。第二,是专利所有人与分销商之间的授权合同。如果合同禁止分销商再次出口相关产品,无论专利权是否被用尽,专利权人都有权禁止此类进口。③

---

① Horacio Rangel-Ortiz, "Patent and Trademark Rights in Commercial Agreements Entered by the United States with Latin American in the First Decade of the Twenty-first Century: Divide et vinces", in Gustavo Ghidini, Rudolph J. R. Peritz, Marco Ricolfi (eds.), *TRIPs and Developing Countries: Towards a New IP World Order?* Northampton: Edward Elgar Publishing, 2014, pp. 85~86.

② 萨妮亚·雷德·司密斯:《超TRIPs条款及其对药物可及性的影响》,《中国知识产权报》,2007-12-05,第9版。

③ WHO, WIPO and WTO, *Promoting Access to Medical Technologies and Innovation*, p. 183.

四、结语:迈向卫生公平的征程

与健康权相对应,1996 年世界卫生组织与瑞典国际开发署(SIDA)合作在一份倡议书[①]中提出卫生公平(health equity)。根据世界卫生组织的调查,在所有国家,不同社会群体间的健康状况存有很大差异。个人的健康程度如何在很大程度上受到社会因素的左右,包括教育、就业状况、收入水平、性别和种族。一个人的社会经济地位越低,其面临的健康不良风险就越高。卫生公平意味着健康机会的分配应以需要为导向,而非取决于社会特权。追求卫生公平意味着努力降低社会人群在健康和卫生服务方面存在的不公正的和不应有的社会差距,同时使得卫生系统高效运转以达到对社会全体都有利的最大程度的改善。在这份倡议书中,世界卫生组织同时指出,公平性需要被放在卫生政策议程的较高位置,从长远角度,效益与效率(effectiveness and efficiency)问题同样必须考虑。

事实上,《TRIPs 协定》在对药品专利权给予限制的同时,出于对效益与效率的考虑,对药品知识产权在某些方面也提供了强化保护机制,例如延长药品专利期。WTO 发达国家成员在《TRIPs 协定》规定的最低 20 年的专利期之外延长专利保护期,以补偿专利审批流程和药品准入监管造成实际市场占有时间的延误。例如,在美国如果药品从市场准入到专利期届满的市场占有期少于 14 年,那么最多可以获得 5 年药品专利延长期。[②] 在欧盟成员国同样如此,如果药品从获得市场准入到专利期满少于 15 年,则可以最多获得 5 年的补充保

① WHO, *Equity in Health and Health Care: A WHO/SIDA Initiative*, WHO/ARA/96.1,1996.

② USPTO, *Patent Term Extension for Delays at other Agencies under* 35 U.S.C. 156. 参见 USPTO 网站, http://www.uspto.gov/web/offices/pac/mpep/s2750.html, 2014-08-10。

护。[1] 除此之外，《TRIPs 协定》要求各国保护未公开的试验数据，以防止不正当商业使用。[2] 保护药品测试数据可以给原研药公司带来不同于专利保护的额外收益，在数据独占期间，他人无法使用测试数据，甚至药品监管部门也不能使用这些数据对其他公司的药品进行市场准入审批，这造成仿制药延迟进入市场。目前多数发达国家和部分发展中国家，规定了数据独占制度；[3]大部分发展中国家，如印度，没有设置单独的数据专有权，而是依照有关保密和反不正当竞争法的规定处理。

由此可见，任何一部法律性文件在追求公平的同时，效益与效率问题总是被同时考虑。对健康权的保障不仅来自法律，同时应该被视为卫生公平的伦理需求。这种伦理需求可能涉及法律制度的执行，但更多的是依靠个体、政府和非政府组织将公共伦理规范内部化，在国际人权法律和政策体系内加强执行和遵守健康权相关规定。[4] 诺贝尔经济学奖得主印度学者阿马蒂亚·森认为[5]，对健康问题的社会关注无所不在，导致卫生公平成为理解社会分配正义的一

---

① EU, *Regulation* (*EC*) *No.* 469/2009 *of the European Parliament and of the Council of* 6 *May* 2009 *concerning the Supplementary Protection Certificate for Medicinal Products*, 6 May 2009.

② 数据专有权和专利权是两个不同类别的知识产权。《TRIPs 协定》第 39 条针对测试数据的保护，是作为反不正当竞争的一种保护形式，规定在"保护未披露信息"一节中。

③ 中国在加入 WTO 议定书中对药品试验数据保护问题进行了规定，承诺提供 6 年的药品试验数据专有权保护期。根据《药品管理法实施条例》第 35 条规定，"国家对获得生产或者销售含有新型化学成分药品许可的生产者或者销售者提交的自行取得且未披露的试验数据和其他数据实施保护，任何人不得对该未披露的试验数据和其他数据进行不正当的商业利用。自药品生产者或者销售者获得生产、销售新型化学成分药品的许可证明文件之日起 6 年内，对其他申请人未经已获得许可的申请人同意，使用前款数据申请生产、销售新型化学成分药品许可的，药品监督管理部门不予许可；但是，其他申请人提交自行取得数据的除外。除下列情形外，药品监督管理部门不得披露本条第一款规定的数据：(一)公共利益需要；(二)已采取措施确保该类数据不会被不正当地进行商业利用。"

④ Jennifer Prah Ruger, "Toward a Theory of a Right to Health: Capability and Incompletely Theorized Agreements", 18/2 *Yale Journal of Law & the Humanities*, 2013, p. 278.

⑤ Amartya Sen, "Why health equity?", 11 *Health Economics*, 2002, pp. 659～666.

个核心特征。因此，卫生公平需要被当作一个多维概念考察，不仅要关注健康服务分配的公平性、过程的公平性（即无歧视地提供医疗保健），还必须意识到更广泛的社会分配的公平和正义，包括经济配置问题，对卫生公平的影响。森在近期的研究[①]中进一步指出，需要区分好的卫生政策（good health policy）与有利卫生的好政策（good policy for health），并解释说，追求卫生正义需要的是后者，因为公众健康依赖于广泛多元化的社会影响，卫生事业只是其中之一，不能将此孤立出来。

因此，应当将对药品知识产权法律和政策的评价纳入卫生公平体系内考量，将卫生公平问题纳入到对正义的整体理解中。全球化正在深刻影响和改变着国际经济和政治环境，知识产权制度也呈现出新的发展趋势。[②] 在新一轮的国际规则解释与制定中，如何“推动国际知识产权规则朝着普惠、包容方向发展，让创新创造更多惠及各国人民”[③]，WTO中的药品知识产权规则将是最佳突破口，也应是中国等发展中国家重点关注并参与的领域。迈向公平的征程从来不是坦途，但只要前行就会有希望。

---

① Amartya Sen, "Foreword", in Jennifer Prah Ruger, *Health and Social Justice*, Oxford: Oxford University Press, 2010, p. ix.

② 详细分析，参见何隽：《全球化时代知识产权制度的走向：趋同、存异与变通》，《比较法研究》，2013(6)，126～136页。

③ 《李克强：推动国际知识产权规则朝着普惠、包容方向发展》，参见中央政府门户网站，http://www.gov.cn/xinwen/2014-08/18/content_2736051.htm，2014-08-18。

论贸易政策灵活性机制在 WTO 体制中的地位和作用——基于不完全契约理论的视角

韩逸畴*

一、问题的提出

人类任何阶段的文明都是保持物种世代延续性的人工杰作，这得益于其始终具有一种可容纳汹涌而至的变革之流的稳定框架。比起习俗、道德和宗教等社会调节工具，法律体系是更为直接、持久和有效的制度手段。一旦发生社会变革，法律也能使之稳定化和合法化。但是，法律保持稳定的刚性特点，恰好又是其不能适应社会剧烈变化的软肋，因为变革自身总是逾越法律规则制定者之预期。在瞬息万变的国际贸易环境中，WTO 协定同样面临适应各种变化的挑战。其必须具有足够的灵活性，才可经受各种社会变革的冲击。因此，研究贸易政策灵活性机制在 WTO 体制中的地位和作用，兼具理论和现实的双重意义。

---

* 韩逸畴，法学博士、清华大学法学院博士后研究人员。

古典和新古典的世界是一个不存在不确定性的世界，所有市场参与者都被假定具有完备的知识，即便存在某种不确定性，也可通过概率计算将其转化为纯粹的“风险”。[①] 新古典契约理论的假设是，“契约是在有秩序、不混乱、没有外来干扰的情况下顺利进行并完成的。这主要表现在：契约条款在事前都能明确地写出，在事后都能完全地执行；当事人还能准确地预测在执行契约过程中所发生的不测事件，并能对这些事件作出双方同意的处理；当事人一旦达成契约，就必须自愿遵守其契约条款，若发生纠纷，第三者能强制执行契约条款。”[②]但是，在现实中，制定一个完全契约，不仅不切实际，也不可行，因为缔约方不能完全预见未来可能发生的所有情形。[③] “所有复杂的契约都不可避免地是不完全的。这就是交易经济学的简史。”[④]未来必定存在不确定性，只有未出现不可预见的情形，[⑤]并且承诺所固有的相互性没有遭到破坏时，履行诺言才具有合理性。一旦认识到契约不完全性之不可避免，契约方就应当采取旨在减少争端或紧张的

① [美]富兰克·H.奈特：《风险、不确定性和利润》，王宇、王文玉译，4页，北京，中国人民大学出版社，2005。

② [美]科斯、哈特、斯蒂格利茨等：《契约经济学》，李凤圣等译，12页，北京，经济科学出版社，1999。

③ *See* Steven Shavell, “Damage Measures for Breach of Contract”, 11/2 *Bell Journal of Economics*, \1980, pp. 466～490.

④ Oliver E. Williamson, *The Mechanisms of Governance*, Oxford University Press, 1996, p. 37.

⑤ 契约不完全表现为两种迥异的形式。第一，契约未能明确缔约方对特定的未来不测事件所承担的责任。例如，加盖一所房子第三层的缔约没有约定整栋房屋在建筑完工之前烧毁时缔约方各自的权利与责任。如果没有底下两层，也就无所谓加盖第三层，因此契约没有约定房屋烧毁的不测事件。第二种形式更微妙。如果不受将来的相关不测事件影响，缔约方的责任完全明确，但这些责任并非依将来的相关事件来确定，契约是不完全的。例如，就一方在房子附近建造车库的例子。契约规定一方有义务建造该车库，无论附近房屋在车库建造完毕之前是否烧毁。从另一个意义上讲，这一契约是不完全的。因为建造车库的义务没有充分考虑到将来的不测事件。如果房屋烧毁，缔约方可能需要调整契约条款。这属于不充分考虑不测事件的契约。法院承认第一种形式的不完全，也知道他们必须决定如何填补空白。参见[美]尹恩·艾尔斯、罗伯特·格特纳：《填补不完全合同的空白：默认规则的一个经济学理论》，李清池译，《北大法律评论》，2005(2)，42页，注释29。本文主要讨论不完全契约第一种形式。

预防策略，克服其对协定中未知风险的担忧，并阻止任何可能的机会主义行为。同样，由于政府在缔约时要面对巨大的不确定性，例如不能完全预见涵盖于契约之中的所有交易事项及其未来可能产生之争议，不能提前知晓国内外政治和经济状况的发展变化，也不能预期在契约履行过程中贸易伙伴可能采取的贸易政策等，WTO协定也是一个高度不完全的契约。既然不能考虑到所有可能的外部事件，就应允许成员在必要时制定具有可调整性的贸易政策。简言之，WTO协定应当设计与完全法律化相比不是那么正式的灵活性制度，以允许其成员拥有处理在贸易承诺做出时无法预知的情形之回旋余地。

当国家认识到更强硬的法律化在管理国际贸易方面的优势，多边贸易体制就从GATT逐渐发展成为WTO。WTO管辖权的制度创新、条约规范增补和事实上的优先表明，现有多边贸易体制正变得日益制度化、法律化和规范化。“法律化”(legalization)是国家增加相互之间承诺可靠性的主要方法之一，这也有利于降低贸易关系中的交易成本。但是，对于规则的聚焦造成WTO是一个完全契约的错觉。即WTO协定日益迈向“司法化”给人造成其包含所有可能冲突问题的答案，以及争端解决就是适用正确法律文本的印象。但是，这种“司法化”方法可能适得其反。首先，这导致解决不可预料情况的灵活性丧失和不满意的当事方可能远离该体制和诉诸外部的解决方法。其次，过度服从于程序、法规和尊重法律的细节，可能会使争论者感到灰心和导致重要的问题得不到解决。再次，这可能招致好战的成员启动形式上正确，但违反协定精神的争端。批评者认为，过于依赖条约的文本会失去GATT最初的精神和共享的合作意识。[①] 杜克大学教授约斯特·鲍威林(Joost Pauwelyn)指出，WTO不能过度法律化，而是要维持一定水平的灵活性或退出机制。特别是，其必须抛弃“一揽子”的正统观念和允许差别化。此外，该体制应继续提供

① *See* World Trade Report 2007, pp. 280～281. Available at http://www.wto.org/english/res_e/publications_e/wtr07_e.htm, 2014-08-05.

内容广泛的实体性例外、有意义的保障机制、豁免、关税和其他再谈判机制，在发生不遵守规则的情况下暂时性的补偿或中止，以及在第三方权利保持不变时允许对 WTO 规则的偏离等。必须澄清和坚持的是，这些灵活性和退出机制，包括在国际法更大的环境里适用 WTO 法，并不是需要通过逐步法律化来治愈的天生缺陷。[①]

GATT 更多地被描述为权力政治和外交的谈判场所，当今 WTO 则代表着以规则为导向遵循强大的基础规则和整套共享价值的国际经济体制，这是一种历史性的进步。但倘若一味强调 WTO 法的刚性，而忽略其具有灵活性的一面，就会导致一系列问题。正因为 WTO 协定规定某些灵活性条款，将政府原本可能是任意和过度成本昂贵的保护主义行为转变为在必要时可使用的偏离特定自由化承诺的贸易措施，使成员在贸易环境发生不可预见的变化时，既拥有贸易政策的自由裁量空间，也能同时合乎规定地遵守承诺，以此维护多边贸易体制长久的合法性、有效性和稳定性。由于比起一般国际合作，WTO 谈判过程更加复杂，涉及议题更加广泛，交易成本也相应增加，更需要强调和发挥制度的灵活性。2009 年《世界贸易报告》将如何在 WTO 协定承诺与灵活性之间取得平衡的问题称为“结构上的挑战”(architectural challenge)。[②] 本文基于不完全契约理论的视角，拟论述贸易政策灵活性机制在 WTO 体制中的地位和作用。

二、WTO 协定为不完全契约

(一) WTO 协定为国际层面契约

传统政治经济学派认为，WTO 是利己主义政治官员之间相互受

---

① *See* Joost Pauwelyn, “The Transformation of World Trade”, 104/1 *Michigan Law Review*, 2005, p. 8.

② *See* World Trade Report 2009, xi. Available at http://www.wto.org/english/res_e/publications_e/wtr09_e.htm, 2014-08-06.

益的政治契约。[①] 在日本酒税案中，上诉机构报告也明确指出，WTO 协定是国际层面上的契约。[②]

首先，同契约一样，条约也规定当事人之间的权利和义务。从这个意义上说，所有条约都是国际层面上的契约。[③] 贸易协定可被视为一种商业契约，而不是一套行为规范。[④] 国际法是国家之间的契约，有时是一个明确的契约（条约），有时是一个默示的契约（国际习惯法）。正如私人缔约方通常从相互履行他们的义务中获益，国家通常从履行国际法下的义务中获益。[⑤] 从本质上说，国际协定就是国家之间允诺的交换。无论它们是成熟的条约或者仅仅是意图的声明；无论它们要求对国内实践的完全改变或者只是反映目前的行为；也无论它们是否包含执行条款。在国际关系中的一项国际协定，简直就是常见的私人契约的类似物，只不过其当事方是国家或政府而非私人个体、企业或协会而已。一项国际协定可广泛地定义为有条件承诺的交换，每个国家借此宣称只要其他国家的行动与承诺相一致，其

---

① *See* PC Mavroidis, "Remedies in the WTO legal system: between a rock and a hard place", 11/4 *European Journal of International Law*, 2000, p. 790.

② Appellate Body Report, *Japan-Alcoholic Beverages*, WT/DS8/AB/R, WT/DS10/AB/R, WT/DS11/AB/R, adopted 1 November1996, p. 15.

③ "合同"（Contracts）和"契约"（covenants）指的是理解国际协定的两个不同然而并非不相容的概念。国家缔结"合同"以增进利益，缔结"契约"以体现规范性承诺。在国际法学界，以利益和规则导向的协定在本质上是可互换的。*See* Kenneth W. Abbott and Duncan Snidal, "Hard and Soft Law in International Governance", 54/3 *International Organization*, 2000, p. 424.

④ *See* Michael Finger, "A Diplomat's Economics: Reciprocity in the Uruguay Negotiations", *World Trade Review*, Vol. 4, Issue 1, March 2005, pp. 28～29. 契约理论不仅适用于国际贸易法，这种方法论也可用以分析投资法中的承诺与灵活性机制。*See* Anne Van Aaken, "International Investment Law between Commitment and Flexibility: A Contract Theory Analysis", 12/2 *Journal of International Economic Law*, 2009, pp. 507～538.

⑤ *See* Eric A. Posner & Alan O. Sykes, "Efficient Breach of International Law: Optimal Remedies, 'Legalized Noncompliance,' and Related Issues" (March 7, 2011), *U of Chicago Law & Economics*, Olin Working Paper No. 546; Stanford Law and Economics Olin Working Paper No. 409, p. 9. Available at SSRN: http://ssrn.com/abstract=1780463, 2014-08-06.

也将以某种方式行动。[①] 法院时常重复条约是国家之间契约的格言。契约理论可为法官解释条约提供一种新的语言和一套新的工具，为法院解决条约中的歧义条款提供一致和基础牢固的框架。[②]

当然，国家之间与私人个体之间交换的允诺二者也存在很重要的区别。然而，与契约相类比很有用处，因其能为研究国际协定提供很好的起点。例如，科斯定理就是来自契约理论的最基本的想法。在没有交易成本的情况下，当事人商议一个有效的契约，即可产生最大可能共同盈余的契约。契约条款会为该盈余提供某些分配。从本质上讲，WTO一揽子协定是国际条约。因此，WTO是一个国际公法契约，[③]也是一个福利最大化的契约。[④]

其次，国际条约被类比为契约，其有效性也是来自当事人之间的协议。[⑤] WTO成员资格就是通过国家愿意为该体制规则所约束的契约(以条约为基础)同意获得的。正如所有契约一样，它将交易中的收益最大化，并使之符合缔约方的利益。[⑥] 上诉机构曾提出，WTO协定等同于国际层面的契约。[⑦] 当两个国家双边协商的贸易关系受挫而发生争端时，WTO成员之间的关系进一步被类比为契约，这并不是由于多边规则被违反。同国内法相比，WTO反制措施近似于因另

---

① *See* Richard B. Bilder, *Managing the Risks of International Agreement*, University of Wisconsin Press, 1981, p. 5.

② *See* Curtis J. Mahoney, "Treaties as Contracts Textualism, Contract Theory, and the Interpretation of Treaties", 116/4 *The Yale Law Journal*, 2007, pp. 824～857.

③ *See* Andrew T. Guzman, "The Design of International Agreements", 16/4 *European Journal of International Law*, 2005, p. 585.

④ 在这个契约中，所有不同的制度选择被简化为个体偏好和经济福利考虑。*See* Gregory Shaffer & Joel Trachtman, "Interpretation and Institutional Choice at the WTO", 52/1 *Virginia Journal of International Law*, 2011, pp. 105～107.

⑤ *See* Jeffrey L. Dunoff & Joel P. Trachtman, "Economic Analysis of International Law", 24 *Yale Journal of International Law*, 1999, p. 30.

⑥ *See* Warren F. Schwartz & Alan O. Sykes, "The Economic Structure of Renegotiation and Dispute Resolution in the World Trade Organization", 31/1 *The Journal of Legal Studies*, 2002, p. 180.

⑦ Appellate Body Report, *Japan-Alcoholic Beverages*, p. 15.

一方当事人违约而中止或不履行一项契约义务。[①] 从英美契约法的视角考虑WTO救济也许恰如其分,该制度为DSU救济机制的缺乏弹性(inflexibility)问题提供有见地的解决方案,因此WTO义务也可被视为贸易伙伴之间的契约。[②] 国际社会与私人市场的相似之处在于,国际社会也是以个体或团体行为者为主体聚集、合作或交易的场所。[③] 其中,所交易的内容不仅涉及货物贸易、服务贸易,还有国家权力之分配。从这种意义上说,WTO就是个体为相互之间利益实现最大化,就特定议题相互交换国家权力之合作平台。

再次,条约如同契约一样,不能处理所有未来的偶发事件,即都具有不完全性。在契约理论中,一个众所周知的难题是如何处理不确定性。贸易法和投资法的一个普遍特征是在经济和金融方面经常出现不断发展变化的情况。过于严格和缺乏灵活性的契约可能会损害缔约方的共同盈余,因此,在事前承诺和事后灵活性之间应当有所权衡。[④] 在国内法中,为达成一项最大化共同福利的契约,当事人会缔结具有法律约束力的契约。该契约会反映有效率的交易;当事人之间的争端通常由国内法院,或可能是某种形式的强制性私人仲裁来解决;在额外监控的边际收益超过边际成本时也将会提供监控。[⑤] 但是,国际协定似乎与上述描述不一致,因为其比国内契约具有更大的不完全性。因此,国家之间的协定通常不使用常见和容易使用的

---

① Joost Pauwelyn, "Enforcement and Countermeasures in the WTO: Rules Are Rules-Toward a More Collective Approach", 94 *American Journal of International Law*, 2000, p. 340.《维也纳条约法公约》第60条也规定:"条约因违约而终止或停止施行"。

② *See* David Collins, Efficient Breach, "Reliance and Contract Remedies at the WTO", 43/2 *Journal of World Trade*, 2009, pp. 225~244.

③ *See* Jeffrey L. Dunoff & Joel P. Trachtman, "Economic Analysis of International Law", 24 *Yale Journal of International Law*, 1999, p. 13.

④ *See* Anne Van Aaken, "International Investment Law between Commitment and Flexibility: A Contract Theory Analysis", 12/2 *Journal of International Economic Law*, 2009, pp. 507~538.

⑤ *See* Andrew T. Guzman, "The Design of International Agreements", 16/4 *European Journal of International Law*, 2005, p. 587.

机制来增加承诺的可靠性。国家经常缔结软法协定而非条约，通常无法提供任何争端解决程序和经常要求很少或不要求对履行的监控或核实。由于国家不可能完全预见和计划未来可能发生的所有情形，条约设计者必须寻找允许国家调整其义务以适应不断发展情况的方式，同时维护协定的合法性。①

（二）WTO 协定为不完全契约

在国际贸易环境下缔约的有限理性、与缔约相关的交易成本和当事方的战略模糊都是契约具有不完全性的原因。由于不可能提前规定缔约方应当如何在每一个未来场景行动的具体事项或这样做过于复杂且成本很高昂，从这个意义上说，包括 WTO 协定在内的国际贸易协定确实同私人契约一样都是不完全的。②

首先，在加入 WTO 协定之前，没有任何成员能够完全知晓未来事件的影响，或其贸易伙伴可能采取的贸易政策，他们也无法预知是否会出现什么紧急情况，将导致自己成为加害方或者受害方。在谈判开始时，每个贸易协定的可能成员都面对这样的困境：在未来不确定性面前，对事后调整机制都有一种偏好；与此同时，每个成员都希望避免成为投机性背叛的牺牲品，因而倾向于支持严厉的契约。在这种情况下，签约方最可行的应对方法是，评估条约体制中灵活性和执行的效率、可行性和可靠性。但是，由于涉及领域众多，WTO 协定

① *See* Krzysztof J. Pelc, Johannes Urpelainenz, "*On the Use of Efficient Breach in International Agreements*", p. 4. available at http://peio. vweb10-test. gwdg. de/files2011/papers/Pelc, %20Urpeleinen%2007. 12. 2010. pdf, 2014-08-05.

② *See* Claus D. Zimmermann, "Toleration of Temporary Non-Compliance: The Systemic Safety Valve of WTO Dispute Settlement Revisited", 13/2 *Trade, Law and Development*, 2011, p. 384. 在学术界，很多学者从不完全契约的进路研究 WTO。*See* Henrik Horn & Petros C. Mavroidis, "Still hazy after all these years: the interpretation of national treatment in the GATT/WTO case-law on tax discrimination", 15/1 *European Journal of International Law*, 2004, pp. 39～69; Petros C.

Mavroidis, "Highway XVI Re-visited: the Road from Non-discrimination to Market Access in GATS", 6/1*World Trade Review*, 2007, p. 22; Juan A. Marchetti & Petros C. Mavroidis, "What Are the Main Challenges for the GATS Framework? Don't Talk about Revolution", 5/3 *European Business Organization Law Review*, 2004, p. 528.

是在面对未来巨大的不确定性下谈判而来，即便将GATT第19、20、21、28条设定为内置的灵活性机制，谈判者也不可能预期偏离协定的所有情形是否达到共同最优的结果。其次，除实体性的不完全以外，WTO还具有程序或司法上的不完全。一般法律使契约完全的作用表明，没有制度是一座孤岛，每个制度都处在更广阔的制度环境中。但是，WTO通常将其与大部分的国际公法制度环境相隔离，其并不支持直接适用体制外的规则。专家组和上诉机构只限于适用实体WTO法，而无权适用一般实体国际法或其他常规国际法。①

综上所述，将WTO协定视为一种不完全契约，是因其不能为预见未来所有的意外事件。情况改变和政治现实都要求适时调整，国内政策出于各种原因要求对某些承诺进行修改。② WTO协定的不完全性体现在两个方面：一是会限制成员自由的刚性条约承诺；二是成员在权衡性政策领域部分或者根本不受到限制的未来决策。前者表明协定不能随着外部环境的变化而变化；后者意味着成员许多政策工具不受贸易协定的约束。WTO协定对成员的对外贸易政策进行约束，但在国内政策方面留给国家很大的自由裁量权，只受到国民待遇原则和国内补贴方面的限制。国家可能希望对其认为“太重要”而不能受制于贸易规则的问题（如“国家安全”）保留政策空间。③ 因此，GATT/WTO如同所有贸易协定一样，明显是高度不完全的契约。从不完全契约的视角，有助于理解GATT/WTO的三个核心的特征：首先，除根据国民待遇条款国内的政策必须具有非歧视性，以及对国内补贴有所管制两个例外之外，该协定只约束贸易手段。相比之下，国内手段主要留给政府自由裁量；其次，约束大体上为刚性，也有允

---

① *See* Joel P. Trachtman, “The Domain of WTO Dispute Resolution”, 40/2 *Harvard International Law Journal*, 1999, pp. 344～349.

② *See* Michael Finger, “A Diplomat’s Economics: Reciprocity in the Uruguay Negotiations”, p. 31.

③ *See* World Trade Report 2012, p. 72. Available at http://www.wto.org/english/res_e/booksp_e/anrep_e/world_trade_report12_e.pdf, 2014-08-05.

许暂时性保护的例外条款；再次，只约束关税的上限，而低于界限部分留给政府自由裁量。[①] 即便当政府认识到不断变化的情况，并表示出修改和重新设计其合作性安排的意愿，贸易协定在某种意义上总是不完全的，即不能预见所有的不测事件。因此，虽然制度和契约条款能减少与契约不完全性相关的不确定性，也无法完全消除这些不确定性。这就带来两个启示：一是争端为契约不完全性的自然结果；二是不完全性的解决需要在灵活性和适应性与保持可预见性和稳定性之间达成微妙的平衡。[②]

从本质上说，WTO 协定是不完全契约。政府认识到未来某个时间可能出现偏离义务的需要，也知道维护一项协定长期稳定性的意义重大，因而在 WTO 协定中设计允许暂时性偏离而不必终止该协定义务。

（三）WTO 协定不完全性之应对

由于契约之不完全性，当事方面对着很大的两难境地：他们既希望达成一个有较强拘束力的条约，同时也希望在履约过程中拥有更多的回旋余地。因此，国际条约，尤其是贸易协定之设计，往往包括更多的灵活性机制，以便给予缔约方实施条约的回旋余地。

WTO 设计者通过贸易政策灵活性手段（trade policy flexibility instrument）允许成员在其贸易承诺范围内拥有某种程度的灵活性和能够采取用以处理贸易承诺在做出时无法预知情形的措施。这也被称为“贸易应急措施”（trade contingency measures）、“退出”（opt-outs）、“例外条款”或“安全阀”（safety valves）等，但这些措辞并不能涵盖贸易政策灵活性机制的所有内容。[③] 根据学者的分类，法律上、正式的贸易政策灵活性机制包括 GATT 第 12、28、19、20、21 条等；事

① *See* Henrik Horn, Giovanni Maggi and Robert W. Staiger, “Trade Agreements as Endogenously Incomplete Contracts”, 100/1*American Economic Review*, 2010, p. 394.

② *See* World Trade Report 2007, p. 361.

③ *See* Kornel Mahlstein, Simon A. B. Schropp, “The Optimal Design of Trade Policy Flexibility in the WTO”, *HEI Working Paper*, No:27/2007, p. 1.

实上、非正式的灵活性手段包括自愿出口限制(voluntary export restraints)、有序销售协定(orderly marketing agreements)、反倾销、反补贴措施和 WTO 成员经常使用的违反协定。[①]

经济环境的不确定性、契约漏洞的必然存在和国内政治因素的影响,都是造成 WTO 协定不完全性的原因,同时也是造成国家违反承诺不履行 WTO 义务的根源。WTO 成员的"不履行"(non-performance)可分为"外契约"(extra-contractual)和"内契约"(intra-contractual)两种行为,前者指"不履行义务或违反契约"的行为(或指"食言"、"背离"或"契约行为不当"等违反规定的行为),这构成对协定的违反,与其相应的救济方式是惩罚和制裁;后者是契约整体规定的一部分,因而是合法的行为,与其相联系的救济方式为赔偿或者补偿。内契约的不履行及其救济程序一并构成 WTO 贸易政策灵活性机制。贸易政策灵活性机制或可称为"结构性背离"(structured defection)、"选择性的义务解除"(selective disengagement)或"安全阀"。[②] 贸易政策灵活性可被定义为政府单边决定何时采用暂时性进口限制的能力。[③] 灵活性手段(flexibility instruments)是指某一成员采用在某种程度上为 WTO 协定规定所支持的若干手段的能力。最为突出的可能就是 GATT 第 19 条保障条款。[④]

目前,所有的国际贸易协定或安排实际上都含有保障措施条款,

---

① *See* Simon A. B. Schropp, *Trade Policy Flexibility and Enforcement in the WTO: a Law and Economics Analysis*, Cambridge University Press, 2009, pp. 4～5.

② Ibid, pp. 7～9. "义务解除"(disengagement)远非全然的反社会行为表示,其事实上为国家在国际法律体系内增加它们的声音和影响司法机构未来的法理提供有用的机制。由于"义务解除"是目前使用中的合法选项,且其使用正在变得日益普遍,这些实践值得给予更多的关注。*See* Cesare P. R. Romano, "The Shift from the Consensual to the Compulsory Paradigm in International Adjudication: Elements for a theory of Consent", 39/4 *New York University Journal of International Law & Politics*, 2007, p. 858.

③ *See* Alexander Roitinger, *The Institutional Design of Trade Policy Flexibility in the World Trading Order: Analysis and New Direction for Reform*, Dissertation at Universität St. Gallen, 2004, pp. 15～16.

④ Ibid, p. 2.

WTO也不例外。从广义上讲,“保障措施保护”(safeguard protection)是指,在贸易协定中准许成员政府在特定情况下撤销或者停止履行其协议规定的正常义务,以保护(保障)某种更重要的利益。由于保障措施条款既是一种保险机制,又发挥着安全阀的作用,它们对于贸易自由化协议的存在及运作至关重要,即为政府提供在必要时违背特定自由化承诺的途径,同时也规定一定条件的限制(安全阀)。如果没有这些条款,各国政府可能不愿签署这种大量减少保护的协议(保险动机)。① 从事后灵活性(*ex post* flexibility)中获益和削减国内逐渐累积的反对贸易自由化的压力,WTO协定提供贸易政策灵活性手段允许加害方局部违约,例如暂时撤回事先同意的契约。只要满足某些前提条件,加害方即可不履行原先约定的义务,最主要是应对此种回溯行为(back-tracking behavior)的受害者进行补偿。②

三、贸易政策灵活性机制之地位和作用

成员在向WTO等国际组织和司法机构授予权力时,也可能在本国政治、经济等方面出现紧急情况时掌握暂时偏离条约义务的主动权。由于WTO贸易政策灵活性机制的存在,成员在执行WTO项下的义务时便拥有回旋余地或政策空间。在WTO协定中,在贸易保护主义处于较高水平,而严格遵守国际条约不具有可行性的情况下,这些制度设计有利于为主权国家保留自由决策的余地,同时也能保证

---

① *See* Bernard M. Hoekman & Michael M. Kostecki, *The Political Economy of the World Trading System: From GATT to WTO*, Oxford University Press, 1995, p. 161.

② *See* KornelMahlstein, Simon A. B. Schropp, “The Optimal Design of Trade Policy Flexibility in the WTO”, pp. 1～2.

守约方在受到损失时得到适当的赔偿。[①]

(一)安全阀作用

有两个主要的趋势主导着战后工业化国家的贸易政策历史。一是在GATT谈判大量地多边削减关税;二是随着世界上工业化国家变得更加一体化和反复无常的贸易流动成为国内扰乱的重要来源,开始出现朝着特殊保护发展的举措。以特殊形式出现的保护集中体现为满足特殊部门需要而量身定做的自愿出口限制(Voluntary Export Restraints,VERs)、有秩序的市场安排(Oderly Market Arrangenments,OMAs)和关税的使用日益增加。国家经常使用这些政策工具限制出口或进口率的扩张。[②]

从经济学角度看,灵活性具有安全阀的作用。在决定是否使用关税壁垒时,政府通常把短期收益与放弃与贸易伙伴合作的长期成本联系起来考虑。当出现贸易流动的暂时性波动如进口的激增,与短期收益相联系的贸易壁垒最高。在进口额增加时,进口国家利用短期贸易措施的动机增强。在这种情况下,未来合作失败的预期可能不足以阻止单边行动。政府用以抑制贸易额波动的灵活性有助于阻止引起保护主义政策动机的大幅波动。在这种情况下,灵活性允

① 例如,TRIPs协定虽然为所有成员规定知识产权保护的最低标准,但也为平衡发达国家和发展中国家利益需求而留下一定的灵活性空间。TRIPs协定第1、7和8条为原则性灵活性条款,第6、13、26和30条为实体性灵活性条款。联合国人权理事会在报告中指出,TRIPs协定所包含的灵活性允许国家将其经济和发展的需要考虑在内。国家需要采取措施以促进对该协定灵活性的利用。缺乏解决来自发达国家的外部压力的能力使得发展中国家和最不发达国家利用该协定的灵活性以促进对药物的获取更加困难。特别报告员建议,发展中国家和最不发达国家应审查本国法律和法规,并考虑他们是否已经充分使用该协定灵活性和是否有必要修订他们的法律和政策以充分利用该灵活性。*See* U.N. HUMAN RIGHTS COUNCIL,*Report of the Special Rapporteur on the right of everyone to the enjoyment of the highest attainable standard of physical and mental health*, para. 95,96,97,U.N. Doc. A/HRC/11/12 (Mar. 31,2009).

② *See* Kyle Bagwell & Robert W. Staiger,"A Theory of Managed Trade", 80/4 *American Economic Review*, 1990, pp. 779~795.

许维持现有国家合作中自我执行的本质和维护整个协定的完整性。①

在政治舞台上，灵活性也具有安全阀或压力阀的功能，其既反映国内利益集团对政府提供保护救济的需求，同时也允许政府获得和维持贸易自由化的支持。灵活性是对国内政治不确定性有效的反应。有学者认为，未来支持或反对贸易自由化的程度是高度不确定的，因为这是未来经济情况（如技术、价格）到政治变化（如制度架构、偏好）等数个因素作用的结果。在这种环境下，他们论证两个基本的观点。首先，应急措施的存在使得国际贸易协定容易达成。其次，这些例外条款的效率随着未来事件之不确定性而增加。② 在政府拥有国内利益集团关于其贸易政策选择的压力大小之私人信息时，也能得出相似的结论。③

国际贸易协定的谈判、缔结和适用过程，也是国家对经济和政治利益承诺的交换过程。如果所有国家都自觉合作，社会整体福利必然会提高。但是，在各种因素的作用下，不能排除某些情况下缔约方有采取单边行动的冲动。只有多边贸易体制给国家带来的收益超过其遵守的成本时，其才会为维持贸易自由化之秩序有所自律或积极作为。正是WTO协定中的灵活性机制，为成员提供避免未来政治和经济成本大起大落风险的平台，从而减少其偏离或背叛该协定的动机。虽然灵活性机制可能会在某些方面削弱国际条约的权威性，但其可被解释为通过给予政府在不正常情形下一些自由裁量权以促进获得更深度承诺的一种安全阀。因此，应急措施可被视为促进贸易

---

① *See* Kyle Bagwell & Robert W. Staiger, "What Do Trade Negotiators Negotiate About? Empirical Evidence from the World Trade Organization", 101/4 *The American Economic Review*, 2011, pp. 1238～1273.

② *See* Peter B. Rosendorff and Helen Milner, "The Optimal Design of International Trade Institutions: Uncertainty and Escape", 55/4 *International Organization*, 2001, pp. 829～858.

③ *See* Bagwell, K. and Staiger, R., "Enforcement, Private Political Pressure and the GATT/WTO Escape Clause", 34/2 *Journal of Legal Studies*, 2005, pp. 471～513.

合作的工具。[1]

管理手段或“相机保护措施”(contingent protection)通常被描述为“安全阀”,需要并入到贸易协定中以便在政府需要时允许其暂停履行 WTO 协定中的正常义务。例如,反倾销、反补贴和保障措施,以及为保护幼稚产业、维护国家安全和平衡国际收支等实施的临时性贸易保护政策,都是在特定情况下为保护本国某些更重要的利益而使用的紧急保护措施。保障措施是一国在进口增加导致国内产业严重损害或严重损害威胁时所采取的紧急保护措施,素有“安全阀”之称。WTO 例外条款也是为保证多边贸易体制稳定运行而在其中设立的安全阀。再如豁免决定,从 GATT1947 到 WTO 的豁免决定看来,请求豁免的能力可在个别成员无法履行其义务时起到安全阀的作用。豁免决定之授予,通常是为允许区域经济一体化、来自发展中国家产品非互惠贸易优惠、使成员的货物安排有能力适应协调制度的变化和国际海关组织的产品命名之目的。[2]

“安全阀说”的理论基础是国际条约法上的“情事不变”理论。签订条约时缔结国是以某些根本情势的继续存在为前提的,一旦这种根本情势发生变化,缔约国就可根据该条款废除条约。[3] 但是,WTO 例外条款与条约法上的“情事不变原则”在法律性质上不同。首先,前者作为 WTO 协定的特别条款而发挥保护作用,必须在明文规定的情况下才能被适用。后者作为国际法的一般原则,可独立于任何一个国际条约之外而被适用。即使一个国际条约未设立“情事不变”条款,“情事不变原则”仍可对该条约的当事国发生效力。其次,前者只

---

① *See* World Trade Report 2009, p. 26.

② *See* Isabel Feichtner, “The Waiver Power of the WTO: Opening the WTO for Political Debate on the Reconciliation of Competing Interests”, 20/3 *European Journal of International Law*, 2009, p. 620.

③ 《维也纳条约法公约》第 62 条规定,如条约缔结时存在的情况发生基本改变而非当事国所预料者,如果这一情况构成当事国同意承受条约约束之必要根据,或该项改变的影响将根本变动依条约尚待履行的义务的范围者,当事国可援引情势变迁为终止或退出条约的理由。

能针对特定的产品采取保护措施，而不能解除 WTO 协定的全部义务，且这种保护措施的实施有期限限制，其在法律性质上相当于国际条约法上暂停施行条约的部分义务。相比之下，如果某成员发生的情形符合“情事不变原则”设定的条件，其可终止、退出或暂停施行条约，即得以解除该条约的全部义务。[①]

可见，WTO 的权利和义务都受制于一系列的可重新谈判或中止的例外和保障措施。如果没有这种安全网(Safety Nets)，政府一开始可能就不愿意接受 WTO 义务。此外，WTO 成员很可能决定在随后的条约中退出 WTO 义务，因为其人民要求或支持贸易限制以保护环境、人权、生物多样性或公共健康。[②] WTO 争端机制现有设计实际上至少提供暂时性的“违约并补偿”，这可起到体制性的安全阀作用。DSB 当前所提供一定数量的“外契约”灵活性在确保 WTO 成员保持参与未来日益增加的贸易自由化回合中的意愿价值重大。[③]

(二) 保险作用

人们在做经济决策时，通常不愿承担风险(risk-averse)。许多国际行为体也不愿承担风险，不愿对未经检验的解决方案存有侥幸心理。[④] 正是人们风险厌恶的倾向带来保险的可能性，这种保险使他们避免与在很大程度的不确定性相关的风险。关税和其他政策可提供一种避免与自由贸易有关风险的保险。[⑤] 在理论和实践层面，商业政策可作为保险的替代已经被认可。商业政策可作为一种方法使个体免于贸易条件中的不利后果。更具体而言，暂时保护措施可通过给

---

① 姜建明、陈立虎：《WTO 例外条款及其法理基础》，《苏州大学学报(哲学社会科学版)》，2007(2)，33～34 页。

② *See* Joost Pauwelyn, “A Typology of Multilateral Treaty Obligations: Are WTO Obligations Bilateral or Collective in Nature?”, 14/5 *European Journal of International Law*, 2003, p. 938.

③ *See* Claus D. Zimmermann, “Toleration of Temporary Non-Compliance: The Systemic Safety Valve of WTO Dispute Settlement Revisited”, p. 389.

④ *See* Koremenos, Lipson, and Snidal, “Rational Design: Looking Back to Move Forward”, 55/4 *International Organization*, 2001, p. 1076.

⑤ *See* World Trade Report 2009, p. 27.

经济中的决策者提供抵消巨大或突然波动(如进口激增或价格变化)的方法而替代保险。在不存在保险市场时,关税在某些情形下确实能如保险一样起到增加福利的作用。①

根据学者从"国际制度理性设计"研究模型得出的结论:国家间合作的难题包括执行问题、分配问题、博弈数目以及力量对比问题、不确定性问题等四种类型。② 国际合作深为不确定性所困扰。国家通常使用可获取的信息谈判尽可能好的条约,但在缔约之后可能会发生超乎它们控制范围的事情。如果预期到某种情形将改变它们所期待的利益,国家甚至可能不会对一项条约作出承诺。某种灵活性条款,例如期限条款可为国家在此种情形下提供保险。事前,所有当事方对于谁可能会比预期得到或失去更多都一无所知,因此它们都会接受这种应对不确定问题的条款。③ 在某种例外情形出现时,通过规定偏离的程序允许暂时减损的条约条款,可起到减少不确定性的保险作用。④ 国家通常在国家条约中采用灵活性机制以应对不确定性。这些条款使得国家可缔结更多的条约,谈判更广泛或更深入而具有实质性的承诺,并保持其缔结的条约在没有违反的情况下更加长久。⑤ 研究表明,国家可能使用退出条款和例外条款作为一种保

---

① *See* Jonathan Eaton and Gene M. Grossman, "Tariffs as Insurance: Optimal Commercial Policy When Domestic Markets Are Incomplete", 18/2 *The Canadian Journal of Economics / Revue canadienne d'Economique*, 1985, pp. 258～272.

② *See* B. Koremenos, Ch. Lipson and D. Snidal, " The Rational Design of International Institutions", 55/4 *International Organisation*, 2001, pp. 761～799.

③ *See* Barbara Koremenos& Allison Nau, " Exit, No Exit", 21/1 *Duke Journal of Comparative and International Law*, 2010, p. 89.

④ *See* Laurence R. Helfer, "Not Fully Committed? Reservations, Risk, and Treaty Design", 31/2 *Yale Journal of International Law*, 2006, p. 378.

⑤ *See* Laurence R. Helfer, "Exiting Treaties", 91 *Virginia Law Review*, 2005, pp. 1579-1648; Barbara Koremenos, "Loosening the Ties that Bind: A Learning Model of Agreement Flexibility", 55/2 *International Organization*, 2001, pp. 289～325.

险。[①] 这种保险,从事后看来是次优的,但由于其有助于促进协定的达成,从事前的角度看是最优的。[②] 例如,退出条款有利于减少国际协定中的不确定性。如果一项协定被证明是很糟糕的,退出条款可为国家结束基于条约的合作提供一种低成本的选择,从而在事实上起到保险单的作用。[③]

最近,经济学家开始认识到贸易协定中的灵活性机制可起到同样的作用。当经济遭受特定行业价格冲击时,在行业基础上的应急保护将增加福利。此外,这比起统一的应急关税更具有效率。由于反倾销措施所能起到的保险作用,贸易谈判者一直认为并入最受欢迎的行业特定工具——反倾销措施是任何贸易协定得到批准的前提条件。[④] 与此相关的观点是,经济代理人厌恶损失的可能性。贸易协定中的应急措施可反映出政府保护公司避免全球价格波动的愿望。在其他条件完全相同的情况下,政府更愿意在受到消极冲击(例如世界价格的下降)后增加保护。[⑤]

---

① *See* Laurence R. Helfer,"Exiting Treaties",pp. 1599～1601;Alan O. Sykes,"Protection as a 'Safeguard':A Positive Analysis of the GATT 'Escape Clause' with Normative Speculations",58/1 *University of Chicago Law Review*,1991,p. 279.

② *See* Timothy Meyer,"Power,Exit Costs,and Renegotiation in International Law",51/2 *Harvard International Law Journal*,2010,p. 389.

③ *See* Laurence R. Helfer,"Flexibility in International Agreements",in Jeffrey Dunoff & Mark A. Pollack (eds.),*International Law and International Relations:Introducing an Interdisciplinary*,Cambridge:Cambridge University Press,2012,p. 181. Available at SSRN:http://ssrn.com/abstract=1930379,2013-10-20.

④ *See* Ronald D. Fischer & Thomas J. Prusa,"WTO Exceptions as Insurance",11/5 *Review of International Economics*,2003,p. 751.

⑤ *See* Caroline Freund and Çaglarözden,"Trade Policy and Loss Aversion",98/4 *American Economic Review*,2008,pp. 1675～1691.

(三)调整作用

灵活性还具有"调整政策工具"(adjustment policy tool)的作用。[①] 根据GATT第24.6条规定,在提供补偿性调整(compensatory adjustment)时,应适当考虑该同盟其他成员削减相应关税而已经提供的补偿。GATT第28条和GATS第21条也涉及通过谈判确定"补偿性调整"(compensatory adjustment)的问题。更深度的贸易自由化可能会对国内生产者造成伤害,因为提高自由化和未来进口增加的可能性并存。在短暂时期缓解这些猛增的进口将给予国内竞争产业必要的调整。一种观点认为,不完美的劳动市场加上不可预期事件的调整成本,就可能为暂时性保护和灵活性划定一个角色。与此相关的论点是应急措施可能被用来解决公平和再分配问题。例如,保障措施能被用以减轻贸易自由化中的失败者面对的调整问题。[②]

研究表明,比起政府决定不干预,暂时保护能带来永久的收益。通过提供暂时性保护,政府给予年轻工人再训练的时间,并顺利过渡到正在发展的出口行业,同时缓和老工人在较晚时期更换其职业时面对暗淡的再就业前景之打击。越多的人失业,特定的人找到工作的可能性越低。在这种情况下,暂时性的关税可产生成本和收益。成本是与进口税相关的正常损失。一方面,关税吸引失业的工人到进口竞争行业工作;另一方面,关税增加剩下的失业工人在出口竞争行业获得工作的机会。总之,当经济受到贸易冲击时,政府偶尔对受到世界价格不可预见变化的工业提供暂时性救济,将有利于减少或

① 《保障措施协定》第5条关于"保障措施的运用"特别强调:"一成员应仅在防止或补救严重损害并促进调整(*to facilitate adjustment*)的必要限度内实施保障措施。"此外,美国国际贸易委员会(USITC)在《理解保障调查》中也提出:就任何救济完结时,USITC需要向总统和国会报告救济行动在促进国内产业对进口竞争积极调整(*facilitate positive adjustment*)方面的有效性。http://www.usitc.gov/press_room/us_safeguard.htm,2014-08-10。

② *See* World Trade Report 2009, p. 27.

推延施加于工人身上的调整成本。[①]

由于 WTO 涉及如此众多的成员、重复的交互作用、复杂的国内背景、很多问题领域和数量让人目眩的自由化行业，其成员不可能提前考虑到契约中可能出现的所有情况。即便成员完全理性和乐意，它们也不能预期到所有可能影响决策者的市场准入和最低标准权利(minimum standard entitlements)的偶发事件。[②] 像私人契约的当事方一样，贸易协定当事方也是在不确定的条件下达成交易。经济条件可能改变，利益集团组织的力量可能改变。相应地，官员不能确定他们达成的交易是否会在所有细节上对其有利。即便特定问题上的交易最初是有利可图的，不断变化的情况可能使其在政治上不能打动人。为此，贸易协定的制定者可能会把调整手段包含在协定中。[③]

当然，如果政府知道其拥有以应急措施为形式的保险或调整政策工具，它们也许会更加愿意接受更深度的承诺。但是，对于应急措施是否真正有效仍然是一个问题。一般而言，应当使用最好的政策来解决市场扭曲，但如果由于政府面对限制而不能采取最优政策，应急措施就是解决市场失败的次优办法。[④]

(四) 威慑作用

现有经济评论表明，国际法经常通过解决不同类型的国际外部效应(externalities)而起到促进全球福利的作用。来自国际外部效应的基本低效对于广泛的政策领域是相同的。特别是当政府在制定政策回应其选民的利益时，通常忽视其政策对于在国内政治过程中得不到代表的外国人之影响。这是经济和政治学界对国际关系和制度的一个标准假设。根据该假设，当政府单边选择其政策时，其倾向于

---

① *See* Carl Davidson and Steven J. Matusz, "An Overlapping-Generations Model of Escape Clause Protection", 12/5 *Review of International Economics*, 2004, pp. 749～768.

② *See* Simon A. Schropp, *Trade Policy Flexibility and Enforcement in the WTO: A Law and Economics Analysis*, p. 211.

③ *See* Warren F. Schwartz & Alan O. Sykes, "The Economic Structure of Renegotiation and Dispute Resolution in the World Trade Organization", p. 184.

④ *See* World Trade Report 2009, p. 27.

从国家的角度选择边际效益等于边际成本的政策。于是，如果这些政策给其他国家造成净成本，对其他国家的损害却不会考虑到政策制定过程中去。[①] 简言之，政府可能因为国内利益集团的游说，而制定出不利于其他国家利益的对外政策。在GATT/WTO体制下也发生同样的情况，例如一国在制定本国关税政策时，会将其关税的国内成本和收益加以考虑，而忽视其对外国出口商的影响。此时，WTO协定的作用就在于设计相应的制度以限制导致外部效应的国家政策。

在国际贸易的语境下，WTO协定无疑能削减各国贸易壁垒，从而促进全球福利的增加。假设政府希望鼓励人们在世界市场上有竞争优势的产业上投资，并阻止从长远看不大可能具有竞争性工业的投资。这样的政策往往会通过分配可获取最大回报的资源而提升国家的福利。然而，如果政府知道在经济对一个无效率的进口竞争产业造成冲击的情况下，其将不可避免要面对为该产业提供贸易保护的政治压力。反过来，假如该产业的公司知道该政府在经济冲击发生时将会保护它们，投资者会继续对该产业投资。因此，为创造想得到的投资激励，政府可能希望作出可靠的承诺，以对抗在遭受经济冲击时通常因短期政治利益导致的保护主义措施。一项国际协定也许能达到该目标——如果政府同意避开贸易保护，否则其将遭到大量的国际制裁惩罚。[②]

然而，由于WTO协定为不完全契约，成员具有为其政权稳定性和政策的持久性，而以条约中的承诺对抗国内的保护主义需求。但是，其同样不愿意被条约紧缚双手，而希望在受到外来经济冲击或国内紧急情况时，在履行条约义务的过程中还能保留有一定的自由裁量权。此时，WTO贸易政策灵活性机制可起到平衡成员遵守义务和要求保留灵活性余地的作用。尤其是应急措施的存在还可能管制贸

① *See* Eric A. Posner & Alan O. Sykes, "Efficient Breach of International Law: Optimal Remedies, 'Legalized Noncompliance,' and Related Issues", pp. 4～5.

② *See* Eric A. Posner & Alan O. Sykes, "Efficient Breach of International Law: Optimal Remedies, 'Legalized Noncompliance,' and Related Issues", p. 7.

易伙伴的行为。更准确而言,认识到WTO成员被允许偏离商定的政策(例如通过施加更高的关税以应对出口补贴),可能会阻止其他国家首先制定不符合WTO规则的政策(例如补贴国内出口商),政府可能利用应急措施的威胁以获得国家之间自我执行(self-enforcing)的合作。[①] 从这个意义上说,灵活性安排可被视为在国际贸易中维持法治的一种辅助手段。应急措施管理和限制成员对贸易伙伴与WTO不一致政策的反应,并因此限制成员采用暂时性保护的情形。换句话说,贸易协定中的灵活性条款将本来专断的和成本过于高昂的保护主义引导成为规定的和可预见的政策措施。[②] 这些措施自身受制于WTO执行机制以确保其不会被不合理地适用。灵活性借此增加多边贸易体制的透明度。[③]

综上所述,在一个动态的世界中,WTO成员需要处理不可预见困难情况的自由裁量权,如果相互赋予它们在必要时制定或调整贸易政策的灵活性空间,有利于减少契约的政治和经济成本并鼓励成员承担更深的贸易承诺。贸易政策灵活性机制是设计来解决契约漏洞,即该契约不完全性的必然结果。贸易政策灵活性工具或贸易应急措施为国家在界定明确和限制条件下偏离先前商定的义务提供方法。首先,灵活性机制可起到安全阀的作用,否则政府在违反某些共同议定的自由化承诺时会感到有压力。其次,灵活性机制可用来当成保险机制,使政府可避免在很大程度上与不确定相联系的风险造成的损失。再次,灵活性机制可扮演调整政策工具的角色,减少国内经济受到外部事件影响时的成本变化。灵活性机制可提供一种补偿形式,使成员接受更快的贸易自由化。等等。

但是,贸易政策灵活性机制在WTO体制中的地位和作用也不能

① *See* Raymond G. Riezman,"Dynamic Tariffs with Asymmetric Information",30/3-4 *Journal of International Economics*,1991,pp. 267～283.

② *See* Alberto Martin & WouterVergote,"On the Role of Retaliation in Trade Agreements",76/1 *Journal of International Economics*,2008,pp. 61～77.

③ World Trade Report 2009,p. 28.

过分夸大。首先，以应急措施为例(Contingency Measures)，为增加贸易协定的灵活性而规定应急措施可能会损害其通过降低贸易壁垒来促进缔约方相互合作之本来目的。根据学者的用语，应急措施在多边贸易体制中构成单边行为。[①] 使用这种单边措施的成本昂贵，因为其可能会减少国际贸易流动和从更开放的贸易中获取的效率。其次，由于刚性的政府承诺增加贸易政策的可靠性和减少无效率政策的可能性，放松这些刚性承诺可能会损害政府的可靠性和减少国家及全球的福利。例如，如果政府没有全心致力于自由贸易和使用应急措施，公司可能会期待政府将在未来使用这些措施和相应地调整其行为，例如公司等不同部门之间的资源分配可能就会缺乏效率。[②] 再次，应急措施的使用也存在潜在的问题。在很多情况下，很难判断一件紧急情况是否已经发生，以及对其应对是否符合协定的规定。由于紧急事件自身具有模棱两可的认定标准，国家官僚机构也有解释其证据的回旋余地，这就导致WTO中反倾销和反补贴等应急措施可能被贸易保护主义者滥用。

四、结语

WTO协定是国际层面的契约，究其本质也是不完全契约。其不完全性表现在刚性、灵活性和模棱两可性。WTO协定为应对不确定性因素的制度设计，即WTO贸易政策灵活性机制。这种灵活性机制赋予国家在遵守义务时的灵活性和保留外交博弈的余地。

以应急措施为例，在WTO协定中容纳政策灵活性具有很多优点。第一，可起到一种安全阀的作用。否则，政府在任何情形下都不能偏离或违背某项贸易自由化承诺，绝对要遵守的压力会导致它们在决定是否缔约时犹豫不决。第二，可用来充当允许政府保持收入稳定的保险机制。第三，可作为国内经济受到外部事件影响时降低

---

① *See* Wilfred J. Ethier, Unilateralism in a Multilateral World, 112*Economic Journal*, 2002, pp. 266-92.

② World Trade Report 2009, p. 24.

成本变化的政策调整工具。第四,可充当允许缔约方接受更加快速贸易自由化的补偿形式。第五,可充当改进贸易体制中法治的威慑和方法,控制贸易伙伴的政策行为从而保护协定其他部分的完整性。[①]

一方面,通过为国家的政策制定者增加某些自由裁量权,贸易政策灵活性手段可增加 WTO 协定的灵活性。由于灵活性机制起到允许暂时性松开束缚的"安全阀"作用,包含例外条款的国际制度能产生更为持久和稳定的合作性国际体制。另一方面,国家行动空间越大,就会给国际商务带来越多的不确定性,贸易协定的经济目标受挫的可能性也就越大。[②] 国家具有对灵活性条款予以利己解释而搭条约便车的动机。[③] 过于容易援引的灵活性工具会鼓励自利行为并导致合作的失败。为实施和执行灵活性机制的措施也很可能通过影响 WTO 规则下的产品和服务之间的竞争关系而扭曲贸易。

综上所述,条约谈判者面临的主要难题是选择一系列具有适当限制性的灵活性机制,以便在事前为国家之间的协定提供便利和在条约生效后阻止这些机制被投机取巧地使用。如何在条约灵活性与承诺遵守之间保持最佳的平衡,这是包括 WTO 协定在内的所有国际贸易协定在谈判与制定过程中所需要面对的永恒主题。

---

① *See* World Trade Report 2009, pp. 26～28.

② *See* Dr. Arie Reich, "From Diplomacy to Law: The Juridicization of International Trade Relations", *Northwestern Journal of International Law & Business*, winter, 1996 / spring, 1997, pp. 776～777.

③ *See* B. Koremenos, Ch. Lipson and D. Snidal, "The Rational Design of International Institutions", p. 794.

全球化时空观与比较法新视野

李晓辉*

时间与空间的观念是认知世界的基本坐标。“全球化是我们生活中的时——空的巨变”,[①]经由对全球化所带来的时间观念与空间观念之变化的检视,可以获得某种更为清晰的方向性判断。将比较法学科发展置于这种新旧时空观的转换之中,无疑是对比较法的传统理论视角和方法产生的一种根本性刺激,或可能激发真正回应全球化的比较法理论。

一、时间观念变迁

“任何一种存在之理解都必须以时间为其视野。”[②]时间作为一种人所身处其中的维度与体验,在某种程度上经由人们的时间观念组构而存在。在现代哲学史上,时间观是哲学理论的分类符和风向标,经由将运动与时空联系的研究和认知衍生出了:牛顿的经典“纯粹客

* 李晓辉,北京外国语大学法学院副教授。

① [英]安东尼·吉登斯:《第三条道路》,郑戈译,33页,北京,北京大学出版社,2000。

② [德]海德格尔:《存在与时间》,陈嘉映、王庆节译,1页,北京,生活·读书·新知三联书店,1997。

观时间论”、爱因斯坦的“四维空间与时间轴”概念，甚至虚无主义的“没有时间论”等。对现代发展影响最深远的时间观念是某种集合了线性结构[①]、客观存在、运动性、无限性特征所形成的综合性时间观念。在此种时间观念中，时间作为一种在物质运动中客观存在的维度，具有从过去经现在到未来的线性发展结构，尽管在认识的意义上时间可以划定起点和终点，但同时也指称无始无终的无限范围。随着时代推演，现代时间观念受到了社会发展和人类认识方式的挑战。在现代哲学观念谱系中，挑战传统线性时间观的理论频出，如帕格森(Henri Bergson)以“绵延”(durée)为核心词的时间概念，认为时间是由无数同质、独立的瞬间无限紧密的排列所形成的连续序列。[②] 这些绵延的瞬间在记忆中重现，具有独立的本体意义，从而将整体的线性时间观割裂成点段。而胡塞尔(E. Edmund Husserl)的时间观则已经是糅合了过去、现在甚至未来的因素，成为某种共同在场的语境。“自我可以从其任何一个体验出发，按照在前、在后和同时来穿越这一领域；或者换句话说，我们有整个的或者本质上统一的和严格封闭的时间体验统一流。”[③]海德格尔(Martin Heidegger)的“此在”(Dasein)[④]将当下视为时间存在的本性。海德格尔的时间观已经不再是单向序列的，而是某种过去、现在和未来的三相结构的共在状态。后现代主义发展至德里达(Jacques Derrida)，已经从关注中心、本体与一致性明确地走向了离散、分裂和多元。德里达经由著名的“延异”(Differânce)[⑤]概念解构了海德格尔的“此在”。延异类似一种时间结构，一种与当下的须臾分离，一种在当下与自己存在中的延异。“此在”从此不再完整。“延异”是时间的多端变化形式，是时间的延拓、

---

① 参见熊赖虎：《时间观与法律》，《法理学·法制史》(人大复印资料)，2011(12)，59、62页。

② 参见[法]帕格森：《材料与记忆》，肖聿译，51页，北京，华夏出版社，1999。

③ [德]胡塞尔：《纯粹现象学通论》，李幼燕译，207页，北京，商务印书馆，1995。

④ [德]海德格尔：《存在与时间》，陈嘉映、王庆节译，第二篇《此在与时间性》，北京，生活·读书·新知三联书店，1997。

⑤ [法]德里达：《延异》，汪民安译，《外国文学》，2000(1)，76～77页。

放缓、迂回、分叉和交叠。人的"此在"感受不再单一，而是由多种身份叠加和分割。[①] 如果说现代时间观更加注重时间对于人类从全局和整体的角度认识世界和自身的意义，那么，迈向后现代的时间观则更加注重人在生存过程中，在理解与认识世界过程中所体验的时间意义。

全球化在某种意义上意味着社会关系和社会制度在时间和空间上的重新定序。那个放置人们认识对象的时间结构本身发生了变化。即时间的线性发展由连续到割裂与分隔、由整体性而分散化。全球化之下，制度无法在封闭的自我单向度时间中完成自身的历史进程。历史的发展不再是单线单向的，已经成为复线、多向、交叠的状态。在这种状态中，西方与非西方；前现代、现代和后现代的制度形态并存。从主体体验来看，多种制度文明的形态经由更加便利的信息技术媒介而被同一主体"同时体验"着。在一个没有围墙和疆界的互联网世界里，法律在主体的观念之中跨越时空交叠。例如，美国的知识产权立法、执法和司法判决可能直接影响中国的法律修订、生产活动和法官的司法判决。不同发展状态制度的时空交错造成了中国的知识产权制度既包含了当下中国的制度形态，也包括了来自于自身的未来（可能就是美国的当下）的干预和对自身文化的坚持等诸多因素。一个发展中的法律体制已经不可能完全按照自己的自然历史线索展开，而是时常为各种或发达的，或滞后的，或同步的制度形态所影响，而势必是"瞻前顾后"的。在这种情况下，坚守某种传统和一致的风格更加困难。法律发展的"此在"和"彼在"在某种时间的"延异"作用下，相互影响、交融。产生了某种永远处于变化之中的制度发展样态。这种变化不同于传统法律发展的区别就在于，"变化"本身是跨越了自身与他者存在的时空范围的，不再朝向某种一致、不变的目标前进。整体呈现出复杂动态的时间流变可能无法用"共时

① 参见史成方：《诗学中的时间概念》，191页，长沙，湖南教育出版社，2001。

性”来加以概括。[①]

二、流变的时间观念与动态比较法

现代比较法研究与实践是现代时间观念，特别是线性时间观的产物。尽管比较法已然被作为突破当下和疆域双重局限的一种超越，但比较法的传统任务仍然是“比较不同国家的法律秩序”，这种比较针对的是在同一时间维度之上的制度及其实践，是在某一时间“横截面”上的比较。不论是将法律史理解为“纵向的比较法”还是将当代比较法视为“横向比较的历史”，历史和当下总是分隔开的，“当下”永远是历史纵轴上的某个截点。历史因素作为区分和判断法律传统的考量因素被理解为是线性延续模式对当下产生着“由远及近”的持续影响。

然而，对处于不同发展阶段的法律秩序而言，可能更加具有意义的是“当下”与“历史”的比较，是不同时段的“历史”的比较，是将制度的过去、现在和未来糅杂在一起的某种体验。他者的制度越过时空成为“我”的当下，“我”的当下又绵延、展拓影响了另一些“他者”的当下和未来。“我们对时间的理解可能同时影响我们对过去的观念和对社会变化的理解。我们目前的讨论已经承认过去的概念同时跟现在和可确定的将来形成对比。(以时区的存在为基础)变化发生在这些时区范围内，更确切的说，它发生在过去和现在的界限之上。我们在现在改变某事务时，其实该事务这时已经不同于它的过去。当这种变化成为现在时，我们又可以继续设想这种变化在将来的实现。”[②]在这种彼此依存的存在中，比较法不再区分时间的“横断”效应，不再追求某种“共时”性，而更多关注实质意义上的“可比较性”。

---

① 流变的时间是由主体在不同点段所体验的“共时性”组成的。但如果对应传统的“线性时间观念”，可能“流变”更能描摹时间观念的变迁。关于全球化时间观的“共时性”特征，请参见鲁楠：《全球化时代比较法的优势与缺陷》，《中国法学》，2014(1)，104页。

② [加拿大]帕特里克·格伦：《世界法律传统》(第3版)，李立红、黄英亮、姚玲译，26～27页，北京，北京大学出版社，2009。

帕特里克·格伦(H. Patrick Glenn)将传统理解为某种"信息",这些信息不仅仅来自过去,而且存在于现在,甚至推动着未来,不再仅仅是某种线性时间观和历史观的结果。"传统本身在西方被看作是过去的声音,而在其他地方则可能被看作是现在的声音,尽管声音的主人可能并不在场。"[①]这一带有新颖理论旨趣的比较法概念工具是重新思考时间存在形态的结果,这一观念不以这种持续的、直线的方式来理解时间,时间也可以是非直线的,甚至环绕的。格伦在著作中引用了诸多观点以论证传统这一概念的流变性,传统是某种"创造性的"、"变化的"、"动态的"复杂结构,[②]已经远非那个我们在传统比较法中所熟悉的静态僵化的概念。这种流变的传统概念具有了某种"凝聚"的效果,使制度的古今内外的存在有了某种整合的可能。在这种"共在"的、"多向度"时间维度中,没有无比较的制度,制度在比较和瞻顾中存在。在这种情形之下,制度的比较活动将成为某种即时的思维常态,是某种时时进行的动态过程,而不再是某种专门安排的活动。比较的素材可以便捷获得,人们随时比较,随时判断。微观比较以至"迷你"的比较活动将成为法律比较的主要存在状态。在这种意义上,比较法将更加技术化。能够帮助人们迅速而便捷地找到所需要的比较素材,提供比较建议和参照体系将是人们对比较法迫切的需要。在一个人人为比较,事事可比较的时代,"我们需要具备至少是处理这些素材的基本技能,因此,比较的方法需要被视为'法学方法论'的核心内容"[③]。

三、全球化空间观与比较法的"主题域"

如果说古典的思想立基于空间的隐喻,现代的思想关切时间的隐喻,而"后现代思想将回到空间的隐喻,即使也受到新的空间和空

① 同上,28 页。

② 同上,25 页。

③ [英]威廉·推宁:《比较法与全球化》,载[英]埃辛·奥赫绪、[意]戴维·奈尔肯主编:《比较法新论》,马建银、鲁楠等译,84 页,北京,清华大学出版社,2012。

间性的激励,并意识到空间性在临时的差异中表达同时性的程度这种事实。”[①]“在地理学中至少存在三种不同概念的空间概念:绝对空间,相对空间和比喻的空间。绝对的空间是实际的可以测量的空间。相对的空间是人类感知的空间,它因人类所持的文化、技术和资源而异。相对空间是人类活动和经验所构建的。而比喻的空间则不是真正存在的、有空间界限的地理单位。比喻的空间在地球表面并非真实存在,但是却可以对人类产生真实的影响,例如网络空间。”[②]人文地理学家开始认识到了全球化时代各种空间的叠加和共在问题。曼纽尔·卡斯特尔(Manuel Castells)曾提到两个基本的概念“流的空间”(space of flows)和“地方的空间”(space of places)并以此为基础展开了全面的关于空间的辩论。网络社会(network society),空间的主要形式不再是真实的“地方空间”(space of places),而是新的“流空间”(space of flows)。他认为全球化不是全球化经济空间或舞台重构的问题,而是资本、商品、劳动力和信息等多种“流”(flow)网络的重构和延伸。故而学者提出了经济地理学对于“全球化”的研究需要考虑“全球网络”和网络在真实的空间上的“嵌入”问题[③]。空间构建模式和空间感的变化对于比较法造成的挑战主要来自两个方面:空间的压缩消弭所造成的法律异同无处安放;空间交叠重构境况下法律比较何以可能?

(一)空间压缩与消弭:法律的异同何处安放

福柯(Michel Foucault)指出,20 世纪预示着一个空间时代的到来,人们正处于一个同时性和并置性的时代。[④] 詹姆逊(Fredric Jameson)认为后现代空间是一种“超空间”,是一种全球性、整体性的

---

① [葡]博温托·迪·苏萨·桑托斯:《迈向新法律常识:法律、全球化和解放》,刘坤轮、叶传星译,536 页,北京,中国人民大学出版社,2009。

② 徐海英:《当代西方人文地理学全球化概念与研究进展》,《人文地理》,2010(5),18 页。

③ 徐海英:《当代西方人文地理学全球化概念与研究进展》,《人文地理》,2010(5),18 页。

④ 参见[法] 福柯:《另类空间》,王喆译,《世界哲学》,2006(6)。

全新空间，它超越了个人身体和认知能力，被高度碎片化，并被加以多重符码化。[①] 随着网络空间存在感更加强烈，网络空间这一所谓"比喻"的空间成为一个新的法律活动的场域。在网络空间场域中的法律活动，能够最大程度的跨域绝对空间的距离，带来强烈的共同在场感。由于网络空间的行为之发生和影响往往跨越绝对的地理疆域，事实上常常产生一个网络行为可能影响千里之外的其他人。产生了一个法域内的法律行为同时在多个法域内发生直接影响。传统比较法经由平面的绝对空间所建立起来的范畴和思维模式，还基本上没有进入网络这种空间消除器制造出来的虚拟世界。绝对空间观影响下的比较法，比较分析由地理疆域分割开来的不同空间中存在的法律共性与差异。那么，当这种空间上的距离感被高度压缩，人在此处也同时在别处、不同地理空间中的人可以共处于同一个虚拟时空之中的时候，以绝对空间为前提的差异和共性也将无从由来、无处安放。当海德格尔的"去远"[②]过程达到了极致，此在也就失去了丈量自身的尺度。全球化过程与"时空的压缩"和"地理的消亡"相伴随，这种空间的压缩和消弭就必然会带来基于空间的差异之压缩和消弭吗？

尽管当下的法律体系存在仍然是以绝对地理空间为量度的，以国家为代表的法域形态仍然是盛放法律同异的量具。但基于地理空间限制法律"溢出"和"流入"的阻隔作用被不断削弱，特别是对那些较少依仗物理空间的行为，比如金融、娱乐、教育等活动而言，总是能够找到途径脱离地理疆域的规则范围成为以相对空间和虚拟空间为主要平台的活动。而相对应的规则也将在不同主题项下，以不同形式组织起来，重新组构规则空间。吉登斯(Anthony Giddens)所谓"脱

---

① [美]弗雷德里克·詹姆逊：《文化转向》，胡亚敏译，15 页，北京，中国社会科学出版社，2000。

② "去远是此在的一种存在方式"，是"在此在之中一种求近的本质趋向"。"去远"是人们不断提高交通工具的速度和信息传递速度的重要动因。参见[德]海德格尔：《存在与时间》，陈嘉映、王庆节译，130～131 页，北京，生活·读书·新知三联出版社，1987。

域”(disembededness)[①]概念所指的空间与地点的分离以及超脱地理和物质的时空而出现的“虚化时空”正是这种寓意。而当绝对空间不再构成差异产生的基础，差异则主要来自于观念、文化和其他实质要素所构成的选择。人们会根据自己的意愿、偏好选择安排自己的活动，甚至选择进入一个特定规则的限制范围。如在网络交易规则上，认同B-C就会进入亚马逊模式，而认同C-C就会进入e-bay模式。而跨国的证券买卖、期货交易、电子支付事实上受到行为所在体系的规则的控制。这些实质的交易平台事实上已经成为了规则平台。网络活动的规则越来越超越国家范围，成为了某种跨国公司、交易平台的范围。网络虚拟空间中的规则趋同的动力要强过绝对空间。因为行为的共同在场和无距离如果没有一个共同的规则，事实上是无法完成的。如全球商品网购模式几乎不存在什么差异，都是B-C；C-C，支付也几乎是一样通过网络银行和中间支付保障机构来完成。网络购物的合同格式和网站责任也几乎没有什么差异。这种基于主题平台所形成的共同法的成长速度和影响的范围，已经远远超过了国家、地区间的法律共同化运动所能够达到的程度。到目前为止，全球化的空间消弭现象在不断放大共性而限缩差异，这对于法律多元主义造成了致命的威胁。

（二）空间的叠加重构与“合法律间性”[②]

1. 空间的叠加

如果说网络空间作为虚拟和比喻空间增加了空间的维度，从而挑战了空间概念本身。那么被观念和主题重新组织的法律空间则在进行着去中心化或者多中心化过程。传统比较法所仰赖的国家法律

① [英]安东尼·吉登斯：《现代性的后果》，田禾译，56～57页，南京，译林出版社，2000。

② “合法律间性”(interlegality)是桑托斯提出的概念。考虑到桑托斯理论在本文中应用较多，本文使用了刘坤轮、叶传星译本《迈向新法律常识：法律、全球化和解放》中的译法。在[德]贡塔·托依布纳：《魔阵·剥削·异化——托依布纳法律社会学文集》（泮伟江、高鸿钧等译，北京，清华大学出版社，2012）一书中，译者将inter-legality译成“居间法制”。笔者认为，interlegality译成“间性合法性”或者“居间合法性”更为适宜。

中心主义遭遇淡化，而全球、国际等多个维度的合法性却不断得到鼓励。不同空间之内的法律相互叠加，如当下几乎所有的国内法都有一个国际法为依据或准则，事实上国内法在某些方面，如经济贸易和知识产权等领域被国际法架空并整合了。这种国际法和国内法在适用空间上的叠加造成了国家法的模糊和国际法适用范围的实质性拓展。在叠加和碎片化的空间之内，法律沿着历史传统、经济活动等脉络展开，形成了一个多元自主的动态空间结构。如同桑托斯(Boaventura de Sousa Santos)所言，“我们处在一个多孔的合法律性或合法律性的多孔性的时代，一个迫使我们不断地转变和违规的法律制度的多重网络的时代。我们的法律生活是由不同的法律秩序相互交叉即法制间性而构建的。法律间性是法律多元主义的现象学的对应物，它是压制型后现代法律观的一个关键概念。法律间性是一个高度动态的过程，因为不同的法律空间是非同步的，因此产生了法律代码(在符号学意义上)的不平衡的和不稳定的混合。”[①]“法律间性”所表征的法律多元不同与传统法律社会学意义上的法律多元。埃利西和千叶正士意义上的法律多元主义主要是在国家法中心主义的前提下关注非正式法律渊源的规范意义，而“合法律间性 ”(interlegality)概念所指示的则是在国家法的中心地位被强力动摇的情势下，在一个日渐“多中心的法律世界”里，全球法、区域法、国家法、地方法等多种合法性之间所展开的磋商、对抗、共谋或妥协。

2. 空间重构

在这样的多元结构空间中，如何理解各种盛放合法性的空间之间的关系，则微妙地展露了不同的全球化政治学。赫罗德(Andrew Herod)用五种想象的比喻(阶梯状、同心圆状、俄罗斯套娃状、蚯蚓洞穴状和树根状)总结了当代人文地理学家对于全球化制度空间组织模式的观点演化。这五种比喻可以分为三类。第一类，各个空间维

① [葡]博温托·迪·苏萨·桑托斯:《迈向新法律常识:法律、全球化和解放》,536～537页。

度（全球的，国家的，区域的和地方的）是分离和层级性组织的，如阶梯状的："全球的"处于阶梯的最顶部，而"地方的"则处于阶梯的最底部。第二类是各个空间维度构成协调共存整体，同时存在层级性组织方式，可以比喻为中心环状或者是俄罗斯套娃状的。"全球的"空间处于最外层，向内空间的规模不断减少，最里层是"地方的"。第三类是不同维度的空间组织是网状的，而不是分层的或者是有实在界限的，可以比喻为蚯蚓地下洞穴或者是树根状的。[①] 比较法在全球化空间结构方面显然是反对某种"自上而下"的或者唯一中心式的结构，而力图面向多元与更广泛意义上的民主。第一种"阶梯状"等级式空间结构的暗喻与多元化诉求存在着疏离。在比较法学者当中，上述第二类结构观，即"中心环状或者是俄罗斯套娃"式的结构模式存在于相当多的比较法学者脑海之中。如威廉·推宁（William Twining）将法律看作是界定各种不同关系和层次的主题或人（人、法人、非法人及其他）与人之间关系的社会实践形式，而不仅仅是单一国家或社会中的关系，那么界定这些层级特征的方式就主要是地理上的。由此他将法律划分为"全球的、国际的、区域性的、跨国的、社区间的、地区性国家的、亚国家的、非国家的。[②] 推宁所列举的全球化时代的法律层级与上述"俄罗斯套娃"模式不谋而合。而"蚯蚓地下洞穴"、"树根状"的网式结构则可能是桑托斯的"合法律间性"概念背后的空间理解。桑托斯的"合法律间性"，不仅突破了传统沃勒斯坦"中心一外围"的世界体系，同时也在于各种"结构空间"正在被其外围的世界空间剧烈地重组中。[③] 但桑托斯的"合法律间性"与完全去中心的扁平式弥散、枝蔓结构存在的差异在于，在桑托斯看来，对国家主义的

---

① Herod A. Scale：the Local and the Global. In：Holloway S，Rice S，Valentine G Key Concepts in Geography. London：Stage，2003，pp. 234～255。转引自徐海英：《当代西方人文地理学全球化概念与研究进展》，《人文地理》，2010（5），19页。

② ［英］威廉·推宁：《全球化与比较法》，95～94页。

③ ［葡］博温托·迪·苏萨·桑托斯：《迈向新法律常识：法律、全球化和解放》，491页。

去中心化远没有实现:"在一个多中心的法律世界里,国家法的中心性尽管日益受到震撼,但仍然是一个决定性的政治因素。"①比如欧盟在国家时空内将社会关系去领土化所用的主要机制之一(超国家法律体系),而又在跨时空内,甚至最终在地方时空中使它们再领土化"。② 于此同时,全球层面的多中心化又基于"全球化的地方主义"(globalized localism)和"地方化的全球主义"(localized globalism)③纠结成新的霸权与反霸权的解放之争。

3. 比较法的"主题域"

法律空间的压缩、叠加创造了一个多种可能的空间迷宫,并造成了多种合法性之间的冲突。④ 以国家为主要单位的地理空间的各种结构形式,在某种程度上只具有政治的意义,而在实践和行为规制的层面这种错落、交叠的宏观体系结构可能造成的认识障碍被主题化和领域化的规范体系的一般性和统一性所淡化了。⑤ 卢曼(Niklas Luhmann)曾经"尝试性假设":"全球法将经历一个激烈的片段化过程,这一片段化的过程将不是循着领土的边界,而是顺着社会事务领域的分界而进行。其理由或许存在于一种从规范性(政治、道德、法律)期待向认知性期待(经济、科学、技术)的转变之中;这将是一种在从以国家组织的复数的社会向一个全球社会变迁的过程中产生其效果的转变。"⑥在功能分化的全球社会中,我们看到无论是科学、文化、

---

① [葡]博温托·迪·苏萨·桑托斯:《迈向新法律常识:法律、全球化和解放》,537页。

② 同上,254页。

③ 同上,221页。

④ [德]贡塔·托依布纳:《魔阵·剥削·异化——托依布纳法律社会学文集》,泮伟江、高鸿钧等译,73~74页,北京,清华大学出版社,2012。

⑤ 笔者认为,全球化空间观念的变化在于空间的挤压效应所造成的"空间消弭和叠加",并在此基础上激发了空间结构的重构。因此,用"多维、多重"等表达概括全球化空间观念仍不足够。事实上在非全球化或者前全球化的时代,法律的空间也同样可以是多重、多维的。关于全球化法律空间的多重性与多维性的论述请参见鲁楠:《全球化时代比较法的优势与缺陷》,《中国法学》,2014(1),104~105页。

⑥ [德]贡塔·托依布纳:《魔阵·剥削·异化——托依布纳法律社会学文集》,61页。

技术、卫生、军事、运输、旅行、体育，都已经在全球空间内分化成各自具有独立性的全球系统。这些全球系统所形成和构建的规则已经切割了全球法律体系，形成了个各自的领地，并在各自系统内部形成某种关于这一系统运作逻辑的合理性。“因此，遵循领土政治原则而分化成相对自治的国家法律秩序这一传统的分化，被一种循着事务领域进行分化的原则取代了：全球法分化成了诸多超国家的法律组织，而这种分化是循则议题特定化的路线而不是领土的路线，来界定其管辖权范围的外部界限，并且这种分化主张它们自由具有一种全球的有效性。”[①]这些由事务主题，特别是认识性主题所重构的法律空间，可以被称为“议题特定化领域”(issue-specific regimes)，它们各自建构了各自的合法性“代码”，而且这些不同的合法性“代码”又常常会产生冲突。托依布纳(Günther Teubner)认为，这些领域之间的合法性冲突可以通过建立合理性兼容原则，或经由法律的定型化(formalization)等方式加以缓解。并且乐观地认为：“在社会事务领域片段化的处境中，法律将被迫把自己限制在它的传统角色之上，为人与自然环境的损害提供补偿并加以抑制。”[②]“议题特定化领域”的存在可能对比较法的存在造成某种重构性的影响，将比较法的空间视域由国家、国际等地理空间中移开、从建立在时空联系的传统之中移开，重新回归某种主题视域，从而在比较法宏观体系遭遇前所未有的挑战之时，开辟一方新天地。比较法的素材组织将是没有限制的，但是比较过程的主题性则将会得到更加充分的强调。而且比较法之目的也将从服务于国内法律发展和国际法的功能主义转向建构“主题规范域”。在各个不同的主题规范域中整合比较法素材，建构某种系统内部的合理性。与此同时，在系统外部，面对各个不同规范域之间可能产生的合理性冲突，比较法将可能通过还原这些比较法渊源和传统的工作提供某种主题规范域进行自我反思和回应的机制，并在

① [德]贡塔·托依布纳：《魔阵·剥削·异化——托依布纳法律社会学文集》，73～74页。

② 同上，116～117页。

规范域之间建立某种温和的兼容性。一个有说服力的例子是比较金融法专家菲利普·伍德(Philip R. Wood)在《金融法的世界地图》[①]中所展示的精细化主题域比较。

时间与空间在本质上有着某种相互构成的关系,桑托斯在陈述其全球化研究背景时称:"空间和时间性的理念对于我在本书中所提出的理论建构而言居于核心地位。无须多言,这里的空间仍是时间—空间,而空间性同样也是时间性。……整体而言,所有的社会过程将不同时间性和空间性统归到某一特定的时—空之内……"[②]戴维·哈维(David Harvey)的"时空压缩"(time-space compression)[③]概念同样建筑在统合时间概念与空间概念的基础上,将时空观作为一个统一的范畴加以使用,以描述全球化使社会关系和社会制度在时间和空间上的重新定序:一方面是我们花费在跨越空间上的时间急剧缩短,以至于我们感到现存就是全部的存在,可以称为"时间空间化";另一方面是空间收缩成了一个"地球村",即"时间消灭空间",使我们在经济上和生态上相互依赖。这两个方面的关系既对立又关联,呈现出交融的趋势。

在这种套叠、交叉的全球化时空关系中,桑托斯认为比较法学科本身可以通过调整全新的关注点而重获新生,即:"强调法律途径的多样性和多样性的结合,而非强调吸收、划一和标准化;强调法(和法的概念)在同一地理政治空间内的多元性和多样性,而非强调国家和法的等同;强调法的背景的可塑性,而非强调单一的工具主义;强调将法律推理作为在'价值'和'事实'之间的首先交汇处,而非强调抽象的规范(特别是在西方体系之外)不过是对权宜的、通常是压制性的统治体系的合法化抽象;强调法律过程在世界体系的政治经济中

---

① [英]菲利普·伍德:《金融法的世界地图》,陈儒丹、黄韬译,北京,法律出版社,2013。

② [葡]博温托·迪·苏萨·桑托斯:《迈向新法律常识:法律、全球化和解放》,513页。

③ [美]戴维·哈维:《后现代的状况》,阎嘉译,300页,北京,商务印书馆,2003。

心迈向和经历现代性的轨迹的嵌入，而非强调法的抽象自治或法自创生性。”①

基于各种法的跨国化是跨时空的，也是发生在不同的法律体系以及在每一个体系内不同法律领域之中的。从而建构全球语境中的比较法分析框架也必然不能满足于法系划分或者“世界体系”这样的单一向度范式，在这种交叠时空环境中的比较法分析范式也必然是多重的、交叠的。例如桑托斯的法律全球化分析框架即建立在茨威格特和科茨的八大法系范式、泰尔朋（Thernorn）的进入现代性四条道路（欧洲道路、新世界、殖民地区和面对外来威胁的现代性的现代化）理论和桑托斯本人提出的全球化四种类型（地方全球化、全球地方化、次级世界主义和人类共同遗产）诸种理论分析工具的基础上。桑托斯基于这种三种分析框架的交叠和重组进一步勾勒了法律全球化的核心问题和趋向：①民族—国家规制的跨国化；②区域一体化的法律；③商人法的再现；④移动中人们的法律；⑤土著民族的法律；⑥次级世界主义和人权；⑦全球公域（global commons）。②

我们永远无法离开时空模具和量尺，尽管法律所要面向的人的生活物理形式始终在那里，只不过我们要把这种生活放置到何种时空场域中去，或者用何种法律比例尺来测量，抑或用何种滤镜过滤出那些我们关切的方面而已。也许比较的时空向度已经成了一个选择的问题。

① ［葡］博温托·迪·苏萨·桑托斯：《迈向新法律常识：法律、全球化和解放》，238～239页。

② 同上，239页。

法学院里的电影教学与研究

宦盛奎*

我们生活在一个图像充斥、信息横流的时代。在法学院，用电影作品来举例说明法律问题似乎很是稀松平常，我们的法律人也时常对一些电影作品发表自己的评论，但如果将“电影作品和法律”作为一门课程或研究项目的话，就很容易遭到质疑了：对一个法学院的老师或学生而言，他能在一部有关法律的电影作品中学到什么？电影作品对我们的法学教育有着多大的助益？

一、从法律与文学说起

说来有些奇怪，在中国法律与文学“运动”竟发轫自对一部电影作品的讨论——1996年，苏力教授发表了《秋菊的困惑和山杠爷的悲剧》一文，从法理的角度对《秋菊打官司》(1992)以及《被告山杠爷》(1994)两部电影进行了分析。在当时的许多人看来，这两部电影“反映了中国正在走向法治，人民群众已开始越来越多地运用法律来维

* 宦盛奎，法学博士、北京林业大学人文与社会科学学院法学系讲师。

护自己的权利”[1]，而苏力则对影片当中正式的法律制度产生疑问，在他看来，任何法律制度和司法实践的根本目的都不应当是为了确立一种威权化的思想，而是为了解决实际问题，而从秋菊的困惑来看，中国当代的正式法律的动作逻辑在某些方面与中国的社会背景脱节了。[2] 在该文的附录《从文学艺术作品来研究法律与社会》中，作者更从方法论的角度论述了以文学艺术作品为素材进行法社会研究的可能性，在作者看来，作品的现实主义特征、真实性等都保证了这一可能性的实现，结尾部分苏力教授指出这一研究路径最大的优点。

> 从方法论上看，围绕故事进行分析研究问题的最大优点之一也许是故事的开放性、可解释性。与传统的理性思辨分析方法不同，故事提供了一个人们从不同的视角考察问题、自由进入对话的场域，故事的解释是无法、至少是难以垄断的，是一个更具包容性的空间。因此，以文学艺术作品作为素材来进行法社会学研究不仅完全可能和可行，而且具有一些独到的优点。[3]

苏文引起了诸多的文字讨论，[4]在这里不一一列举各家论点，我所感兴趣的是：为什么我们会以一部电影作品而非一部严肃文学作品来进行法律与文学研究？这纯属偶然吗？或许我们应该首先思考其中一些饶有趣味的因素。

在国外，利用电影来研究法律问题稍后于“法律与文学”运动。一般而言，起始于美国的法律与文学研究包括如下四个分支：文学中的法律（law in literature，研究文学作品所反映出来的法律，思考其中的法律理论和实践问题）、作为文学的法律（law as literature，将

---

① 苏力：《法治及其本土资源》，25 页，北京，中国政法大学出版社，2004。

② 同上，29 页。

③ 同上，34 页。

④ 如冯象：《秋菊的困惑和织女星文明》，冯象：《木腿正义》，52～59 页，北京，北京大学出版社，2007。赵晓力：《要命的地方：〈秋菊打官司再解读〉》，《北大法律评论》，2005(2)，707～718 页。江帆：《法治的本土化与现代化之间：也说秋菊的困惑》，《比较法研究》，1998(2)，212～215 页。凌斌：《普法、法盲与法治》，《法制与社会发展》，2004(2)，126～140 页。

法律文本甚至司法实践都当作文学文本来进行研究)、通过文学的法律(law through literature,由于看到文学的感染力,一些作者试图用文学的方法来讲述、讨论和表达法律的问题)以及有关文学的法律(law of literature,研究各种规制文学艺术产品的法律)。[①] 在这几种研究范式中,影响力最大且与本文密切相关的则当属"文学中的法律"。

当我们讲"文学中的法律"时,我们是在使用一个较为狭义的"文学"概念,主要指的是小说、诗歌、戏剧等文字作品。为什么它们似乎与法律有着纠缠不清的联系呢?原因主要有两个:首先,文学通常都会涉及人类历史上恒久不变的一些主题,如死亡、爱、恨、情、愁、成长等。法律一方面同样是人类经验当中不变的主题(古今中外的法律制度和具体规则都毫无疑问地存在,虽然千差万别,但并非无法辨认);另一方面法律可以为这些文学作品提供一个极佳的隐喻,波斯纳论证了其原因所在。

> 法律精神和条文的字面意义常常出现差距,法律的一般性目标和具体性运用往往也有距离,这是外行人常常觉得法律恣意的原因之一。法律看似恣意的特性、司法在事实和法律上无法避免的错误,以及因此造成的错误审判、再加上法律的"他者特性"(otherness)("法律"这个人为体制和语言、国家、市场经济一样,常常被认知为如自然现象一般的外在的事物),外在都使法律成为一个极佳的隐喻,暗指我们在某引动情境下所看见的人类情境——生活——那种漫无规则、强制、"不公平"的色彩。[②]

回到一开始所提出的问题,为什么我国"法律与文学"争论起始于电影这个"文本"呢?这显然与经典作品影响式微和大众文化的崛

① 对于各类别的细致分析,可参见冯象:《法律与文学(代序)》,冯象:《木腿正义》。苏力:《在中国思考法律与文学》,苏力:《法律与文学:以中国传统戏剧为材料》,北京,生活·读书·新知三联书店,2006。沈明:《法律与文学:可能性及其限度》,《中外法学》,2006(3),310～322页。

② [美]理察·波斯纳:《法律与文学》,杨惠君译,64页,台北,商周出版社,2002。

起密切相关。法律与文学运动一般研究的是与法律有关的经典作品，如荷马、埃斯库罗斯、索福克勒斯、狄更斯、卡夫卡、加缪等人的著作，但由于语言原因，我们不太可能达到对西方的经典文学非常熟悉的程度，除了翻译他们的作品之外，几乎参与不了其对话。正如苏力所言："知识的地方性，理论实践的地方性在文学上的表现太突出了……这是附着于西方经典文学文本的法律与文学运动长期没有能真正进入中国的最根本原因。"[①]事实上，经典在西方的影响力也呈下降趋势，早在20世纪30年代，利维斯主义就叹惋精英文化不可避免地消逝。其代表人Q. D. 利维斯称18、19世纪是阻碍阅读的世界。"电影、流行杂志、报纸、舞厅、流行音乐，这一切对人的诱惑力太大了。读书俱乐部不是在提高读者的趣味，而是在将读者的趣味标准化。只有具备非凡克制力的人才能抵御环境的引诱，皈依到正统的艺术门下来。"[②]阿兰·布鲁姆描述了学生与经典作品的疏离："关于当代大学生，最令人震惊的事实是，再没有任何经典书籍能够塑造他们的爱好与想象。大体而言，当生活中遭遇困难或者考虑人生理想时，他们不再求助于书本，也不存在任何文学形象能够体现他们心中的善与恶。"[③]

如果讨论的是中国传统文学里面的法律问题呢？这里面存在的问题就更多了，首先，就体裁而言，中国的文学主流长期以来以抒情为主，抒情诗占了中国文学的主要部分，而其主观性强的特点则不利

---

① 苏力：《法律与文学，以中国传统戏剧为材料》，21页。

② 陆扬、王毅：《大众文化与传媒》，22页，上海，三联书店，2000。

③ [美]阿兰·布鲁姆、哈瑞·雅法：《莎士比亚的政治》，潘望译，1页，南京，凤凰出版传媒集团、江苏人民出版社，2009。但其对于年轻一代从电影作品得到的见识也提出质疑，认为"缺乏教育的直接后果是，大学生一见到启蒙思想就要追求，却分不清精华与糟粕，见识与宣传。他们绝大部分转向电影，轻易就被那些有意思的道德说教所俘获……大学生要想使自己不沉溺于卑微不足道的欲望，并发现最严肃的东西，他需要使同当代生活同高度的严肃性保持距离，从只知道眼前生活的电影中是找不到这种距离的。"[美]艾伦·布卢姆：《美国精神的封闭》，战旭英译，冯克利校，20页，南京，凤凰出版传媒集团、译林出版社，2007。

于研究反映时代和社会的法律。[①] 其次，我们对古典文学作品的熟悉程度也不尽如人意，与法律有关联的，恐怕除了《红楼梦》里的"葫芦僧乱判葫芦案"和关汉卿的《窦娥冤》之外，其他的大概都不尽了解了。再次，由于前两个方面的原因，我们十分缺乏一些"具有普遍性的共享文本"，因此，即使对于传统的文学作品有一些零星的法学理论研究，然而影响不大。最后，作为一个追求法治的国家，层出不穷的法律问题迫使我们将眼光更多地投放在时下，而不是在文学的故纸堆当中搜寻对今天法治建设有意义的内容。

与同文学经典的疏离相对应，我们的生活和电影密不可分。艾伦·斯通(Alan A. Stone)在哈佛大学讲授法律与文学时发现他所选择的那些文学文本在学生看来却是一片"未知领域"(*terra incognita*)，对于自己的理解，学生们也显得信心不足，后来，他选择电影作为"更具普遍性的共享文本"，因为这一代的学生更多的植根于西方的电影而非经典文学作品之中。[②] 苏力也称文学若是包括了电影和电视剧，在中国普及的问题会容易很多。[③]

二、什么是"法律电影"

(一) 法律与电影

穗积陈重将法喻为一种无形之力，是类似于物理学用公式、图解、数字等表现"energy"，而且人们也会通过一定的形式表现这种无形之力，这就有了"法形"存在，"必须先赋与法之外形，俾民知所趋避"。在他看来，随着社会的进步，到了"或画法规于形象，或载之于文书，始可谓有法形"。[④] 关于形象之法，穗氏称：

---

① [美]艾伦·布卢姆:《美国精神的封闭》,25 页。

② Alan A. Stone,"Teaching Film at Harvard Law School",in 24 *Legal Studies Forum*,2000,p. 573.

③ 苏力:《法律与文学,以中国传统戏剧为材料》,21 页,脚注 1。

④ [日]穗积陈重:《法律进化论》,黄尊三等译,7～8 页,北京,中国政法大学出版社,2003。

> 以形象示法禁于民，为低级文化民族所通行之事。故原始的公布法，非口唱宣布法，即为形象观示法。形象之法，宛若佛家绘地狱永劫之图，示未来之罚，以威信徒，用以制御无知智之人，最为切实。今日蛮民之间，此种方法尚属通用，亦往往于法庭、衙署、会场等处，绘行刑之状，吾人观博物馆之足迹可知之。[①]

简而言之，形象之法似乎都是遥远岁月的东西，我们更多面对的是卷帙浩繁的成文法，以及环绕其上的无数学理与解说，但电影这个使形象运转起来的神奇仪器却又让两者产生了许多难以言说的关系，电影与法律之间存在着一些有趣的类比。例如，它们都有着"集体创作"的特征：制片人、编剧、导演、演员、美工、音乐等诸多从业人员的共同参与才能够使一部影片得以诞生；而很多法律都是由众多作者逐渐完成的，例如普通法的许多原则，例如美国宪法以及它的修正案。[②] 再如，对于一个事物，电影和法律都拥有自己看待问题的视角，它们都为社会提供了某种观看的方式。保罗·卡恩称法治并非字面上的意思那么简单，因为它要建构的是一个完整的社会政治秩序："法治是我们看待人与事物的一种方式。法治也是一种理解的框架，可让我们获知某一事件在法律上的意义。这个框架，对各种事件进行了一个时间上和地缘上的规制，为权威的合法性提供了一个规范性的基础，并将我们自己和他人视为权利和义务的主体加以考量。"电影的景框(frame)亦具有选择的功能，并产生特定的意义，"感性的导演会同时重视景框内外的事物。景框亦负担有选择的功能。基本上，它是由众多混乱的现实中选择部分给观众看，所以它是一种'孤立凸显'的技法，能使导演引导大家注意可能被忽略的事物。"[③]

---

① [日]穗积陈重：《法律进化论》，黄尊三等译，126页，北京，中国政法大学出版社，2003。

② 苏力：《解释的难题：对几种法律文体解释方法的追问》，载梁治平编：《法律解释问题》，43页，北京，法律出版社，1998。

③ [美]路易斯·贾内梯：《认识电影》，焦雄屏译，45页，北京，世界图书出版公司，2007。

更为重要的是，法律事件及法律人物通常是电影作品所青睐的素材。许多戏剧性的审判都曾是重大的新闻事件，这些为人们曾津津乐道的事件往往被搬上大荧幕。如"二战"后在纽伦堡审理德国纳粹法官和司法部门的情形被斯坦利·克雷默拍摄成电影《纽伦堡审判》；美国司法历史上最长的一次黑帮刑事审判则被西德尼·吕美特所青睐，于是有了《判我有罪》。有人甚至宣称，读一读今天的头版头条，你就能想象出明年的电影台词是什么。[①] 诸如诈骗、离婚、抢劫、强奸、监狱这样的一些事件，它们和法律密切相关。许多人祈祷一生都不要遇到这样的事，但对此又充满了好奇，他们幸运地能够在电影上看到这些内容得以展现。不仅如此，人们还对法律职业者有着比较深厚的兴趣，他们有时被塑造成为不畏艰难追寻正义的英雄，有时却为了名利不惜丧失职业底线。

我们容易理解法律为什么那么频繁地出现地电影作品之中，有人总结了庭审电影(较为狭义上的法律电影)广受欢迎原因。

> 导演们需要戏剧性、悬念性和动作性(基于其不宽裕的预算，他们希望这些最好都能同时发生在一处狭小的空间里)，当然，他们也需要大量的对白。而审判，首先充满了一一对抗的戏剧冲突：律师要和证人、委托人、法官以及原告之流进行针锋相对的斗争；其次，几场交锋后法庭的最终裁决构成了影片的最大悬念；还有，在审判中，大部分行为都只发生在装修俭朴的法庭里，无非是律师们在一小块地方走来走去，花不了几块钱的置景费；至于对白……还有谁比这些律师更夸夸其谈吗？再加进谋杀、背叛与性爱，试问拍一部电影还别有何求？[②]

由此可见，法律之所以成为电影作品的宠儿，不仅仅是因为它提

---

① [美]保罗·伯格曼、迈克尔·艾斯默：《影像中的正义：从电影故事看美国法律文化》，朱靖江译，11页，海口，海南出版社，2003。

② 朱靖江：《法庭片与美国法律文化》，载保罗·伯格曼、迈克尔·艾斯默：《影像中的正义：从电影故事看美国法律文化》，《译后记》。

供了冲突的素材,还有制作成本的考虑。电影高昂的制作费用提醒我们它不仅是一种艺术,还是一项产业,“每部电影都是商人和艺术家们摇摆不定的婚姻的孩子”[①]。

然而电影和法律毕竟是两个不同的领域。电影是一种独特的艺术形式,法律是由国家制定并由国家强制力保证实施的规则体系。两者在精神上完全不同:在剧情片(feature film)中,冲突是推动每个故事发展的主要力量,处于核心位置的主要冲突对于整个故事最为重要,“主要冲突及其解决方法大大地丰富了观众的人生体验,因为正是该冲突及其解决办法(有时无法解决)阐明了人们生活的本质”[②]。法律的基本精神却不是戏剧化的,如波斯纳所言:“法律的目的是调停(常常是要淡化冲突),但极少激化冲突。大多数法令背后代表的是妥协,绝大多数法律争议都在庭外和解。法官的判决是为了缓和社会的紧张状态,而非提高社会的不安。”[③]

可以肯定地说,影片拍摄的目的并不是要让人们知晓更多的法律,查阅书籍或咨询专业人员要更为便捷和准确。在这里,我们遇到同文学作品青睐法律题材相类似的情形。在波斯纳看来,无论伟大文学作品里和法律相关的内容抑或其中的道德判断,其实都是作家的“素材”而已,且“如同雕塑家的黏土,作为一种素材,黏土的价值和雕塑成品的艺术价值没有关系”[④]。

法律只是电影这个艺术品的素材而已,而艺术品的完美程度与它对法律描述的精确度是没有什么关系的。就像是保罗·施拉德所说的,“电影的好坏不取决于它讲述的内容,而在于电影怎样讲述。”[⑤]试图依靠电影就掌握一个国家的法治运行情况,几乎是不可能的事。

---

① [美]约瑟夫·M.博格斯、丹尼斯·W.皮特里:《看电影的艺术》,张青、郭侃俊译,2页,北京,北京大学出版社,2010。

② 同上,53页。

③ [美]理察·波斯纳:《法律与文学》,65页。

④ 同上,376页。

⑤ [美]约瑟夫·M.博格斯、丹尼斯·W.皮特里:《看电影的艺术》,9页。

所以，我们不能够只靠《克莱默夫妇》就能够知道美国的婚姻法，仅凭《永不妥协》就能够了解美国环境法，假借《十二怒汉》就洞悉了陪审团讨论问题的方式。《追求真相》(And Justice for All，1979)虽然是一部精彩的电影，但它对于美国法制的描绘过于荒谬，就像有人所说的，"它对法制的描绘过度夸张，以至于扭曲变形。如果有人想通过这部电影获得有关刑事司法制度的知识，那他无异于想通过《辛巴达故事集》来掌握航海技巧一样误入歧途"。[1]

这里就面临着一个选择的问题，哪些作品可以被视为是与法律相关，因而可以作为我们的研究对象呢？这个难题在"法律与文学"运动中同样存在，西奥多·齐奥科斯基论述道：

> 法律作为市民社会的基石和人们道德价值观的体现，总是嵌入那些人类世界中伟大的文学作品的内核之中，有时是明显的，有时是隐微的，有时是通过作品的主题，有时是通过作品的形式。因为这样的特点，在进行文学与法律的研究，或者更具体说是文学中的法律的研究时，我们该如何选择例子以避免过于明显的随意性呢？我们又在形如研究时能够选择出那些典型的事例，以避免眉毛胡子一把抓所带来的困难呢？[2]

类似地，我们也可以说法律问题是被"嵌入"在电影之中的，学习法律的人常用"法律电影"来称谓那些他们看来是以法律为主题的影片，例如"必看的××部法律电影"，这种用法具有多大程度上的精确性？我们可以考查以下两个问题：首先，是否存在"法律电影"这一电影类型？如果存在，这一类型的电影拥有什么样的特征？

(二) 类型

"类型"(genre)是一个法文词，指的是种类、样式。当我们说到电

---

① [美]保罗·伯格曼、迈克尔·艾斯默：《影像中的正义：从电影故事看美国法律文化》，176～177页。该译本将 And Justice for All 译为"真相"。

② [美]西奥多·齐奥科斯基：《正义之镜：法律危机的文学省思》，李晟译，13页，北京，北京大学出版社，2011。

影类型的时候，常常指的是特定类型的电影，如科幻片、动作片、喜剧片、爱情片、歌舞片、西部片等。“类型电影的产生与电影这种特殊艺术的商品属性密切相关。电影生产者希望他们制作的影片能够如其他的商品一样，适合观众的特定心理需求和趣味，以求得稳定的投资回报。在这样的电影生产观念下，电影被分成了不同的类型，在特定类型的内部，其叙事模式、角色配置模式、场景等各种形式都符合某种‘标准化’的模式。”[①]简单说来，“类型”一词是电影生产者、观众以及影评人的共同杰作，而且这一现象是“在一个比较完善发达的商业社会中自然发展起来的现象”[②]。三者在“类型”这一概念当中可以各取所需：电影生产者可以进行标准化制作，保证基本的票房回报；观众可以将类型作为选片指标，他们会因类型片所具有的电影特质而去观影；对于影评人而言，类型为其提供了批评的框架，从而让他充分注意到特定类型的结构、历史、主题和风格技巧。

重复在许多部电影中的公式和惯例，让我们可以较为容易地识别出各个类型的电影。这些公式主要包括如下一些类别：

(1) 情节元素：例如侦探片中一定有调查情节，西部片一向有复仇的戏等；

(2) 主题：如警匪片主要以城市犯罪为主题；

(3) 情感效果：如带来欢乐的喜剧片、制造紧张的悬疑片；

(4) 图腾类型电影：重复出现具有象征意义的图腾/偶像/肖像，并在每部片中重申其意义。[③]

类型是一套松散的想法，并非不可改变。也就是说，每一个类型的故事都与之前的类型电影有关，却不见得要被前面的类型规范束缚死。不仅如此，在不同的历史时期，类型的故事、主题、价值或影像都会吻合大众态度，在很大程度上反映了大众的希望和恐惧，这在我们讨论法律电影的研究意义时还会再提及。

---

① 杨远婴编：《电影理论读本》，314页，北京，世界图书出版公司，2012。

② 郝建：《类型电影教程》，1页，上海，复旦大学出版社，2011。

③ [美]约瑟夫·M.博格斯、丹尼斯·W.皮特里：《看电影的艺术》，376页。

（三）"法律电影"

我们逐一检讨主题、情节、场景等元素是否足够将一部电影称得上是"法律电影"。

在电影分析中，主题指的是将影片整合在一起的中心内容或特殊的关注点。在看完电影后，我们应该对主题有个粗略的判断，为更细致的分析找到起点，分析本身应该清理我们对影片的看法，展示出所有的元素为影片整体所发挥的作用。[①] 从主题的角度来确定法律电影类型，就像有人所说的，"以司法案件为题材的影片，通过情节的不断展开，来反映社会现象或社会问题，进而表达一个国家的法律问题。"[②]这一确定方式的最大问题是忽视了许多这一类型的电影并不是在讲述一个国家的法律问题。正如前文所称的，法律问题只不过是镶嵌在一个更宏大的背景之中。例如《杀死一只知更鸟》（*To Kill a Mockingbird*，1962），影片虽然表现了美国大萧条时期的种族歧视和社会不公正等问题，但它的主题更体现成长的过程，叙述者回忆童年时期正直又慈爱的父亲是如何影响到她的。法律电影，并不是关于实体法或法律细节的，更为准确的说它们与法律的边缘暗区（penumbra of law）、法律实施地点以及法律人更为相关。[③]

从情节来看，法律电影往往和庭审密切相关。庭审中有着许多针锋相对的冲突，这些冲突存在于律师和律师之间、律师和证人之间，甚至是律师和自己的委托人之间。另外，交锋之后的判决让影片充满着悬念，导演一定会在这里留有足够的时间吊足观众胃口，我们和被宣判的人一样焦急地等待着结果。

从场景上来看，法律电影当中会出现诸多具有象征意义的图腾标志，最为明显的是法院，它通常显得高大、庄严、肃穆。其次是一些象征着公平和正义的图像，如天平，或者是司法女神。

---

① ［美］约瑟夫 · M. 博格斯、丹尼斯 · W. 皮特里：《看电影的艺术》，18～31 页。

② 熊小川：《中国内地法律电影研究》，《江西社会科学》，2010(8)，223 页。

③ Steve Greenfield，Guy Osborn，Peter Robson，*Film and the Law：The Cinema of Justice*，p. 21.

将以上两者结合起来，我们就可以理解为什么许多学者用法庭戏(courtroom drama)或庭审戏(trial film)来指称某一类型的电影了。许多电影可以归为这一类型，如法律电影中最为明显的类别集中于法庭剧，例如《控方证人》、《嫌疑人》、《追求真相》、《杀死一只知更鸟》、《克莱默夫妇》等。但这样的确定方式也存在问题，我们在许多的电影当中也能够看到法庭的情节和场景，但它有可能只是表明了事件发生的地点而已，完全不具备庭审的“要素”。例如在喜剧片《一条叫旺达的鱼》(A Fish Called Wanda，1988)中虽然有许多场景发生在法庭之中，但与其说它是实施正义的场所，不如说是女贼施展计谋中的一环。在歌舞片《黑暗中的舞者》(*Dancer in the Dark*，2000)中也有一幕法庭审判的场景，但我们只能够看到塞尔玛(比约克饰)无力地接受纷至沓来的不利证据，辩护律师则消失得无影无踪。此处的法庭和塞尔玛的平素生活是并无二致：乏味、艰难、缺少人情味。

另外，有的电影当中庭审并没有占多大的比重，但几乎所有的人都会把它归列入法律电影的类别。例如在《十二怒汉》(1957)当中，影片一开始的场景是在法庭里，心不在焉的法官对陪审员发出指示，除此之外，几乎所有的场景都发生在一个狭小的陪审团评议室里(有一处是在评议室旁的卫生间里)。

我们看一看部分学者在他们的教学和研究工作中是如何确定法律电影这一类型的。在《影像中的正义：从电影故事看美国法律文化》中，保罗·伯格曼和迈克尔·艾斯默使用的是“庭审电影”一词，虽然没有明确使用“类型”这一概念，但他们认为选择的电影当中都包括着一些共同的要素，如“一种彼此当面对抗的戏剧效果：律师对质证人，律师和另一方的律师互相对质，律师对付法官，律师还要对付自己的当事人”、“庭审电影还具有一种内在的悬念因素”、“令人难忘的电影中的审判，都力图刻画诸如谋杀、背叛以及性爱这些魅力永存的主题”、“几乎总致力于表现伦理与道德上的两难困境”。由此，他们选择了69部电影(为中文版又增加了6部)，其中“既有这一类型电影中伟大的经典作品，也包括一部分并不那么高明但却涉及某些颇有意思的法律和伦理问题的影片”[①]。

格林菲尔德(Greenfield)和奥斯伯恩(Osborn)在讨论“法庭剧”和“庭审剧”的概念不尽如人意之后，一个提供了对法律电影的更为宽泛的理解，不只是考虑影片当中的地点或审判因素，而是要考察法律在社会中的角色和功能，以及在电影中它们是如何得以体现的。“正义”这个概念在法律电影的定义当中扮演了十分重要的角色，法律电影就是和以某种方式实施正义相关，既包括正式的实施方式，也包括非正式的实施方式。另外，法律电影还必须具备一些形式上的特征，如法律的地域(geography of law)，法律的语言和装饰，法律人物以及法律的权威。[②]

斯通的选择则更为大胆和多样化，他要求学生们观看一系列设定于不同历史和社会现实中的、意图挑战人们关于对错的日常感受的影响，如选择的电影当中包括了除美国之外其他国家的作品，如黑泽明的《生之欲》(1952)，尼基塔米亥科夫的《烈日灼人》(1994)，他宣称：“尽管电影是一种‘流行’媒介，这里对影片的选择却并不是试图利用法律和流行文化的成果，而且这些影片毫无疑问并不反映好莱坞电影的流行品位。这些影片被选择是因为它们雄心勃勃，它们挑战既定的法律预期、提出道德问题，并时常让我们偏离自身的社会真实感。”[③]对于这样的目标而言，影片本身有没有庭审场景都不再是问题了。

由此看来，为法律电影确定一个精确的边界是一件不太可能的事情，事实上，在分类任何类型的电影时都很难有科学般的准确。在

---

① [美]保罗·伯格曼、迈克尔·艾斯默：《影像中的正义：从电影故事看美国法律文化》，6～9页。

② Steve Greenfield, Guy Osborn, Peter Robson, *Film and the Law: The Cinema of Justice*, London: Cavendish Publishing, 2001, pp. 23～24.

③ Alan A. Stone, "Teaching Film at Harvard Law School", 24 *Legal Studies Forum*, 2000, p. 573.

电影研究当中有一项忠告在这里也很适用，即类型是用来区别和分析电影用的，而非拿来评价电影的。[①] 同样，我们应该根本自身的研究目标，来确定相关主题或情节的类型。

三、意义探讨

卡夫卡的短篇小说《在法的门前》描绘了“法”的守门人，他对试图进入法门的乡下人说：“如果你这么感兴趣，不妨不顾我的禁令，试试往里闯。不过，你要注意，我很强大，而我只不过是最低一级的守门人。里边的大厅一个接着一个，层层都站着守门人，而且一个比一个强大，甚至一看见第三道守门人连我自己都无法挺得住。”[②]抛开这个故事隐喻层面的意义不谈，法学院的学子们在学习法律的过程中也会遭遇到重重守卫，“法律与政治”、“法律与文化”、“法律与社会”、“法律与经济”、“法律与女权主义”……种种理论让人应接不暇，在这样的情形之下，电影这个让图像运转起来似乎带有某种魔力的东西是否能够让我们看到“法”的一道光芒？

（一）减少与法律之间的隔阂感

电影不太可能也完全没有必要细致刻画法律，两者的精神气质也各不相同，但我们在法律教学和研究中不能放弃这一精彩的文本。利用电影讨论法律最为根本的追求就是减少我们与法律之间的隔阂感。其实，在中国的法律与文学运动与美国有一个很明显的不同点：在美国，法律与文学运动的假想敌是法律与经济研究范式；然而在中国，这样的对立状态却并不明显，其更为直接的动机在于对当代中国法学理论研究现状和法律教育现状的不满。正如苏力教授所说，法学理论不应当仅仅是目前法理学教科书上的那种模样，并描述了心目中法学理论应当追求的目标。

---

① [美]大卫·波德维尔等：《电影艺术：形式与风格》，曾伟祯译，375 页，北京，世界图书出版公司，2008。

② [奥地利]卡夫卡：《卡夫卡中短篇小说选》，韩瑞祥、仝保民选编，112 页，北京，人民文学出版社，2003。

> 法学理论完全应当更生动一些，更多一些智识的挑战。它应当汲取当代社会生活和学术发展，提出新的命题和概念；它应当与部门法、与普通人的生活有更密切、更直接的关系；它甚至应当能为法学指出一些新的研究领域，提出基本问题；它应当有意思；它应当说当代中国人的话，而不是说外国人的话，或像外国人说中国话，或像古代人说当代的话。[①]

电影能减少我们与法律之间隔阂感，主要是因为电影能够生动处理几乎无穷无尽的主题组合，作为一种最有表现力的艺术，它同我们的生活水乳交融。法律问题与道德伦理问题总是纠缠在一起，在这里，电影为相关问题的讨论提供了绝佳的范本。正如保罗伯格曼所说的，"法律题材的电影还能将最具争议的法律和道德问题涂抹上一层糖衣，让我们毫无怨言地吞进肚里去。你是愿意读一本有关死刑的鸿篇巨制呢，还是愿意在影片《我要活》中活生生地看着死刑在你眼前呈现？你是想浏览一份界定战争罪的条约呢，还是想看《纽伦堡审判》？对普通人而言，是就四肢麻痹患者没有权利去死和别人争论一番，还是看一部《这究竟是谁的生命》更有意义"。[②]

电影应当也能够胜任这一让法学教学研究更为生动的任务。在此，我们尝试更为细致地区分出在法律教学研究中运用电影的两种方式。

第一种是工具型的利用方式，电影只是作为阐明法律观点的一个手段，所运用的也只是电影中的某些片段。例如，在教学当中，我们可以把电影为如同黑板、粉笔、PPT 一样的教学工具，其作用就是为了更好地阐明观点。在讲授环境法案例时可以用《禁止的真相》(1999)或《永不妥协》作为素材，在讲授佣工歧视问题时可以用《费城故事》(1993)来加以展现。在研究当中，我们可以利用某一部电影所

---

① 苏力：《法律与文学：以中国传统戏剧为材料》，15 页。

② [美]保罗·伯格曼、迈克尔·艾斯默：《影像中的正义：从电影故事看美国法律文化》，6 页。

折射出来的现象作为论证的出发点，比如苏力教授通过法律认证中国法治状况的一系列论文便是如此。工具式的利用方式固然有着许多的优点，但显然有些“浪费”，因为其忽视了电影的整体结构和内容，仅仅关注到它同法律相关的某些情节。

第二种是文本型的利用方式，这一方式对于电影本身给予了充分的尊重，着重于讨论影片是如何讲述“法律”的。这对于研究者而言难度更大一些，因为他不仅要懂得相关的法律理论，还要对电影语言的特殊性有所了解，对我们看到和听到的一切，需要问问它是它是如何呈现的，追求的是什么样的效果。

这种尊重电影文本的形式可以发挥出许多作用，最为主要的是它可以成为一个群体“共享的文本”。哈佛大学的斯通教授曾为在法学院进行电影教学进行辩护，在讲授法律与文学时，他发现那些文学经典在学生看来却是一片“未知领域”(terra incognita)，学生们显得信心不足。后来，斯通选择电影作为“更具普遍性的共享文本”，电影是属于年轻人的媒体，并且很容易成为一个共享的“文本”，学生会对带着更多的自信加入讨论它。在斯通教授看来，法律和电影的教学虽然看上去有些离经叛道，但它毋宁是“向传统教学方法的回归”：过去那些传奇的教师能够通过一个或两个案例传授诸多的法律原则，人们看不到大师们教学过程的社会心理因素：通过不停地探讨共享的文本，并且对其他人的论点做出回应，让学生成为一个智识共同体。[①] 在格林菲尔德和奥斯伯恩“法律与电影”课堂中也将电影当作一种共享的文本，其目的就在于发展一种综合技能(transferable skills)，包括“观看、倾听、团队合作、报告以及研究”。[②]

（二）法律电影与文化研究

尝试为“文化”一词确立精确的定义显然是一件不太可能的事，在此也没有太大必要，我们只需厘清法律电影与文化的几种研究路

---

① Alan A. Stone,“Teaching Film at Harvard Law School”, p. 573.

② Steve Greenfield, Guy Osborn, Peter Robson, *Film and the Law: The Cinema of Justice*, p. 9.

径就足够了。

1. 法律电影与大众文化

"大众文化"一词的含义历来众说纷纭，这里我们并无须对这些定义进行评说，而是要讨论法律在哪些层面与大众文化研究相关。王一川曾对大众文化进行了大致界定，提出在研究大众文化时需要注意的内容。

> 第一，大众文化并不是任何社会形态都必然伴随的现象，而仅仅是工业文明以来才出现的文化形态，尤其以大众传播媒介（机械媒介和电子媒介）为手段和按商品市场规律去运作；第二，它是社会的都市化的产物，以都市普通市民大众为主要受众或制作者；第三，它具有一种与政治权力斗争或思想论争相对立的感性愉悦性；第四，它不是神圣的而是日常的。①

在这种界定之下，电影无疑属于大众文化的类型之一：它不仅要按商品市场规律去运作，而且使许多的民众获得感观愉悦。批评大众文化的人会指责它浅薄平庸，赞同者则视之为一种文化的解放。无论如何，沉溺在大众文化之中悠闲享乐固然不足取，横眉冷对的不合作态度似乎也不可行，我们需要对大众文化做出冷静的阐释和评价。但目前的情形并不乐观，正如有学者所指出的，比较大众文化焕然已成显学的西方，我国当前一方面是文化产业全速发展，一方面是理论建树明显滞后了。②

作为大众文化中的重要类别之一，电影中充斥着许多法律表达。作为一种备受欢迎的艺术形式，电影可以成为一个强大的社会变革工具，"电影作为一股社会力量，其能量来自它能够注意到部分人群的某些倾向，将它放大，并向整个社会传播。电影还能够加快公众接受社会变革的速度。在遍布全国的成千上万座影院中，20 英尺高的

---

① 王一川：《文学理论讲演录》，306～307 页，广西，广西师范大学出版社，2004。

② 陆杨：《大众文化理论》，109～110 页，上海，复旦大学出版社，2008。

银幕势头强劲地呈现新式的思想和行为方式，给这些新事物的传播提供了最好的通行证”。[①] 因此，电影对于法律问题的处理可能存在不准确甚至是扭曲的情况，但准确与否是一个问题，重要与否则是另外一个问题。一方面，电影将公众心理对于法律的情感折射在银幕之上，银幕上之所以某种方式表现法律，正是因为它的这种形象有着相当的公众基础。另一方面，社会上的大多数人并没有接受过法学教育，甚至究其一生也没有与律师、法院打过交道，他所能得到的法律资讯主要来源便是诸如电影作品之类的大众文化，而这种法律意识状况也不能不对法律的实施产生影响。由此，电影在法律文化的形成过程当中就起着非常重要的作用，这成为法学研究当中不应当忽视的领域。[②]

2. 法律电影与文化传统

此处的“文化”概念强调的是历史维度，指的是经由历史沉积而形成的传统价值观，它往往体现了历史传统对于生活意义的安排，因此，该研究路径主要应用于文化比较之上。事实上，通过电影作品来比较中西的不同渊源甚早，例如许烺光曾介绍过中美两国不同的观众对《空谷芳草》(*The Valley of Decision*，1945)的看法来比较生活方式的不同：对于美国观众而言是冲突得到圆满解决的喜剧，而一般的中国人对其结局则会普遍感到不满。[③] 在关涉到法律的电影作品当中，这种比较也常为人们所感知，例如杜琪峰的《审死官》(1992)同泰勒·海克福德的《魔鬼代言人》(*The Devil's Advocate*，1997年)表现上看来涉及中国古代讼师和西方律师之间的区别，但其中我们仍

---

① [美]约瑟夫·M.博格斯、丹尼斯·W.皮特里：《看电影的艺术》，473页。

② 此种“法律文化”的意义来自弗里德曼，弗氏将法律文化定义为“与法律体系密切关联的价值与态度，这种价值与态度决定法律体系在整个社会文化中的地位”，并较早研究影视作品对于法律文化的影响。实际上，弗氏法律文化概念主要强调法律的观念维度和公众维度，很类似我们使用的法律意识概念，对于法律的历史之维和文化之维关注不足。参见高鸿钧：《法律文化的语义、语境及其中国问题》，《中国法学》，2007(4)，23页；Lawrence M. Friedman，Law，Lawyers，and Popular Culture，*Yale Law Review*，1989。

③ 许烺光：《美国人与中国人：两种生活方式比较》，5页，北京，华夏出版社，1980。

然能够看到中西传统法律文化的区别，其中对诉讼及正义的观点都极为不同。

文化传统的不同还极大地影响着中西电影当中法律的呈现方式。在有的学者看来，中国电影存在着一种庭审类型，它们注重戏剧冲突，并不是对好莱坞电影的简单模仿，而是建立在中国公案小说的传统之上的。从中国第一部长故事片《阎瑞生》(1921)开始，再到后来的《神女》(1934)以及《白毛女》(1950)，甚至近些年来的《东京审判》(2006)都存在着这种“公案剧”的影子。公案剧与好莱坞的法律电影不同，“首先，中国的庭审程序几乎全部体现为一种惩罚性正义，其次，它极力排斥竞争性叙事的存在。”①在好莱坞的法律电影当中，一个重要的特点是将观众视为陪审员，在两方对立的叙事当中进行抉择。在公案电影当中，观众则一定要被叙事呈现的内容打动，在案件事实上不致有丝毫的怀疑，对于法官们最终的有罪判决，他们不仅要接受，还要盼望甚至颂扬这一裁决。在将《纽伦堡审判》(1961)和《东京审判》(2006)进行比较后，崔卫平表达了对于后者的不满：“作为一场主要是法庭审判的影片，尽管其主要场景在审判大厅展开，却较少能够提供一个严正的法律程序的观赏性满足。如何展示一场庭审实实在在的抗辩过程，在抗辩过程中有所发现，有所挖掘，通过不断打开新视野来吸引观众，这部影片对这些仿佛漫不经心。”②然而将公案剧的特点考虑在内的话，我们就不必对影片本身忽视法庭对抗

① Stephen McIntyre，Courtroom Drama With Chinese Characteristics：A Comparative Approach to Legal Process in Chinese Cinema.

② 崔卫平：《我们时代的叙事》，32页，广州，花城出版社，2008。类似的情形还出现在钱满素对中西“狄公”的比较上，“记得几年前读到一部荷兰人高罗佩著的《狄公探案》，一个西方人把中国的公案小说写得如此悬念紧扣，跌宕起伏，引起了我对公案小说的兴趣，于是乎又找来《彭公案》，但一章未完，便觉不堪。究其不同，倒不只是在情节安排、破案手段之类细节上是否引人入胜，而是指导这一切的意识使人厌烦反感。什么杀生救主的忠仆如何把自己的女儿杀了，什么千古贞烈女子如何在未婚夫死后非到嫁到婆家去，如此忠孝节义实在让人神经紧张，哪里还能放松消遣？而《狄公探案》出自一个现代西方人之手，虽然借用了中国的人物和背景，但剔除了这些封建糟粕，贯穿其中的意识便可接受了。”参见钱满素：《一个大众社会的诞生》，237页，广州，花城出版社，2008。

表示意外了。

3. 法律电影作为“文化再现”

前两种研究方式的重点都放在了“法律”这一主题之上，电影本身则被视作是对其文化中主流价值观的“反映”。问题是电影本身并不仅仅是在反映或者记录现实，“像其他的再现媒体一样，它通过文化中的符码、惯例、神话及意识形态，并通过媒体特定的表意实践，对现实图像进行建构和‘再现’”。[①] 在此，文化被定义为建构一种社会生活方式的过程，由此，我们可以通过解读一个或一组电影文本，分析法律人物形象或某个主题是如何在具体的影片当中被建构的，它们的相似性如何(类型分析)，其中哪些又是影片非常个性化的特征。此时，电影本身不是一个独立的文化事件，“我们可以根据其他影片来了解一部影片，根据我们的世界来了解电影的世界”。[②]

结语

通过对影片的探讨，我们能从法律的表象深入到使得其得以呈现的文化。这样，电影这一大众文化文本便成为比较法研究的丰富素材，可相比较的内容有很多：法官、律师、检察官、诉讼程序、正义……即便是在国内找不到相类的作品，我们仍然能够思考如果将我们的现实拍摄成电影会是怎样的情形，我们还会思考在大众文化作品它们为什么会这样呈现，会产生什么样的影响。

无论是法学的规范研究，还是一般的法律文化研究都具有强烈的精英主义色彩，注重的是成文的法律和思想家们对于法律的看法，对于大众文化中充斥着的法律表达都会冷眼旁观，认为它充满歪曲和虚妄。然而身陷大众文化中的我们更要学会如何去“看”，不能永远只是被动地接受、遗忘。如果在法学研究当中引入电影这一大众

① [澳]格雷姆特纳：《电影作为社会实践》，高红岩译，177页，北京，北京大学出版社，2010。

② 同上，90页。

文化形式，不仅可以开拓一片新的研究领域，而且也会引起教学方式的变革。在这里，学生会接触到更加贴近于生活中的法律运作，会将其与成文法中的规定以及精英思想家的论述加以比较。总而言之，通过认真的讨论与思索，电影文本也许会让法学教育更加接近于现实，更为多彩与深刻。

克里俄的庇佑与身披丝袍的正义
——欧文诉李普斯塔特案的语境与效应*

曹勉之**

你外公坚信两件事，怜悯与正义。但是他认为总是要在两者之间建立联系：没有怜悯的正义不是正义，只是一个屠场；另一方面，没有正义的怜悯或许对耶稣适合，但是不适合吃恶苹果的普通人。

——《爱与黑暗的故事》

一、两造间的历史

（一）"历史之审"的由来

2000年4月11日，英籍历史作家大卫·欧文（David Irving）诉企

---

* 在希腊神话中，克里俄（clio）常被描绘成拿着一卷羊皮纸或书写纸的样子，是九个缪斯女神之一，司掌历史。俗称皇家律师的英国Queen's Counsel以身披丝袍为标志，乃英伦传统所特有，本案辩方的律师之一理查德·兰普顿（Richard Rampton）即享有此殊荣。

本文得以完成，实赖世界各地师友竭诚相助：哥廷根大学的刘冬琪小姐、范德比尔特大学的唐丹妮小姐、克莱蒙特研究生大学的李睿骞先生、罗马二大的郭逸豪先生与中国政法大学的张德成先生协助作者搜集、整理了大量资料，贺卫方、萧瀚、李静睿、吴训祥、孙祎萌、尹卫风、吕翰岳、Victoria Driskill等师友多次与作者讨论本文，王旭教授、韩大元教授等在中国人民大学法学院"全国博士生学术论坛"（硕士）给予了作者热情鼓励，鲁楠博士对文章结构的建议极大地提高了本文的可读性，谨致谢忱。

** 曹勉之，上海交通大学法学博士生。

鹅出版公司(Penguin Books Limited)与美籍学者多贝拉·李普斯塔特(Deborah E. Lipstat)(以下简称李普)诽谤(defamation)一案(以下简称本案)在王座法院(Queen's Bench Division)落槌。主审法官格雷(Gray)裁决,李普斯塔特所称的欧文在写作和大屠杀相关的作品时"故意扭曲事实"(deliberate distortion of evidence)的说法实体上属实,诽谤不成立。[①] 随着格雷法官给出一份长达 333 页的长篇判决,这桩官司以企鹅出版公司与李普斯塔特大获全胜、欧文负担诉讼开销以致"倾家荡产"的结局落下帷幕。[②]

自 1996 年欧文起诉以来,这场官司历时近四年,以专家证人等各式身份参与诉讼的历史学家多达十数位。包括埃文斯(Richard Evans)、范佩特(Robert Jan van Pelt)、布朗宁(Christopher Browning)、朗格里奇(Peter Longerich)、基冈(Sir John Keegan)、瓦特(Donald Watt)在内,与该案联系到一起的学者几乎涵盖了"二战"史、犹太史和德国史研究的一时之选。有媒体、作家将本案称为"历史之审"(history on trail),[③]荦荦大端有如下几点原因:①法官而言,要对历史书写的真实性作出判决,即学者写作的、学术上的历史将随判决获得公权力的、司法的认定;②史家而言,学术、人格的评价将靠作品判定,由此确认两造间是否侵权;③法院之外而言,本案所涉争议属西方社会热点议题,追之往昔,大屠杀关系到"二战"、犹太复国的历史评价,视之当下,学术与政治、史家的责任和历史写作的可能与限度等话题都与本案有关,由是,本案也有"历史意义"。

---

① "Irving v. Lipstadt: Transcripts", Emory University, Tam Institute for Jewish Studies Websites: http://www.hdot.org/en/trial/transcripts, retrieved from Nov. 14, 2013.

② Irving v. Penguin Books Limited, Deborah E. Lipstadt, No. 1996-I-1113, 2000 WL 362478 (QB Apr. 11), appeal denied (Dec. 18, 2000)

③ N. Ascherson (16 April 2000) "The battle may be over - but the war goes on". The Observer, http://www.theguardian.com/uk/2000/apr/16/irving, retrieved from Nov. 14, 2013.

（二）原被告交锋的历史

从案件的争点看，纠纷的源头可以追溯到1993年李普斯塔特在自由出版社（Free Press）出版的专著《拒承屠戮：渐被摒斥的真实与记忆》（*Denying the holocaust：the Growing Assault on Truth and Memory*）。李普其时任教于埃默里（Emory）大学，对犹太现代史与大屠杀问题有着专门的研究，曾在1994年被克林顿总统任命为美国大屠杀纪念委员会（the United States Holocaust Memorial Council）的负责人。在本书中，李普历数了"二战"后涌起的否认大屠杀的暗流，并对其中有代表性的观点做出了批驳，谈及大卫·欧文时，李普直陈，在为拒承大屠杀立言的人中，他是最危险的人物之一。[①] 他善于以一己的观点剪裁史料、模糊善恶，让读者误入歧途。

对于批评，欧文完全不以为然。作为一位拥有30余本著作的知名作者，他的自信来源于公学时代的良好教育、学院派的史学训练，以及对档案资料的大量占有和娴熟把握。专著出版后，两人的首次交锋发生于亚特兰大的DeKalb学院，1994年11月，欧文带着一千美元钞票径直闯入李普的讲座现场，当面质疑：倘若有人能拿出希特勒手写的大屠杀命令，他将奉送手上的钱钞。彼时，欧文刚刚体验祸不单行的滋味，1993年1月，慕尼黑法院终审宣判他"诋毁死者名誉"罪名成立并处罚金3万马克，接着，他在当年7月被禁入德国档案馆，并在年底被宣布禁止入境。同时，他被牵涉到德国宪法法院的一桩宪

① "Irving is one of the most dangerous spokespersons for Holocaust denial. Familiar with historical evidence, he bends it until it conforms with his ideological leanings and political agenda. A man who is convinced that Britain's great decline was accelerated by its decision to go to war with Germany, he is most facile at taking accurate information and shaping it to confirm his conclusions. A review of his recent book, Churchill's War, which appeared in New York Review of Books, accurately analyzed his practice of applying a double standard of evidence. He demands 'absolute documentary proof' when it comes to proving the Germans guilty, but he relies on highly circumstantial evidence to condemn the Allies. This is an accurate description not only of Irving's tactics, but of those of deniers in general." D. E. Lipstadt, *Denying the Holocaust：The Growing Assault on Truth and Memory*, New York：Free Press, 1993, p. 181.

法诉讼中：德国国家民主党（NPD）所举办的“政治讹诈下的德国命运”论坛邀请欧文与会，由于欧文在德国可能因否认大屠杀言论受刑事追诉，论坛被举办地州政府叫停，国家民主党就此试图挑战基本法，1994 年 4 月 13 日，德国宪法法院维持了下级法院的驳回决定。[①] 受此影响，欧文在这次交锋中展现出迫切的自我证明的欲望，他在现场分发自己的作品以证清白，李普对他咄咄逼人的挑战并未理睬。[②]

时殊事异，1996 年前后，欧文在美国已经身陷四面楚歌的境地。[③] 出版公司迫于压力取消了出版欧文的戈培尔传记的计划，批评欧文的作品也越来越多，欧文的心态也在悄然变化。[④] 终于，欧文按捺不住内心的焦灼，起诉时他称，李普的批评意在有计划地摧毁一位卓越历史学家的名誉，而李普和出版公司则认为，这些质疑皆有据可循，欧文的诽谤之说当然不能成立。历史与历史写作遂成争点，在判决书 1.3 中，格雷法官也坦承，两造之争所聚焦的正是话题相关的上下文，为此，法官有必要审查相关证据、了解其间内容，但是，这绝不意味着法官得以通过确认案件事实跻身于历史书写者之列，后者是历史学家的工作，法官不能僭越。尽管如此，格雷法官也始终怀揣着“法官不是历史学家”的焦虑。[⑤]

---

① 69 BverfGE 344. 张千帆教授较早地关注到这个判决，张千帆：《法国与德国宪政》，389 页，北京，法律出版社，2011。

② D. Guttenplan, *The Holocaust on Trial*, 1st American ed. New York: Norton, 2002, pp. 39～40.

③ “Publishers Weekly pronounced the book ‘repellent’; Jewish organisations expressed outrage; Deborah Lipstadt was quoted as saying that St Martin’s would hardly sign up a white supremacist for a book on race relations”. Ibid., p. 40. 参见［英］格雷：《一本为纳粹翻案的传记》，力文译，《现代外国哲学社会科学文摘》，1996(7)，28～29 页。

④ 当他向李普提起诽谤诉讼的时候，他同时起诉了英国历史学家姬达·塞雷尼（Gitta Sereny），尽管该案件并未进入诉讼程序。1997 年，他还在给学者约翰·卢卡克斯（John Lukacs）的信中声称，后者的行为关涉诽谤，欧文不排除起诉可能。See D. Guttenplan, *The Holocaust on Trial*.

⑤ D. Guttenplan (15 April 2000) “Why history matters”, The Guardian, http://www.theguardian.com/books/2000/apr/15/irving.books, retrieved from Nov. 14, 2013.

(三)判决的语境和效应

本案诉讼甫一结束,欧文即抨击犹太人团体对判决的影响,令他“双拳难敌四手”。接下来的几年里,他并未销声匿迹,继续写作、演讲,表达自己对历史和现实的观点。2006年,不顾自己曾因反犹言论被奥地利当局“禁足”的经历,他应奥地利某大学学生团体的邀请驱车前去讲座,遂被奥地利检方逮捕,在维也纳接受审判后,他因为违背了奥国“任何人不得公开发表开脱、否定或正当化纳粹大屠杀言论”的条款被判处3年监禁。与庭审中服服帖帖相对的是,庭审后他声言自己遭到了“政治迫害”,不能得到言论自由的保护,为此也不再为言论感到悔恨。[①] 基于言论自由的理由,有评论对此判决持批评态度。[②] 他的本案中的对家李普对奥国判决也不能赞同。[③]

观察本案,可有庭内、庭外两个角度。庭内看,本案是典型的诽谤诉讼,做出判决可以被看作拿捏两造争议的分寸,适用相关的法律规则,从而“运送正义”的过程。于英国法的资源中,无论程序抑或实体,均有成例、学说可供检视、援引;结合欧文在德国、奥地利的遭际,又可以获得比较的视野。庭外看,考虑到作为纠纷核心的历史作品的特殊性,判决本案乃是一副“裁决历史”的难负重担:判决具有司法权威,塑造一定时空内的正义观念;以批判法律史(critical legal history)的复眼观之,司法过程本身又难以脱开特定时代的语境、特定概念的语义。这几对关系——大屠杀与反犹主义、言论自由与私权、政治权威与历史书写——在西方世界纠缠多年,这又将政治哲学、社会理论等诸多话题引入讨论。由是,通过梳理本案在庭内与庭外的语境(occasion)和效应(function),笔者的关切也得以彰显:“历史审判”究

① The Associated Press(Dec. 21,2006),“Holocaust enier: No need to Show Remorse”, http://web. archive. org/web/20070116221731/http://www. cnn. com/2006/WORLD/europe/12/21/uk. irving. ap/index. html,retrieved from Nov. 14,2013.

② M. Shermer,“Free speech,Even if it Hurts”,*Los Angeles Times*,http://articles. latimes. com/print/2006/feb/22/opinion/oe-shermer22,retrieved from Nov. 14,2013.

③ B. O'Neill,“Irving? Let the Guy Go Home”,BBC NEWS, http://news. bbc. co. uk/go/pr/fr/-/2/hi/uk_news/4578534. stm,retrieved from Nov. 14,2013.

竟是历史和司法的双输，还是史家与法律人的双赢？

二、庭内的观察：司法的技术与政治

（一）司法技术的比较观察

作为颇受争议的人物，欧文曾因大屠杀言论问题在德国、奥地利、英国等多国起诉或应诉，德奥两国法学传统较为接近，而英语世界则与之差异巨大，自20世纪90年代初开始，欧文的法庭足迹遍布欧洲，其间的部分诉讼也跨越多年。这十几年里，各国的国内法几次修订，欧洲一体化进程也拓展到法律层面，他本人的经历也由此成为比较法研究难能可贵的样本。颇值得玩味的是，2011年，欧文申请入德国未果，德国政府反将禁止入境的期限延长到2022年，欧文上诉于欧盟行政法庭，2012年10月，欧盟行政法庭裁决德国政府做法违背欧盟条约所保障的公民自由迁徙权利，尽管这一判决不能自动生效，但是欧盟法的介入后司法技术变化的趋势似能一窥。

1. 英美式径路

在比较法的视野里，诽谤诉讼系英国法的特色制度之一。这种特色往往被归因于普通法的“传统”。对于这一传统，柯克大法官有云：“理性是法律的生命，普通法并非其他，正是理性……没有人，出于他自己私人的理性，能够比法律更有智慧，因为法律是完善的理性。”[①]详言之，普通法“传统”的一贯性往往诉诸于司法理性才得以维持，同享理性二字，司法理性与民法法系所孜孜以求的立法理性却泾渭分明[②]，前者将价值蕴含于司法原则中，体现在“普通法的技艺”里，由规则(rule)到判决(ruling)，司法官在“水乳交融”的判例长流中纾

---

① Sir Edward Coke, ed. Steve Sheppard, *The Selected Writings and Speeches of Sir Edward Coke*, Vol. 2, Indianapolis: Liberty Fund, 2003, pp. 153～154.

② 李猛曾在马克斯·韦伯的理论脉络中对立法理性与司法理性做了杰出的分析。参见李猛：《除魔的世界与禁欲者的守护神：韦伯社会理论中的英国法问题》，载李猛编：《韦伯：法律与价值》，111页，上海，上海人民出版社，2001。

解着不同价值间的内在张力[①]；后者则通过权利来表彰价值，以法学方法论来调和不同权利的冲突竞合，如同流传已久的自动售货机比喻，在韦伯的语境里，司法官的裁判得以在理性化的司法过程里完成对多元价值的整合。

在这样的理论背景下，英国法中的诽谤诉讼呈现了丹宁勋爵所谓的“不可思议的技术化”(technicalities beyond belief)的局面，[②]不但一应的区别技术失之琐碎，相关的知识资源也缺乏系统性。往往存在对原告声誉的侵犯(defamatory imputation)且该侵犯被公诸于众(publication)，原告的诽谤诉请就能站得住脚，反而，证实“侵害”本身(justification)、表明持论公允(fair comment)或者举出特定权利(privilege)的工作要落在被告肩上。事实上，在司法中心主义的环境里，两造双方对簿公堂的结果要靠法官的判决加以确定，权利边界的划定更要诉诸于法官技艺理性下的修辞化论述，为此，救济不再仅仅是基于权利，而是诉诸于某种杂烩式的裁判官论理，司法者要在传统的基础上闪转腾挪，给出符合正义标准的裁判，出于普通法的一致性的诉求，判决之间更难得到理性所能给出的通则。例如，如同丹宁勋爵所言，Loreburn 勋爵在判决中提出的“被告有无诽谤原告声誉之故意，不得作为不构成诽谤的抗辩”就构成了一个“错误的转向”，[③]嗣后案例中，被告往往要为对虚构人物重名同姓者的“讽刺挖苦”负责任[④]。

尽管法学家常英、美连称，意在点出两者在司法传统上的巨大关联，但两国在诽谤诉讼上的相关规定亦有差异。第一修正案在美国历史上地位崇高，美国最高法院大法官们在发展并反思第一修正案的过程中创造了一系列的规则，包括①霍姆斯大法官的明显而即刻

---

① 李红海：《“水和油”抑或“水与乳”：论英国普通法与制定法的关系》，《中外法学》，2011(2)，415页。

② Lord Denning, *What Next in The Law*, London: Butterworths, 1982, p. 179.

③ Ibid, p. 173.

④ *See* E. Hulton Co. v. Jones[1910] AC 20 at 23.

的危险的理论,②法兰克福特大法官的利益权衡的理论,③纽约时报诉沙利文案中的实质恶意理论等。实质恶意(actual malice)是对言论自由传统最为有力的重申,[①]在其得到确认后,批评公众人物的言论所受到保护的范围之广泛、程度之深刻一度达到了"前无古人"的地步,[②]英国自然远远不及[③]。需要注意的是,出于保护私权的需要,此后最高法院在公众人物认定上的态度越发谨慎,[④]诽谤诉讼的功能与英国法越发趋近。在英国,虽无第一修正案的庞大体系,但《诽谤条例》(Defamation Act)也提供了制定法式的"权利凭证",之于本案,条例第五节表明"如果若干指控中的一个没有被确立起来,从而认为整个证实失败;如果在涉及其他指控方面,他没有实质性的伤害原告的名誉,那么他的证实有效"。随着该条例的不断修订,英、美诽谤诉讼在 21 世纪又有了趋近的态势。

为此,格雷法官所用的证明标准被学者称为"谨慎的历史学家"(conscientious historian)标准。[⑤] 在判决初即开宗明义,指明本案中法官所要处理的诽谤系争(2.1～2.16)和英国法中诽谤的构成要件(3.1)。他将系争内容归纳为六点:一曰其编造偏颇希特勒的史料为之辩护,以双重标准塑造希特勒对犹太人的悲悯形象;二曰其否认纳粹种族灭绝行为,称其为犹太之阴谋,系最为危险的大屠杀辩护者;

---

① 这一传统的追叙可参见 J. Cohen:*Congress Shall Make No Law:Oliver Wendell Holmes,the First Amendment,and judicial decision making*,Ames:Iowa State University Press,1989。

② *See* A. Lewis,*Make No Law:The Sullivan Case and The First Amendment*,New York:Random House,1991.

③ A. Weaver & G. Bennett "Is the New York Times 'Actual Malice' Standard Really Necessary? A Comparative Perspective"(Comparative and International Law:A Symposium),53/4 *Louisiana Law Review*,1993,p. 1153.

④ L. Epstein,T. Walker,*Constitutional Law for A Changing America:Institutional Powers and Constraints*,Washington,D. C:CQ Press,2011. pp. 386～387. 出于"美国精神"的宣示性、司法意识形态等多重的考量,这一标准至今未曾动摇。

⑤ W. E. Schneider,"Past Imperfect:Irving v. Penguin Books Ltd.,No. 1996-I-1113,2000 WL 362478 (QB Apr. 11),appeal denied (Dec. 18,2000)",110/8 *The Yale Law Journal*,2001,pp. 1531～1545.

三曰其为一己政治理想与观念剪裁史料扭曲证据；四曰其与极端分子、右翼暴徒为伍，且应约在有恐怖分子出席的会议上发言；五曰违背约定带走戈培尔日记等重要资料；六曰其不配称之为历史学家(2.15)。接下来，格雷法官以六点为核心梳理两造双方的质证过程，展开了对这六点内容的讨论。这一内容占了判决书九成以上，当六点内容得以总结，他最后的判决(verdict)部分也就仅仅三言两语而已：被告获胜。

2. 德、奥式进路

在本案的判决中，判决说理的理论基础与民法法系传统中的立法理性差异悬殊。立法理性的逻辑中，司法过程属于“管理权利”的进程，实体而论，相关权利的界定需要在公、私法分野的大背景下，通过法律部门化的区分模式加以完成；程序而论，可供选择的权利的范围在当事人起诉到民事、刑事、行政等不同法庭的时候也已注定。实体和程序通过法官的司法过程融贯在一起，外在方面，这体现为一国的司法制度和程序，内在方面，这体现为法官法学方法论的运用。

在民法法系的现代传统中，司法裁判的权力是国家意志在市民社会层面的投射，民法则是市民社会的裁判法。国家与市民社会关系的经典论述来自黑格尔：民族传统或“自然伦理”是“正题”，自由主义下的市民社会是反题，合题则是国家意志，它出于统合整体的需要可以对市民社会中的个体生杀予夺。司法官解释适用法律的过程中，通过正题—反题—合题模式完善判决，以自在—自为—自在自为的方式来把握权利的内涵外延。可见，立法理性的逻辑里，国家意志是外在秩序形成的窍要，形而上学则是判决内部逻辑的基础。①

在西方的法政传统历史上，第三帝国覆灭的重要性不容置疑，其不但在事实上开启了后主权时代的新世界秩序，即新“帝国”渐渐取代平等的主权国家，民族国家建构的中心由欧陆转向第三世界；也重

① 这一讨论参见顾祝轩：《制造拉伦茨神话：德国法学方法论史》，北京，法律出版社，2011。

建了政治的规范基础，即国家意志由于臭名昭著而渐渐不彰，人的地位转而居于拱顶。相伴着，自“拿破仑跨上马背”开始大行其道的形而上学被带上了“第三帝国的助产士”的标签，法学方法论本身也受到“清算”。民法法系系的母国德国在英美的引领下开始重建，“人的尊严不可侵犯”成为宪法秩序的核心，同时，随着“宪法法院”大行其道，“母法”大有统和诸元的态势。将本案的讨论置于民法法系的语境下，判决的争议要落在人格权、言论自由的领域，在这一领域，宪法和民法的并行与交互显得尤为明显。[①]

在民法法系的语境下，部门法的分疏不仅区分了不同的权利基础，也带出了法律适用中不同的方法论路径。古典哲学的时代，理性主义方兴未艾，民、刑体系的构建也难逃影响，庄严的司法体系正是包括主体平等、意思自治、私权神圣等在内民法的基本精神推演的结果；同样，司法过程则正是这个自足的体系与现实相互沟通联系的结果，形而上学说是为其间工具。相应地，公法学说也有内在的体系，其系统依赖特定的价值位阶而得以维系。承认不同部门间的交互，意味着不同的系统将要发生关联和沟通，立法理性既然将权利和价值相互关联，那么司法决策的过程不啻为法官料理“诸神之争”的过程，各色的主义“逐鹿中原”各自逞强，法官不再仅仅是“自动售货机”，他们面临了更大的压力，也承担了更大的责任。不夸张说，法官的地位更加接近上帝；在“原教旨主义”的立场上，随着司法分支的角色转换，传统部门法的知识体系也有倾覆之虞。[②]

不错，随着战后秩序的重建，价值位阶似乎变得显然而固定：人的尊严被推上神坛，成为皇冠上的宝石，其他价值则各就其位。这样的结果就是：民法知识体系由封闭而开放，宪法价值根基由黑格尔而

---

① 薛军教授对此做了杰出的研究。见薛军：《民法—宪法关系的演变与民法的转型——以欧洲近现代民法的发展轨迹为中心》，《中国法学》，2010(1)，78～95页。

② R. Alexy, "Constitutional Rights, Balancing, and Rationality", 16/2 *Ratio Juris.*, 2003, pp. 131～140.

康德[①]，即使在刑法领域，否认或粉饰种族灭绝的行为也得以入罪，[②]以上例子不一而足，乐观地说，“回到康德”的这个过程，规范体系似乎有了重构的机会，“人的尊严”为中心的个案正义将获得实现。但法官肩头的责任，变得史无前例的重大。

（二）司法吸纳政治：法律人的时代和命运

将历史审判的任务交由审慎的法律人实现——这本是解决现代政治中犹太问题的方案之一，经由上述讨论，它令人无奈地成了唯一的方案。观察本案当事人欧文的几次受审可以发现，当理论资源、制度设计和发生环境不同时，判决的结果乃至社会影响也相差悬殊。

1. 审慎的法律人与“有敬畏的自由”

2000年宣判的本案让欧文赔钱又折兵，尽管他也尝试了上诉，但是却无法在意识形态路径上展开对判决的异议。身为犹太人的知名法学家德萧维奇点明要旨：诽谤诉讼让他“免于言论自由的保护”，“虚伪被大白于天下”。[③] 首先，在陪审团审判和法官审判中，欧文在起诉时选择了后者，盖前者所必然引入的hear-say证据规则将使得呈堂证供的范畴被限缩，而欧文所要表达的内容相当复杂，他不愿意冒关键细节被法庭排除的风险；其次，在证据形式方面，欧文希望书面证据比口头证据扮演更重要的角色，因为书面表述更容易让作品“去政治化”；最后，在辩护方式上面，欧文选择自我辩护，既然排除了陪审团的因素，控辩双方的对抗完全在一位法官的监督下进行，法律经验方面的弱势反而成了他在程序上的优势，盖他有机会得到法官

---

① H. Rosler, “Harmonizing the German Civil Code of the Nineteenth Century with a Modern Constitution-The Lueth Revolution 50 Years Ago in Comparative Perspective”, 23 *Tulane European and Civil Law Forum*, 2008, pp. 1～36.

② 罗克信教授的讨论很有代表性，参加[德]克劳斯·罗克信：《刑法的任务不是法益保护吗？》，樊文译，《刑事法评论》，2006(2)，146～165页。

③ A. Dershowitz, *The Vanishing American Jew: In Search of Jewish Identity for the Next Century*, 1st ed., Boston: Little Brown, 1997, p. 115.

更多的指示和照顾，无形中消解了对方熟稔程序的长处。[①] 总之，在自助式的程序上，欧文表现出了相当高的参与度。

2006 年的刑案中他有了牢狱之虞。面对奥国的检控，欧文先恭后倨，庭上假意悔改，庭下则以“政治迫害”为理据为自己的牢狱之灾正当化。他抓住德、奥等国的“二战”后秩序中“人的尊严”的价值根基大做文章：他声称，自己和罗贝尔 · 福利松(Robert Faurisson)，恩斯特 · 尊德尔(Ernst Zundel)一样，是“二战”后的“自由、民主”价值的牺牲品；[②]他传承了某种“上骂昏君、下骂暴民”的先知传统，却不得不在现世横遭牢狱之灾；奥地利官方借助司法审判为学术研究设立客观标准的做法无异于中世纪的宗教异端裁判，何况，如今的审判还披上了“价值中立”、“学术自由”的虚伪外衣。

在本案中，李普身负举证责任，起初因承担更大成本而居不利地位，但她化被动为主动，通过组建专家证人的“梦之队”将法庭变作“历史审判”的舞台，最大程度地利用了现行法上的空间。李普的潜台词分享自阿伦特的理路，却回避了可能的争议：一方面，只要知识生产仍然具有一定规范，知识人就应当践行学术内在的伦理，而史家的伦理内在地包含“爱这个世界”的承担，他不能曲学阿世；[③]另一方面，这个讨论应当限定在基本权利和自由的框架中，因为如果为张扬职业的“天职”色彩而强加史家以“风骨”、“纲常”，也许将导致另外一种爱欲的癫狂，由是，对宪政主义的遵循是惠而不费的选择。就这样，在各路史家轮番作证下，欧文没能保住历史学家的头衔，学术共同体的保护因而丧失。通过讨论历史学家自身的职业标准和伦理担

---

① 有比较政治学的学者做出过全面但欠深入的分析，R. Kahn, *Holocaust Denial and The Law: A Comparative Study*, New York: Palgrave Macmillan, 2004, p. 158。

② 这几位的事迹见 M. Shermer, A. Grobman, *Denying History: Who Says the Holocaust Never Happened and Why do they say it?* Berkeley: University of California Press, 2009。

③ 本案中检视资料给出专家证言的埃文斯即持此观点，see R. Evans, *Lying about Hitler: History, Holocaust, and the David Irving Trial*, New York: Basic Books, 2001。

当，李普实际上提出了“最低限度的史家责任”——合乎规范的知识生产。[①]

在2006年的案件中，欧文的激情辩护来自他被释之后，激动人心的历史审判2.0版并未出现在法庭上。如果以思想实验的方式检讨，他的辩护在法理上难以成立。首先，学术自由的主体是教育机构而非教员个体，教员个体发表学术观点而不受干涉的理由需要来自对言论自由条款（修正案）的归入（纳入），其次，学术自由不排斥学术伦理，相反，它承认的该伦理的维系依赖于学术共同体内部的奖励与惩戒。[②] 学术自由的学术建立在知识于现代社会的生产和传播的基础上，学术伦理的学术则重在知识人群体的知识（美德）的传承。在现行法的语境中，对欧文最有利的策略是强调欧文相关表达的学术性，这样一来，对他的批评一旦越过学术批评边界即构成诽谤，而国家也就当然没有理由追诉无关政治、从而不关涉法西斯宣传的观点。这样来看，他遭到“政治迫害”的表态无理且不智，毕竟，如果他选择塑造“去政治”的形象，不但能让规范论证得以周延，也更显示节制的美德。

这种基于社会理论视角的比较观察，至少为带有绝望情绪的现代人提供了某种实践层面的操作手段。质言之，这种司法中心、自由本位的径路，既有自由主义一贯的个体关怀和政治形式构建，又主张共和精神下的政治行动伦理和公共领域建构，两者通过现象学方法契接，可被称为“有敬畏的自由主义”(the liberalism of fear)。[③]

即使现代社会已经病入膏肓，个案的裁判者却无从逃避，因为他身处“过去和未来之间”，恰恰在场。这对他提出了特定的要求：在个

---

① 有的史学方法论的教科书采纳了这个“最低限度伦理”的说法，T. John, *The Pursuit of History*, GB: Pearson Education, 2009, p. xvi。

② R. Hiers, “Institutional Academic Freedom vs. Faculty Academic Freedom in Public Colleges and Universities: A Dubious Dichotomy”, 29/1 *Journal of College and University Law*, 2002, pp. 35～109.

③ J. Shklar, “Positive liberty, negative liberty in the United States”, *Redeeming American Political Thought*, Chicago: University of Chicago Press, 1998, pp. 111～126.

案正义层面，他要更加熟练、准确地掌握法律技术的细节，更少偏私、狭隘地拿捏事实的分寸，同时又要比“专家”具有更广博的知识视野，更清晰的方法论边界，换言之，他应当是一位有着社会理论背景的法律人。裁判者由此免于将实现正义等同于为整体意义上的现代社会寻找替代方案，而是更加细致和具体地观察现代社会的内在矛盾，从而防止将其化约为一，和某一个他者对立起来的倾向。

2. 除魅的司法神话与政治社会的存续之道

“普通法教育”原盛行于英语国家，随着法律全球化而成为时髦物。如果摒弃光鲜的外表，我们能够发现其内在特征：案例化教学、职业技能的培养、对话、启发式的教学方法与没有唯一正确答案(The right answer)的思维方式。进而言之，这种培养模式依赖并培育“围绕特定案例，为竞争合法性而解释法律”的司法土壤：在实行“普通法教育”的国家里，司法过程是这样的——法官在进入司法程序的案件中确定某个争点，然后由两造双方对各自理据的合法性做全胜或全败的“决斗”，而双方的合法论证来源于共同的权威文本，这一认可通过双方践行自助式的程序而得到确认。[①] 法律人身处判例累积而成的长流中，在识别个案的过程里，自己的观念也汇入其间。由于价值判断的谦抑性，即使对于某个特定的论题，普通法也如“阿尔戈英雄的战舰”，最初造船的所有材料几乎都已经更换过了，但却仍然是原来的船。譬如，英美法理学大师们在分离命题等理论难点上才思迭出、各擅胜场，但以社会科学的角度观之，法律人在实操中则往往对各个立场兼收并蓄，对立立场间不但“斗而不破”，反而彼此依傍。实务人员完全可以兼容两端：一般案件在分析实证的规则论下得到裁判，疑难案件则通过法官对原则问题的阐释获得裁决，而一般、疑难案件的分野最终统一于他的修辞技巧——技艺理性(artificial reason)。自纠纷解决的实效而言，“法律不足以安放心灵”反而成了一大

---

① 方流芳教授很早就清晰地认识了这一点，方流芳：《罗伊判例：关于司法和政治分界的争辩——堕胎和美国宪法第14修正案的司法解释》，《比较法研究》，1998(1)，5页。

优势，摒弃玄学的空间的普通法教育可以消弭潜在的意识形态争议，笨拙但低调地安顿纠纷的“激情”。

应当承认，“普通法教育”肇始于得天独厚的例外(exceptionalism)环境，政治与法律的特质在那里被分别描述成原则(principle)与理性(reason)，法律人往往也是政治家，有着天生的贵族气质，捍卫原则又反对专断。① 身处这样的环境，托克维尔阐发出“法律人士最主要的特征之一，就是在任何法律问题上他们总会站成意见相左的两队”的经典判断，盖司法理性本身“器”的特性让它足以承载多元的原则，以论理的方式促成妥协(compromise)，由于论理往往需要通过累牍连篇的先例才能展现，法言法语滤过了可能的“激情”，各异的纠纷显得同质化、可沟通，个体的政治或利益取向判断本有差别，意见两分却也能同台竞技。他对此的洞见众所周知：美国的政治问题最终总会要转化成为司法问题，对于后发国家而言，这意味着“干戈成玉帛”、“政争得超越”，几乎造就了美国的司法神话。而如今，体现为司法审查的托克维尔预言已经成真，吊诡的是，制定法的细密、专业倾向使原则判断显得空泛无力，而论理不但未能让法官的派性色彩归一，反而在加剧歧见。为此今人佩服托氏的远见，却难有他的乐观情绪。

笔者更愿意相信，所谓的失落感更多来自域外人士的过高预期，对于司法中心主义的“剧中人”而言，司法吸纳政治的演变顶多让人不喜不悲而已。首先，托克维尔自己也是老欧洲的来客，大革命后的法国社会才是他念兹在兹的关切，他将社会变迁视为自由向平等的演进过程、贵族到民主的“拉平”渐变，而他那里前平等、民主社会的形象恰恰是革命前的法国，这一“直把杭州作汴州”的预设限制了他

① A. Tocqueville, J. Schleifer & E. Nolla ed., *Democracy in America*, Indianapolis: Liberty Fund, 2012, pp. 106～113. 一个例子是本案被告的辩护律师之一安东尼·尤里乌斯(Anthony Julius)，他曾代理过戴安娜王妃在内的多名名誉案件当事人，他曾在庭外对新反犹主义持激烈的批评态度，详见他的作品。A. Julius, *Trials of the Diaspora: A History of Anti-semitism in England*, Oxford: Oxford University Press. 2010。

的想象，不足以用来解读英语世界的司法传统与社会建构。其次，对于19世纪以降的英语世界，尤其是就美国来说，政治社会的核心张力不是自由与平等，而是基于平等的自由与基于自由的平等。[①] 现实而言，就是投票权与社会经济平等的复杂关系。这对你中有我、我中有你的张力使得个体自由与政治承担能够互相支持，统一在具体的个人身上，最终划定了集体的有限边界，让圣约色彩浓厚的政治共同体联盟（如合众国、英联邦）演变成世俗的单一共同体。最后，英语世界的司法权的合法性来源往往被简化成生发秩序的维护与财产纠纷的裁断，但是每当形塑自身的重要关头，其来源都凸显为自然权利观念在政治和法律上的实现方式，或许判决效果的实现需要久长的时日，但是诉求司法的勇气，却长久地贯穿在司法中心主义的传统中，为政治社会（political society）的延续保留着可能。总之，即使现实呼唤着司法模式的重整，司法中心主义的内在原则仍然没有变异的理由。在本案的语境下，历史女神的庇佑，仍然依赖于那些身披丝袍的法律人们。

三、庭外观察：史家的权利和伦理

（一）“虚伪”与否：批判理论的复眼观察

本案争议指向欧文20世纪八九十年代的著作与演讲，判决落槌于世纪之交，可称社会旧闻。以现代社会的资讯周期观之，其庭外效应已消逝，相反的是，无论在学界还是公共领域，本案的争议仍然纷纷不绝，其中不乏卷帙浩繁的学术著作和热火朝天的网络讨论，[②]这也促使我们在庭外更加深刻地观察本案，反思欧文自辩的论证过程：他斥自由以“虚伪”，究竟能否证立？

---

① See Shklar, American Citizenship: The Quest for Inclusion, Cambridge: Harvard University Press, 1991.

② C. Douzinas, “History Trials: Can Law Decide History?”, 8 *Annual Review of Law and Social Science*, 2012, pp. 273～289.

1. 辩护的批判与批判的辩护

在欧文及其拥趸的庭外辩护中,"真正"的言论自由和虚伪的权利许诺被对立起来,构成最为有力的控诉判决的理由:一方面,官方"拒绝自然正义"是欧文提出的一个理据①,这引入了自然(nature)和习俗(nomos)的区分,欧文扬自然而抑习俗,将自然正义作为对现行立法批评的基础,走的是现代社会整体批评的理路;同时,他又提出"为真实历史(real history)而战"的国际同盟的设想②,强调犹太团体因经济实力对各国立法、判决的巨大影响,以此消解判决正当性,又体现了对西方左派理论的认同。严格来说,这两个理据之间存在巨大的内在张力。当然,要求这位"历史作家"的逻辑严整未免有点求全责备了。

在欧文的抱怨里,体现了一组由他建构的二元对立:"真正的"、哲人的智识自主、人格独立与犹太—美国式的意识形态的言论自由、学术自由的对立。他的抱怨不啻为对后者的控诉:"自由国家"们一方面标榜"真正的"自由民主,一方面又以我为主的为自由民主订立标准;一方面用强力战胜轴心国联盟,一方面又虚伪地声称战争是以正义之名,并借此建立有利于己的世界秩序。在他的逻辑里,无论是以人的尊严为核心构建的宪法秩序、通过宪法诉讼扩充的人格权的内容,还是包括宣扬法西斯思想在内的罪名,都是这种虚伪的意识形态的结果,都是"自由国家"的虚伪做派,而他以"虽千万人吾往矣"的悲壮态度,乃是捍卫真理的激情使然。

欧文的"理论自信"来源于现实所见,即批判法学理论的兴起和社会运动的勃兴,而回归学术史的脉络,批判理论的演进也和社会运动对其的现实确证相关。"康德读休谟,休谟读霍尔巴赫,而卢梭更

---

① 欧文的个人网页之一即以此命名,http://www.fpp.co.uk/Australia/Legal/Bonn151193.html,retrived from Nov. 14,2013。

② 欧文的提法全称为"International Campaign for Real History",http://www.fpp.co.uk/docs/Irving/,retrived from Nov. 14,2013。

是无人不读”[①]，和启蒙学者的普遍主义冲动不同，20世纪的大部分时期里，英语世界和欧陆的政治哲学、法哲学都显得格格不入。“二战”后，欧陆（社会主义国家当然不在讨论之列）的左翼思潮找到了作为“他者”的英美世界，而随着60年代中期欧陆学说英译的风潮为英美带来了批判理论的武器，“冷战的战场移到了国内”，英美持批判理论的学者也自信地开始揶揄：现代性通过终结自己，终于获得了胜利。[②]60年代席卷西方的学生运动让这场“书斋里的革命”走向街垒，也让两个大陆的“同志”开始沟通彼此，尽管在知识体系、学术脉络上异大于同，针对自由世界的意识形态（ideology）批判成为了两方面的共识。

随着批判法学运动的兴起，权利、自由为核心的法学话语被放到包括霸权主义、全球化与资本流动的环境中加以考察，历史的标签由客观的、科学的变为碎片化、不连续的，历史成为个人的书写和群体的记忆，可以被重构或者诠释。[③] 粗线条勾勒之，经典比较法、社会理论意在解释（explanation），以人外在的行为为对象，探索社会现象与法律制度的生成机理，批判法学、法人类学则重在阐释（interpretation），以话语、观念的形成为核心，关切碎片的、个案的历史时刻的深远意义。[④] 前者暗示着某种可通约的个体预设，后者则直面差异性、多样性和人的不同向度。在这个由现代到后现代的光谱中，法律移植（legal transplant）位于普遍主义的、现代的一端，在乐观的法律大同的预期中呈现着某种话语殖民的意图；而翻译理论（translation theory）位于特殊主义的、后现代的一端，在悲观的霸权与反霸权的斗争中寻觅着话语自主的可能。

---

① ［美］马克·里拉：《政治哲学：在英语世界与欧陆之间》，林峰译，载王焱编：《社会理论的两种传统》，30页，北京，生活·读书·新知三联书店，2012。

② 同上，34页。

③ C. Tomlins, “After Critical Legal History: Scope, Scale, Structure”, 8/1 *Annual Review of Law and Social Science*, 2012, pp. 31～68.

④ 阐释和解释的中译法参考了赵鼎新教授，赵鼎新：《社会与政治运动讲义》，3～6页，北京，社会科学文献出版社，2012。

2. 异化的理论与理论的异化

异化本是马克思的经典提法，后也在批判理论的土壤中生根发芽。在批判法学阵营里的学者看来，法律概念也是一种话语，经典法学以可通约的人性假设完成功能主义的比较和分析的做法，恰恰让观者陷入了话语的迷宫。话语的理解要回归上下文，法律概念同样也从属于它的"上下文"，即特定时刻的、不连续的、难以理性化的观念，法律的运作过程，可以被等同为从概念到观念的过程。[①] 观念形成自有先后，推到极端，后来者将永远被先占者殖民，孜孜以求比较法、法移植的，往往也为某个巨大"阴谋"助力。不容否认的是，现代化在"生产"文明的同时也让人陷入某种难解的困境，回到自我、反躬自视正在成为不容回避的趋势，无视这个趋势的任何辩护都是不能让人满意的，进一步说，无论是极权社会所标榜的价值，还是"自由世界"所宣扬的标准，都存在意识形态的侧面，而在后现代语境里，作为治理术，知识当然和"权力"纠结在一起。从这个角度看，批判理论所孜孜以求的当然是个真问题。

批判法学的先驱多出身于发达资本主义国家，切身感知着现代性的肆虐猖狂，但批判法学的异化则发生在战后在英美影响下"重建"法秩序的前纳粹国家、能源寡头控制下分肥政治兴起的南美。笼统来看，这些"门徒"都怀揣着对抗老牌强国的"后发"情结。尽管为数众多，但是他们的派别标签各有不同：既有极右翼的大屠杀辩护士，也有极左翼的反资本反全球化的葛兰西信徒，他们把矛头都指向自由、民主的"西方"意识形态。他们的批评大抵是，多元、竞争由"现代精神"转为现代口号，成为打压异端的借口，民主、自由从"普世价值"转为某种拜物教、末世情结，成为殖民与压迫的工具。

(二) 超越虚无：史家的可能性与限度

事实上，欧文提出的二元对立最终将导致整个论证的虚无主义。随着现代性在西方的展开，从尼采甚至更早开始，人们已经注意到，

① C. Tomlins, "After Critical Legal History: Scope, Scale, Structure", p. 38.

知识认知基础的实在性已为建构性所替代[①]，对虚无主义（nihilism）的焦虑一度取代文明时代的喜悦，影响了众多的思想家。如何在我们所处的世界超越虚无主义？对本案中所牵涉的现代政治中的犹太问题，施特劳斯和汉娜阿伦特都曾进行过深刻的反思。史家的现代实现，或许也要从他们的反思中寻找答案。

1. 施特劳斯：复兴古典理想下的哲思路径

施特劳斯立足于深湛的古典学基础，提出了他的共和主义的整体规划。[②] 他是站在“古今之争”的背景下讨论犹太问题的。对他而言，现实的犹太问题与第三帝国的兴起休戚相关，他将后者纳入到现代性问题的图景中，犹太人在第三帝国的遭遇成了现代性的表征之一，1789 以降的立宪政治给予过犹太人翻身做主的狂喜，但魏玛政治并未能兑现自由的承诺，国际主义、开放社会的许愿最终走向它的反面。[③] 而对虚无主义引起的价值标准的消弭，他转而探究自然正当的古典依据，即耶路撒冷与雅典、启示与理性。[④] 而耶路撒冷与启示的历史包裹了犹太人自投奔应许之地到被迫大流散的经历，暗示出反犹人士对犹太人“要么同化、要么消灭”的态度。

通常认为，施特劳斯讨论的独特之处在于“隐微写作”这一经典文本解读方法的提出，而他宁愿把自己装扮成一位史学家、古典注释家，从而“不以自己的名字写作”，完成他的哲人使命。古典时代，哲人以真理为志业，而城邦则通过公民的行动得以维系。在施特劳斯的眼中，哲人难免受到庸众的嫉妒与误解、猜疑和陷害，“政治迫害”

---

① Friedrich Nietzsche, tr. By Walter Kaufmann, On the Genealogy of Moral and Ecce Homo, Vintage, 1989, p. 24.

② L. Strauss, *Liberalism, Ancient and Modern*, New York: Basic Books, 1968, p. viii.

③ See Leo Strauss, “German Nihilism”, 26 *INTERPRETATION-THE HAGUE THEN NEW YORK*, 1999, pp. 353～378.

④ See Leo. Strauss, “Progress or Return? The Contemporary Crisis in Western Civilization”. 1.1 *Modern Judaism*, 1981, pp. 17～45.

的危险与哲人相伴终身。[①] 他提出，真理是隐秘的，唯有哲人才能领悟；经典文本是封闭的，圣哲之间不曾终止那隐秘的对话。哲人往往佯狂装疯，以隐微话语包装真实想法，从而和庸众的喧嚣相区隔，为此，在对经典文本的解读中，这样的因素不可不察。[②] 例如，柏拉图的关怀在于传播城邦存续和自由保持，在现代人的眼里，柏拉图的共和国想象来自斯巴达的政治实践，为此堪称邪恶专制的嫡传祖师，在施特劳斯眼中，这正是柏拉图可能遭受迫害的理据，贴近式解读文本的重要性由此得以强调。这样解读的结果是，真理和意见的对立被进一步强调，哲人和庸众的对立显得更加尖锐。

哲人的信仰者们坚信，哲人与庸众的差异基于某种中立的标准，而非刻意的区分或歧视，为此，这个论述似乎是放之四海的，殊不知，就在这个分野背后，蕴藏着这一解读方法自我颠覆的可能。施特劳斯曾说，智慧之人无欲统治，[③]哲人和庸众同在城邦之中，肩负公民的职责。[④] 倘若他将外在的压力归纳为"政治迫害"从而明哲保身，难免要曲学阿世、"仰望世贤"。哲人试图用智识的优越感掩饰行动上的软弱与幼稚，却将公民的光荣转为顺民的苟且。这样的话，哲人眼中无知的庸众反而成就了城邦的光荣，而唯独那自负而又倨傲的哲人，却只是现实政治的懦夫。[⑤] 这恰恰折射出犹太人施特劳斯的迫害妄想症：他念兹在兹的"政治迫害"来源于畏惧，乃至回避现实政治的潜意识，他拔高哲人从而塑造德性城邦的政治理想，未尝不是饱受凌

---

① L. Strauss, *Persecution and The Art of Writing*, Chicago: University of Chicago Press, 1988, pp. 25, 34～35.

② L. Strauss, "On a Forgotten Way of Writing", in L. Strauss, *What is Political Philosophy? And Other Studies*, Chicago: University of Chicago Press, 1988, pp. 221～222。哲人自居需要高度的自信，此处，这来源于"饱学诗书"带来的优越感，哲人自居又需要"深刻"的情怀，此处，这又根植于近似种族主义的某种"贵族"优越感，为生民立命的某种使命感。

③ Leo. Strauss, "Pleasure and Virtue", in L. Strauss, *On tyranny*. Chicago: University of Chicago Press, 2000, pp. 92～108.

④ L. Strauss, *Liberalism, Ancient and Modern*, p. 33

⑤ 倘若推到极端，施特劳斯的城邦政治将与现代性第一波的代表马基雅维利眼中的现代政治的面向趋同，批判现代政治的努力将因为批判者自身的原因功亏一篑。

辱、缺乏话语权等现实遭际的反向投射。在现实中，由于对纳粹的暧昧态度，一度追求过阿伦特的施特劳斯不免为其鄙夷和嘲弄。[①]

现代社会中，学术与政治的冲突深刻而复杂，施特劳斯的哲人理想或许是一次经由"回到古典"，将二者的平视关系改为学术对政治的俯瞰关系，从而超越两者对立的尝试，遗憾的是，这个难题仍然是无从脱开的死结。在时间长流中，这个"终极的"难题或许不能一劳永逸地纾解，但幸运的是，施特劳斯心目中的楷模、独立在西方理性传统源头的苏格拉底提供了一条出路。在遭受最后的审判后，他用从容赴死周延了这对张力。思考既然是哲人的天职，遵守律法则是公民的精神，当两者以戏剧性的方式纠缠在一起，苏格拉底"自杀"似地接受了判决，"我去死，你们活着，哪个更好，只有神知道！"[②]

这或许恰恰点出了哲学玄思之外政治的实践面向，当纠结于"向后看"的普遍与特殊、哲人与庸众的思辨谜题时，现实政治却只允许"向前看"的判断。而在连接思想和现实的过程中，选择直面现实政治的"积极生活"态度，则是另一位政治理论学者阿伦特的自我期许。

2. 阿伦特："爱人类"担当下的行动路径

同是犹太人的阿伦特曾经在法国被投入劳教营，亲历过纳粹反犹的残酷和疯狂，思考并且理解现实，成了她一生最为深刻的关切。[③]起始于对虚无主义的反思，阿伦特透过反犹主义的兴起与第三帝国的勃兴察觉出了现代性的病理：纳粹屠犹的过程被她看作摧毁法律

---

① 两人的关系可以参见翻译家孙传钊的讨论，孙传钊：《列奥·施特劳斯与汉娜阿伦特》，《中国图书商报》，2007-08-14，第 A07 版。

② 见柏拉图《申辩篇》42a，See West T G，West G S，Aristophanes.，et al. *Four Texts on Socrates*：*Plato's Euthyphro*，*Apology*，*and Crito*，*and Aristophanes' Clouds*. Ithaca：Cornell University Press，1998。有施派(Straussians)弟子辩护，施特劳斯也认同哲人行事所遵循的天然情义(natural affection)，或为参照。如[美]凯瑟琳·扎科特等：《施特劳斯的真相：政治哲学与美国民主》，宋菲菲译，63～72 页，北京，商务印书馆，2013。

③ 阿伦特的恩师益友雅斯贝尔斯"哲学不能没有政治，也不能没有政治意义"的洞察可为他们几代知识分子的参照。Karl Jaspers，*Philosophical Autobiography*，New York：Tudor Publishing Company，1957，p. 70.

人格、消灭道德人格以及扫清残存的个体性的三步曲[①]，其间动机不能理解更无法推出，其罪行难以惩罚更无法原谅，人的不可预测性、自发性荡然无存，只能以康德所谓的恶之极端(the radical evil)表述。[②] 对反犹的社会经济解释不足以让人洞察恶本身，既然哲学家对人类事务怀有好奇心，就应当对其认真对待、主动承担这一任务，真诚地反省思想盛开的土壤——现代社会，否则，人类将因为这极端的恶而永远不能同自己和解。

一方面在肯定此恶在性质上的极端，另一方面当她亲历"刽子手"艾希曼的耶路撒冷审判时，阿伦特用恶的庸常(evil of banality)来解释这位所谓"最终解决方案"(final solution)的执行者，她眼中"不阴险，也不凶横"的纳粹机器的齿轮。在以色列的特别法庭上，艾希曼用泯灭个体性、排斥不同意见的科层体制为自己辩护，由是，反犹之恶来源于行政体制，大屠杀将是典型的行政屠杀。[③] 在阿伦特眼里，艾希曼不但可恨可恶，而且可悲可鄙；犹太人不但可怜可惜，而且也可憎可叹，前者而言，个体对于政治共同体负有政治契约的责任，默许服从在政治上就等同于支持，因为政治的假定是面对有独立判断能力的成年人，"我必须对我没有做的事情负责"，为此，对恶行无动于衷者担负着群体性的责任，当然，法律上的有罪则是个体的。[④] 后者而言，她一方面把矛头直指犹太领袖，"对一个犹太人来说，犹太领导人在毁灭自己的同胞中所扮演的角色，是整个黑暗故事当中最黑暗的章节"，一方面点出接受纳粹的区分待遇的普通犹太人期冀委曲求全后能免于一死的侥幸心理。由于较为显白的指责，阿伦特在

---

① H. Arendt, *The Origin of Totalitarianism*, Cleveland, Meridian Books, 1958, pp. 447, 451, 453.

② H. Arendt, Karl Jaspers, *Correspondence* 1926—1969, ed. by Lotte Kohler and Hans Sanner, NewYork: Harcourt Brace Jovanovieh, 1992, p. 165.

③ See H. Arendt, *Eichmann in Jerusalem: a Report on the Banality of Evil*, New York: Penguin Books, 1994.

④ H. Arendt, "Collective Responsibility", Amor Mundi, Springer Netherlands, 1987, pp. 43～50.

以色列与美国都遭到了严厉的批评，其中既有情绪失控的谩骂，也有相对严肃的驳斥。[①]

可供参照的是，在艾希曼审判50周年之际，本案被告之一的历史学家李普斯塔特以一本扎实的著作回顾了这次特别审判。她以扎实的实证史学功底，将50年来不断解密的新材料和庭审证据、记录综合起来，为我们呈现了一个更加激动、暴躁、目的性明确、对犹太群体恨之入骨的艾希曼。[②] 这至少证明，阿伦特所遭受的批评并非完全是同情犹太、痛恨纳粹的感情宣泄。在李普的历史重建中，阿伦特对以色列建国历程里的遭际满怀同情的理解，但也对本·古里安为首的复国主义(Zionism)倡导者通过特别审判实现统合国家的政治意图深为不屑。阿伦特成了时而缺席、不够认真的旁听者，更多以对艾希曼的不全面印象构建她的反犹认识、从而反馈并且支持她的理论体系构造的政治理论家。李普的潜台词是，当阿伦特发现她手头的经验材料和概念体系存在冲突时，她没有选择返回头去搜集资料，而是转而修订她的诠释思路。

在阿伦特的理路中，现代社会已经陷入以例常地压制人、间歇性地屠杀人来维持自身的地步，个体的命运危在旦夕。犹太问题也是现代性的一部分：作为迫害者的右翼极权主义是公共德性匮乏的产物，作为受害者的犹太人也是懦弱和惰怠的现代病患者。这里，阿伦特没有走向精英式的哲思路径，而是采取了一个更加具有普遍意义的切入点，她选择追问：这个时代，一个人何为？

对于阿伦特而言，选择这一路径既有着学理上的背景，也有着个人的因素。前者而言，受恩师海德格尔影响，她把眼光投射到前苏格拉底时代，她视当时的思与行、哲学与政治为统一的，随着沉思生活和积极生活的对立，前者显示出更高的等级，从思辨的要求出发，哲学家逃遁到哲思的境地，失去了直面现实政治本身的勇气。这样，随

① See G. Gordon, *Book Review*: *The Eichmann Trial*, 26/489 Emory International Law Review, 2012.

② See D. Lipstadt, *The Eichmann Trial*. New York: Nextbook/Schocken, 2011.

着现代社会的展开，世界异化的进程不可阻挡，人在制造(make)自然之外也开始制造历史，虚无主义的浪潮只会一泄如注。后者而言，她眼见恩师海德格尔在纳粹时代首鼠两端的表现，深深痛苦于伟大哲人在现实政治中的水土不服：深刻关怀人类命运如海德格尔者，为何与在摧毁具体、真实的人方面毫不留情的右翼极权态度暧昧？一旦选择了这条路径，阿伦特又和其他以理论思辨为圭臬的政治哲学家相别开来，她不再继续玄思冥想，而是转而要求个体奋起承担，把城邦的命运扛在肩上。她承认，“需要孤独的哲学家、需要孤立的科学家和艺术家、需要不偏不倚的历史学家和法官、和需要独立的事实见证者、报告者，只要它们之中任何一种职业作为一种生活方式起作用，就不可能作出政治承诺和对某一事业忠诚”[①]，但是，阿伦特将人的思想生活区分为思考(think)、意愿(willing)和判断(judgment)，而判断是具有政治意义的，[②]“但是以更加广泛意义上的人类事项为研究对象的历史科学、精神科学情况就不一样了。毫无例外，这些学科都是处理与人类自身有关的事项，所以，其成果就不可能被所有各个集团的社会、政治利益规定的生存所需的共同的必要性所制约。假如历史学学者被某一政治利益收买，就会放弃本来应该守卫真实的职责，或把‘事实’作为秘密，或制造‘事实’。”[③]

这样，阿伦特的对史家责任的界定也就清晰了：历史作品往往成为政治家借“想象的共同体”实现政治意图的重要手段，历史写作的政治意义非但没有在貌似价值中立、领域分殊的现代社会中得以减弱，反而越发凸显，为此，史家只能也必须知行合一、积极面对。

3. 现代性？在场者的无奈

这里请出两位政治哲人加入讨论，正是为了呈现出现史家的限

① [美]阿伦特：《哲学与政治》，林辉译，载贺照田编：《西方现代性的曲折与展开》，356页，长春，吉林人民出版社，2002。

② H. Arendt, *The Life of the Mind*, New York: Houghton Mifflin Harcourt, 1981, pp. 72, 74.

③ [美]阿伦特：《哲学与政治》，356～357页。

度和可能。限度方面，两位哲人已经为我们揭示了个大概。反观现实，自以色列建国伊始，犹太复国主义者即承认其在史学方面的基本规划——犹太史家戮力同心，讲述为犹太人所相信的大流散的解释，到了后来，他们甚至对解密审判艾希曼相关资料的原因也并不讳言，无外乎“正本清源”从而完善犹太民族的历史叙事。司法权系于宪政体制，既然主权构建与个案争议关系密切，司法判决自说自话的嫌疑怕是难以洗清了——不仅艾希曼案，以犹太人群体的政治影响力来看，各国的涉犹案件都难脱干系，更不必说本案这个级数的“历史审判”了。在可能而言，通过两位哲人在这一话题上的对抗，我们面前呈现出这样的图景：真理不会为意识形态所消解，现世的政治斗争真实且残酷，这让哲人路径透出猥琐的气息；但“叙拉古的诱惑”言犹在耳，爱欲(Eros)的癫狂仍然可能，[①]行动路径由此而危险重重。

如上所述，本文所力所能及的，只是呈现出可能性与限度之间横亘着的一个难解的疑难。这个最关键，却也是现代性危机最深刻的体现之一，或许只有通过一次中西“会通”才能呈现——谦抑却庄严的“士”的精神、“史德”的操守，可能是消弭这一冲突的资源。[②] 至于如何，又由谁将这一传统建构在现代西学的框架之中，就当然不是本文篇幅内力所能及的了。

四、余论

尽管本案在西方带来了近乎“世纪审判”的反响，引起过不同国家的法学、史学乃至比较政治学者的关注，在国内却少人问津。可以理解的是，本案毕竟“事不关己”，难以形成问题意识，又容易引得“直把杭州作汴州”，展现不了本土关怀，尤其是身处域外，受限于语境和资料，难免自说自话。其实，本案的异域观察不但少了“政治正确”、

---

① [美]马克·里拉：《当知识分子遇到政治》，邓晓菁等译，142 页，北京，新星出版社，2010。

② 杜维运对史德的讨论很有代表性，杜维运：《史学方法论》，305～319 页，台北，三民书局股份有限公司，1986。

利益团体和人际网络的牵绊纠缠，还能避免“只缘身在此山中”的一叶障目，从而点出西方人已经习以为常的某些要津，即使在西方学术的论域中，这亦是“你的贡献”。

由初民社会、民族国家到全球化时代，权力的样态几经转换，司法权的配置模式也差异悬殊，求其通则，大概能得出“运送正义”的依归。以正义之名重新审视本案，则可在厘清西方法治的某些细微问题的同时，获得审视本土论域的知识资源。一方面，中国也在遭遇“意识形态”批判的挑战，公共讨论中也难免政治观点的冲突，司法在其中的角色尚有待厘定；另一方面，在相关争议层出不穷的当代中国，史家或许并无女神护佑，法律人也没有可以传承的丝袍传统，面对着有朝一日或许会到来的“历史审判”，我们至少可以积累足够的智识资源。“那可能和不可能的让我们沉迷”，信哉斯言。

英国衡平法下的“诚信义务”*

杨自然**

衡平法(Equity)作为英国普通法系统(Common Law System)里一种古老的法种，是在英美法系里由英国所产生出来的。然而在中国近代的法律体系下，一直没有得到其应有的重视。诸多缘由中，最为主流的一种说法是由于中国乃师承德国法制系统下的大陆法系(Civil Law System)，为此，普通法本身只能作为一种弥补大陆法系统法律不足的参考。衡平法本身是普通法体系下比较古老且具有英国文化传统的一种制度，此之所以会长期被忽略也就不难理解。

另一方面，衡平法最初之所以设立，其功能乃是弥补普通法判决的不公平之处。因此，衡平法中有很浓厚的英国文化色彩及历史传统。从某一方面来看，不论是衡平法，或普通法的总体，其中都有很浓厚的英国封建及神权传统。不深刻了解英国的历史及文化，实难真正了解衡平法的精髓。

---

* Fiduciary Duty 为英美衡平法(Equity)中的重要法律概念，有些地方将之译为忠诚义务(如中国香港地区)、信义义务(如中国大陆地区)，本文笔者以诚信义务论述之，似为恰当。

** 杨自然，清华大学法学院、中国政法大学比较法学院教师。

一、衡平法的历史

要了解衡平法的精髓，首先要先了解衡平法之起源。衡平法的起源有数种不同的说法。其中一种比较流传深广的是十字军东征说。[①] 十字军东征发生于1096—1291年，是在罗马天主教教皇的准许下，由西欧的封建领主和骑士对近东的伊斯兰国家发动并持续了近200年的宗教性战争。十字军东征的历史本身并不是本文的讨论内容，只是在十字军东征行动经过了近200年之久，期间有很多百战之余的老兵在战争中幸存，并在不同的战役结束后回到故乡。

十字军东征的组成分子，虽然有很多是骑士，但更多的人是普通百姓，他们以上帝、国王的名义前往近东参战。这些人在出征之前，找到他们认为可以“信任”的朋友，把他们的土地及财产的所有权(Legal Title)转移给他们，由其代为保管。同时约定，如果他们战死疆场，这些财产以后就是他们朋友的了；但是，如果他们有幸还能再回到故乡，则根据当时与朋友的约定，要将他们财产的所有权再行转移回来。

不幸的是，自古以来，愿望与现实往往很难一致。这些老兵在经过多年的战争后，很幸运地回到了日思夜想的故乡。有些人发现，故乡已是物是人非，有些人比较幸运，还能找到当时所信任的朋友，将他们的财产所有权再转回给自己，而这些人是少数。大多数战士虽能找到当时托付的朋友，但当他们要求将财产转移回的时候，却遭到了拒绝。

由于遭到这些朋友的拒绝，让这些老兵十分愤怒。虽然财产的所有权已在当年转移给这些朋友，但当时，这些朋友确实应允，只要战士们能回来，就会将其财产的所有权再行收回，而现在却被“赖账”。因此，这些老兵们将朋友起诉上了法庭。

当时的英国法庭是指普通法法庭(Common Law Court)。普通

---

① 也有一说认为这是信托(Trust)的起源，但信托是衡平法下所演变出的。

法在当时的英国已经有了充分发展。但也遇到了一个甚至在当今世界上很多法律体系都会遇到的问题，就是过分注重法条，而往往忽略了人情。按照英国的普通法制度，当事人在普通法法院提起诉讼，须先向大法官申请以国王的名义发出令状。令状载明诉讼的条件和类别，法官只能在令状的许可范围内进行审判。由于令状的种类和范围都有限，因此，许多争议往往由于无适当令状可资依据，而无法在普通法法院提起诉讼。更有甚者，当这些老兵将他的朋友起诉到了普通法庭后，除了令状不易拿到，即便拿到，法庭也只能判这些老兵败诉。因为依法论法，这些老兵的朋友们当年取得财产的方式是，这些老兵“自愿”将财产的合法所有权转移给他们的朋友。因此依据法律，这些老兵对其过去财产已经没有任何诉求依据了。至于双方当年有什么另行的约定或依据，则不在普通法庭的考虑范围内。另一方面，当年的合同法发展，也没有达到今天这个地步。[①]

这种情况公平吗？依法论法或许公平，但以天理、人情、正义来说则明显有失公允。如果这些老兵的遭遇只是个案，或许当年的英国法律也不会有所改变。但这种情况不是偶尔发生，甚至不是一个少见的案例，而是一种大规模十字军东征老兵所遭遇到的群体性社会问题。遇到这种情况后，当时这些老兵束手无策，法庭又不支持其诉求。因此，他们想到了“上访”，找国王评理去！国王在当年（现在英国在法律上还是一样）被认为是仅次于上天的万物之主。有道是“普天之下，莫非王土，率土之滨，莫非王臣”，国王有权利以圣旨形式（Royal Decree）将法院判决改判或推翻，特别是碰到一些显失公平的土地侵占案件。因此，国王将这些老兵的案件下发交给无所事事的贵族大臣（Chancellor），这些大臣以普遍的常识（Common Sense）及当时一般人认为公平合理（Fair and Reasonable）的原则来断案，处理的结果也符合当时社会的期待。如此施行日久，终而形成了衡平法

① Michael Evans, *Equity and Trusts* (3edn.), Australia: Butterworths, 2012, p. 4.

的法律概念，也即是我们今日所研究讨论之衡平法。[1]

二、普通法与衡平法的关系

衡平法与普通法最大的不同在于，衡平法注重结果而普通法注重形式。换句话说，衡平法注重的是它的结果是否能达到公平、正义及合理的要求。而普通法则注重法律的事实形式，其结果是否有不公之处则不在其考虑的范围。[2]

这点与中国旧社会传统的法律精神相当类似，即法律是否达到合情、合理、合法。这也是为什么当年普通法会出现很多问题，因为只要在法律的形式下，合乎程序，则在普通法法庭的考虑中即被认为合法。

(一) 1873 年之前的衡平法庭

如前所说，由于衡平法是在普通法之后才出现的法律形式，其主要作用是弥补对公平正义之不足。衡平法主要的功能是可以解除普通法法庭的不公义之判决。为此，衡平法是凌驾于普通法之上的。有很长一段时间，衡平法与普通法是由两个不同的法庭所管理。

这个问题还涉及当年历史上的一些因素。由于国王有权力以圣旨的名义解除普通法之不公义的判决，因此，有大量的十字军老兵上访到国王面前。在几个单独案例之中，国王可以亲自处理或指派其代表处理。但当有大量类似案件上访到国王面前时，国王并无时间及精力一一处理。为此，国王指派一个贵族大臣为其处理类似案件。在一段时间之后，该代理人即变为专门处理类似案件的法官。此后，专门的衡平法庭在事实上成立(The Court of Chancery)。

(二) 法院组织法

在很长一段时间中，衡平法庭与普通法庭共同存在，衡平法凌驾于普通法庭之上。当然，投诉者必须有衡平法可以救济的诉求时才

---

① Ibid，p. 5.

② G. E. Dal Pont，*Equity and Trusts*，*Commentary and Materials* (5edn.)，Australia：Law Book Co，2011，p. 6.

可到衡平法院寻求救济。其余的一般案件还是以普通法庭处理为主。众所周知，如此安排在彼时社会关系尚属单纯之时还可以运行，但在社会关系经济发展日趋复杂之后，尤其是英国工业革命之后，这样的安排越显浪费与不便。为此，1873年，在英国的国会定立了一部新的法律——《体系法》(The Judicature Act，即法院组织法)[①]。该法案将两种不同的法律救济系统合二为一。[②] 自此之后，任何求诉人只要到法庭，即可得到两种法律的同时救济。[③]

即便如此，在很长的一段时间中，若在法庭所诉求的是普通法的相关救济，法官通常是佩戴假白发；但当求诉人要求平衡法的救济时，同一法官会先休庭一段时间换一顶衡平法院专用的帽子(类似英国博士毕业生所戴"香菇帽")，以示表示用不同的法律救济。此为当时两个法院相互不统属的传统遗留。

三、衡平法的主要诉求

衡平法的主要功能除了上述之外，在现代社会中主要之功能是成立信托(Trust)。很多中国学者将"Trust"一词一律翻译为信托其实是不正确的。在衡平法内，Trust基本上是指两种定义。狭义上是

---

① The Judicature Act，指1873年英国修订之"法院组织法"。依1873年英国Judicature Act之规定，将原有之Court of Chancery(衡平法庭)，Queen's Bench(女王座法庭)，Common Pleas(普通法庭)，Exchequer(财务法庭)，Admiralty(海事法庭)，Probate and Divorce(遗属及离婚案件法庭)，合并为Supreme Court of Judicature(最高法院)(前名"贵族院"，House of Lords)其下分为Court of Appeal(上诉法院)及High Court of Justice(高等法院)。后者起初分为Chancery，Queen's Bench，Common Pleas，Admiralty，Probate，Divorce，Bankruptcy(破产)，Common Pleas at Lancaster(兰开斯特普通法庭)，Common Pleas at Durham(达勒姆普通法庭)及Assizes(巡回法庭)等。其次又分为：①Chancery ②Probate ③Divorce ④Admiralty Divisions等。最后将Common Pleas及Exchequer并入Queen's Bench Division，与Probate，Divorce，和Admiralty Division三庭。

② Michael Evans，*Outline of Equity and Trusts*，Melbourne：Butterworths，1993，p. 8.

③ 比如说，衡平法下的主要救济是禁令(Injunction)及强制履行令(Specific Performance)，普通法的主要救济是损害赔偿(Damage)。至此体系法颁布之后，在同一案件中即可要求Injunction及Specific Performance，也可同时要求Damage。

我们讲的信托,而广义的则是指信任。以下我们暂不讨论 Trust 的相关问题,先了解衡平法一般的主要诉求为何。

第一,衡平法追求平衡,是公平、正义、合理及一切可以达到公平、正义、合理的方法。

第二,衡平法不会使错误无从救济。如前所述,衡平法注重结果而非形式,而要达到此结果,只要符合公平正义,任何方式均为可行。换言之,只要是人与人的关系,在衡平法的主张下是没有其不可以救济的。

第三,衡平法遵循法律。衡平法的主要功能在于可以解除普通法法庭被认为不公平之判决,也可被视为其凌驾于普通法之上。但衡平法的一个重要精神就是除非必要,法官不会无端的影响普通法法庭的判决。换言之,衡平法院有很大权力,但其尊重普通法法庭的权力及一切已存在的法律及法条。

第四,适用同一个衡平救济时,先请求的凌驾于后请求的。当同一案件有两个以上原告同时要求衡平救济之时,如果两方诉求一致或类似,则在先请求优于在后请求。

第五,在请求衡平救济时,自身必须先行平衡。原告如果要求衡平救济时,其必须尊重衡平救济的原则,无论对事还是对人,或对案件之后续发展。

第六,在请求衡平救济时,自己必须先不违法。衡平法讲求的是公平、正义、合理,自然此要求并不只限于被告。原告自己也需"坐得端、行得正"。若原告要求被告以衡平救济的同时,尽管原告或许有理但自己的行为却有瑕疵,那么只要被告能提出相应证据,法庭将不受理其要求。

第七,衡平法只帮助积极的人。"若欲人助之,则必先自救",这是中国人的一句老话,但套用在衡平法中则完全符合。衡平法固然是救济遭受到不合理对待之人,但如果此人对其案件态度消极,则尽管受到不公对待,法庭也将不予理会。

第八,衡平法注重意图,不重视形式。此为衡平法的核心概念。

如前所述，普通法注重形式，而衡平法注重结果。更确切地说，衡平法注重的是人的意图(Intention)的影响，而普通法则是依法论法，人之意图并不在其考虑范围之内。此也是现今普通法系统与德国式大陆法系统之最大不同之处。

第九，衡平法为达到公平正义，行该行之事。此为是衡平法的核心及最重要概念之一。如字义所述，无须过多解释。

第十，衡平法不对所同意之诉求接受诉讼请求。衡平法固然讲求法律上所说的对遭受不公义之人进行救济，但如果此不公平是由原告人之前对被告人同意带来的结果，则衡平法院将不会对其进行救济。

第十一，衡平法对人不对事。衡平法讲求以人为本，普通法讲求对事不对人。

四、衡平法的管辖范围

(一) 财产

衡平法当年之所以形成，其主要的目的就是围绕着财产争议的案件。时至今日，衡平救济的主要对象也是以财产争议为主。衡平法基本无法处理刑事案件相关的诉求。财产是比较宏观的一种称呼，其细分又为：不动产、动产(Choose in possession)、股票、有价证券(Choose in action)等。现在大部分的衡平救济都是以对各种各样的财产争议为主。以下我们以两个衡平法案例作为介绍。

1. 沃尔什诉朗斯代尔案①

在沃尔什诉朗斯代尔案(Walsh v. Lonsdale)中涉及一个地主与承租人签署了七年的租赁合同，但此合同并未盖印(Under seal)，因此该合同在普通法的规定下系无效的租赁合同。当承租人进入承租地后，地主基于租约合同的条款，要求承租人先行缴交一年的租金，而承租人拒绝给付。地主因此扣押(distain)承租人的财物，而承租人则以“错误扣押”(Wrongful Distress)为由起诉地主。承租人的起诉

① (1882)21 Ch D9;[1881—1885] All ER Rep Ext 1690. Court of Appeal.

依据是：由于租赁合同并未盖印，因此在普通法下视同无效，而他与地主的关系是在没有租赁合同（租赁合同无效）的情况下，只是每年缴付租金而入住承租地，而之前的给付租金方式是每季度支付，而非租赁合同里规定的年度提前支付。最终，法庭判决承租人败诉。

杰素法官（Jessel MR）的判决理由指出，在 Judicature Act 生效之前，普通法庭与衡平法庭是分开判案的，但之后，普通法庭与衡平法庭已合二为一。因此，在同一案件之中，当事人除了能通过普通法寻求保护外，也可同时要求衡平法对其权益进行保障。而当普通法与衡平法出现冲突的时候，则以衡平法为先。

本案中，在普通法的规定下，其租赁合同可能是无效的，但每年支付现金入住承租地的行为还是受到普通法的保护。同时，这个租赁合同虽然在普通法下可能无效，但在衡平法下则是视同为有效，因为此租赁合同除了符合未有盖印之外，符合一切合同的要求，尤其是两方均有意愿执行这个租赁合约。换句话说，在衡平法的规定下，这个租赁合同是有效的，因为它同时对两方都提供了保护。为此，如果承租人以此租赁合同的条款起诉地主，法庭会支持其诉求，而反过来说，地主以租赁合同内的条款要求承租人提前支付一年的租金，法庭一样应当予以支持。基于此理，在衡平法下，地主以租赁合同内的条款对承租人提出主张，而承租人在无法达到其要求的情况下，地主扣押承租人同等数额的财产是于法有据的。

2．撤朗姆诉撤朗姆案[①]

在撤朗姆诉撤朗姆案（*Chellaram v. Chellaram* ）中，被告是数个1925年在印度孟买所成立全权信托（Discretionary Trust）的受托人，原告则是该等信托的是受益人。原告的主要起诉理由是：由于这些信托是全权信托，即是指受托人全权决定其信托财产的处理及利益分配的信托。而此等信托财产经过多年的增值，其增值的利益应该要由受托人分配给受益人，但该等受托人并未进行任何的利益分配。

① ［1985］1 All ER 1043. Chancery Division.

为此，原告在英国起诉被告，以被告不适任受托人为由请求法庭废除此等受托人而另聘新受托人。

被告在英国接受了诉状同意出庭，但向法庭申请停止诉讼(Stay of Action)，理由是英国法庭无权废除国外所成立信托的受托人，尽管这个受托人本人是受英国法庭所管辖的(英国人)。这几个信托中的财产，主要涉及境外百慕大所成立公司的股票，而这些百慕大公司又控制了其他在西非及亚洲的事业。但最重要的是，这些信托下的所有利害关系人，全部都与伦敦有一些关系(如居住在伦敦等)，并且这些信托的执行地也是在伦敦。

斯考特法官(Scott J.)的判决理由指出：英国的衡平法的基本概念之一，是对人不对事(In personam and not in rem)。因此在这种情况下，类似本案的情况发生时，向来是以涉事人的属性来决定法庭是否对其拥有管辖权，而非在哪里成立的信托。为此，不管本信托是在哪里成立，如苏格兰，爱尔兰，抑或其他各个殖民地(如1925年时的印度)或是外国，只要其信托的受托人是英国属民，则英国法庭就有对整个信托享有管辖权。为此，如果法庭认为所涉及的信托，如受托人在其信托的规定下，对受益人没有做到其所应该做到的义务，则法庭可以下达对“个人的命令”(Personam Order)，要求其对受益人的利益视其需要而进行给付、贩卖、购买或投资等。又或，为保护受益人的利益，如果法庭认为受托人已不适于或无法执行其信托所规定下应执行之义务，则法庭有权要求受托人辞职或更换受托人。据此，法庭拒绝了被告停止诉讼的申请。

(二) 合同

合同法与衡平法的关系相当的接近，合同有合同法规范并有相关的案例及法律(Act)。但在一些合同关系中，衡平法的概念贯穿其中。比如禁止反言(Promissory Estoppel)是一个合同法的理论[①]，但

---

① *Central London Property Trust Ltd v. High Trees House Ltd* [1947] K. B. 130 (1946).

其实际理论则是从衡平法中的“既有行为不容否认”(Estoppel in Pais)理论衍生而来。

例如在戴维斯诉雅各比(*Davis v. Jacoby*)案例中[①],原告戴维斯夫人(Mrs. Caro M. Davis)是怀德海先生(Blanche Whitehead)之侄女,未婚前居于怀德海先生家中,怀德海先生夫妇无子女,对戴维斯夫人极为疼爱,视如己出。戴维斯夫人于1913年婚后居住在加拿大,与怀德海先生夫妇时有来往,感情融洽。1930年怀德海夫人身染重病,怀德海先生经营之事业亦受挫折,夫妻两人健康日衰,生活困顿,急需他人照顾。怀德海先生于1913年3月致函戴维斯夫妇,希望他们能到美国照顾夫妇两人。戴维斯先生经与其妻商量后,以其本人名义发电回复,表示戴维斯夫人将于两周内启程,如要其本人同来,请怀德海先生复电。怀德海先生接电后于4月10日复函,详述其近况,希望戴维斯夫妇一同到加州,除照顾怀德海夫人病体外并可襄助怀德海先生之事业,并指出其本人之财产将遗赠其妻怀德海夫人。彼时怀德海夫人有财产15万美元左右,她将以遗嘱形式将其财产遗赠予戴维斯夫人。怀德海先生电函发出后三日(即4月12日),又发一电函,除说明其财产数额外,并期待戴维斯夫妇两人的到来。戴维斯夫妇于4月14日接函后复电于4月20日启程赴美。然而,怀德海先生于4月22日自杀身亡。戴维斯夫妇接噩耗后立即启程到加州照顾怀德海夫人,5月怀德海夫人亦病故。怀德海夫人死后,戴维斯夫妇发现怀德海先生致其函电中所提及之遗赠情形与事实不符,怀德海先生本人遗嘱于1931年2月28日订立,将其所有财物遗赠其妻,其妻死亡后遗赠其外甥两人。怀德海夫人遗嘱则更早于1927年12月17日订立,将财产遗赠其夫及其亲戚。然而事实上其外甥两人与怀德海夫妇少有来往,对怀德海夫妇亦不曾照顾。因此,戴维斯夫妇对其外甥两人起诉,以怀德海先生身前明确表示其侄女戴维斯夫人继承其财产。被告则辩称因4月22日怀德海先生即已去世,戴维斯

① *Davis v. Jacoby* 1 Cal. 2d 370,34 P. 2d 1026 (1934).

夫妇未能履行对方所请求之行为,因原告对对方请求之行为履行前,怀德海先生已死亡。上诉法院经详细审核本案,因怀德海夫妇希望戴维斯夫妇来加州照顾其夫妇二人至死亡为止。戴维斯夫妇到达后,虽怀德海先生业已死亡,但其妻怀德海夫人仍在,戴维斯夫妇照顾怀德海夫人并为其送终及处理一切后事。故本案原告已有有效之承诺,双方有合同关系存在,故法院依据衡平法的原则判决当事人有合同关系存在。此一合同主旨即死者要做一遗嘱(Will),该遗嘱的目的是将怀德海夫妇全部遗产赠与戴维斯夫妇。即本案在公诉前法院所揭示之原告要求法院依衡平法原则上诉要求法院强制履行双方当事人间有合同的关系存在,而依据合同须有一遗嘱(plaintiffs appeal to grant specific performance of an alleged contract to make a will)的主题,而判决原告胜诉。[①]

(三)遗产

遗产(Deceased Estates),也是财产的一种。之所以单独列出讨论,是因为遗产通常必须要有“遗嘱”才能生效(当然,没有遗嘱的法定继承除外),而其中很可能会牵扯到信托的成立及赠与(Gift)等,这些都是衡平法的直接管辖范围。如果是遗产的信托,还会牵扯到遗产管理人的信义义务问题,这些都是衡平法的核心范围。

(四)法律程序

法律的程序(Procedure),如果没有直接造成严重违反公平正义及合理的结果,衡平法基本上并不管辖。即便是一般法律程序上如果出现了严重的不公义结果,正常情况也是诉诸“行政法”(Administrative Law)以得到救济。由于衡平法的价值是“行该行之事”,而行政法规是在历史上比较后期所产生的救济种类,因此,最初法律程序的不公义也是在衡平法所能管辖之下。时至今日,如果由于法律程序的不公,而涉及“诚信义务”的相关争议,原则上仍属衡平法的管辖范围。

---

① 杨桢:《英美契约法论》(第四版),10页,北京,北京大学出版社,2003。

(五)监护

监护人与被监护人之间的关系,基本上就是一种以 Trust(这里是指"信任")为目的的关系。在法律上也被认为是一个"诚信关系"(Fiduciary Duty)。为此,亦属于衡平法管辖范围。基本上,无论是法律上的监护人及被监护人,或亲生父母及家人的关系,主要连接这些关系的核心价值就是一个"信任"。这也是为什么在东方,家族式企业特别能够发展。美国弗朗西斯·福山教授对该问题有过很深入的研究。[①]

(六)商业事宜—诚信义务

商业事宜—诚信义务(Commercial matters-Fiduciary duties)。商业事宜是现在衡平法管辖最多的事项,尤其是在商业目的下相关涉及诚信义务的规范更是多。如前所提,在东方,尤其是中国,家族式企业特别能够发展,其基本原因就是由于血缘的关系(当然也有儒家文化的影响),公司中的代理成本能够被降到最低。如此比较不会出现西方公司中常见的董事对公司,董事对股东或高管对公司中的"诚信义务"的问题。因为在家族式公司规范之下,诚信不是义务,是传统。当然,东方式的家族企业也有其自身的短处,但在西方式的公司治理之下,诚信义务还是公司内部各种关系运作的法律规范。这也是衡平法下的核心管理范围。

另值得一提的是,由于现在中国大陆地区文化上的一些传统正在慢慢的转变,因此笔者认为,西方式商业的诚信义务规范将在大陆地区越来越有借鉴之处。

五、衡平法与普通法的主要不同

衡平法与普通法之间的差异主要表现在以下几个方面。

第一,衡平法无法给予普通法概念下的赔偿。由于衡平法与普

---

① Francis Fukuyama, *Trust—The Social Virtues and the Creation of Prosperity*, England:Penguin Books,1995,p. 127.

通法有根本的法律概念差异，因此衡平法与普通法所能够达成的救济也不尽相同。例如，普通法下所能给予的金钱赔偿，衡平法即无法给予。这是由于衡平法的基本精神是为公平正义做所应该做之事，为此金钱之赔偿并非为其主要诉求，阻止不当之事的发生或继续发生才是衡平法之核心目的。

第二，普通法无法给予间中裁决(interlocutory relief)。间中裁决是指在裁判程序进行中所作的非最后裁决，这是由于衡平法的原则是做所应该做之事。从这点来看，衡平法其实比普通法灵活很多。因此很多衡平法所能达成的诉求，普通法反而无法给予。例如，普通法就无法给予“间中裁决”。

第三，普通法无法给予强制履行及禁制令。传统上，普通法只能给予“补偿”(Damage)救济，即以金钱补偿受害人，使受害人能够回到没有受到伤害之前的状态。而衡平法有强制履行(Specific Performance)和禁制令(Injunction)等。强制履行，如由法庭颁发命令要求双方强制订立一个遗嘱等[①]。禁制令，比如禁止某人靠近某人住宅 200 米，或禁止某人作某一言行或侵害他人的动作等，这些都只能由衡平法授予。

第四，普通法无法给予是非昭告。另外，普通法也无法给予一个案件“是非昭告”(Declarations)。这个是非昭告是衡平法里一种很特殊的功能，在大陆法系里是没有的。其主要是不牵涉到事实上的赔偿，只是昭告一个对或错，有一种为公平正义的大是大非之宣告的感觉。这也有一点类似在普通法里“名义上的损害赔偿”(Nominal Damage) 概念。“名义上的损害赔偿”是指普通法法庭给予原告一美元/英镑的赔偿，以宣告被告有理及胜诉。

第五，在 1873 年前，普通法及衡平法院无法案件互通。以上所述，衡平法及普通法似乎是各行其是，井水不犯河水。就以英国而言，在 1873 年前确实如此，在其他的普通法系统中，如澳洲的新南威

---

① *Davis v. Jacoby* 1 Cal. 2d 370，34 P. 2d 1026.

尔士省(New South Wales)则时间更晚至1972年,衡平法与普通法还是分开不同法庭。其后衡平法院与普通法院两方面越来越趋合流。当1873年英国法律制度大改革后,英国法庭可以同时受理衡平法及普通法性质的诉讼案件,因此,不管是衡平法诉求还是普通法诉求,基本上都是在同一个法院由同一批法官审理。只是在同一个法庭开庭时,如果原告的诉求是普通法的诉求,法官穿的是普通法法官的法袍及假发(Wig and Gown),但如果原告转而诉求衡平法时,法官则会休庭10分钟,换上衡平法的顶戴,以表示现在开的是衡平法庭。

六、信托与诚信义务

(一)信托概念的理解

前述讨论的是广义上的衡平法,下文将阐述衡平法所衍生出的一种很重要的法律系统——信托法。

信托法,或者英文里的Trust,很多人可能对它并不陌生,但事实未必非常了解。Trust在广义上讲,其实就是"信任"的意思。本文前部分所述衡平法源于十字军东征的故事,有一些学者将它归于到Trust的起源,其实也未尝不可。因此,Trust这个英文名词,在广义上来说就是信任,在狭义的法律用语上来讲才是指"信托法"。

信托法在很多的国家都有,而这些国家并不一定是普通法体系的国家,比如日本、我国大陆及台湾地区等都有。但这些地区的信托法基本上是以银行信托为主,所处理的方式类似合同的订立。而以中国为例,信托法里所能够处理的,只能是银行相关事务而已,并无法成立在普通法中所谓的"信托",例如慈善信托(Charitable Trust)、推定信托(Constructive Trust)、有条件信托(Conditional trust)等。另值得一提的是,在普通法体系的国家中,比如英国、美国、澳洲等,慈善事业(例如红十字会等)基本上都是依附于一个慈善信托之下。而由于中国目前还无法成立类似的信托,因此类似所谓的"红十字会郭美美事件",其个中原因错综复杂,但没有Fiduciary Duty的概念是一个很重要的因素。

(二)信托衍生出的“诚信义务”概念

下文将重点讨论前文所提之诚信义务(Fiduciary Duty),因为这是信托中的一个核心概念。可以说,没有诚信义务,就不会有信托法。诚信义务在中文不同的地区有不同的翻译。在香港地区翻译为“忠诚义务”,台湾地区翻译为“诚信义务”,大陆地区基本接受台湾地区的翻译,但有时也有学者以“忠诚责任”或“忠心义务”称之。

诚信义务从最初在衡平法原则中出现并施行到现在,虽然原本诚信义务被认为是一种较为宏观的法律概念,但现在则演变成为一种很详细的法律规定。实务上,虽然在很多种法律关系中都可以看到诚信义务的影子,但在以下所属之法律关系中,其诚信义务之要求至为明确。

第一,一般诚信义务(Fiduciary in Common)。这是一种比较广义的原则,任何法律关系中,只要能够证明双方或一方对另一方有“忠于为其办事”的关系即可,则如对方未能达到合理的应尽义务的要求,则受损失一方可要求法庭以对方未达到或未忠于诚信义务而起诉对方。

第二,受托人及受益人(Trustees and beneficiary)。信托及受益人是最传统的一种诚信义务关系,因为受托人(Trustee)受信托成立人(Settlor)的委托,为受益人(Beneficiary)掌管信托成立人所指派的财产。在大部分的情况下,受托人等于是同时服务于信托成立人及受托人,其中间并无合同关系的存在。之所以没有合同的关系存在于一信托的架构中,是因为信托成立人及受托人间通常并不存在Consideration (约因或对价)关系。当然,并不是说,此两者不能订立相关的合同,而是如果此二者之间有订立合同,则此合同将视同为整体信托架构中之证明事项(Burden of Proof),而非信托之全部。

由于信托成立人及受托人甚至受益人之间并无合同关系,如何能够确保受托人忠于信托成立人之信托对受益人利益进行最大保护?诚信义务即为此而设。其基本概念与先前所述十字军东征之传统演变并无二致。如果受托人没有尽到诚信义务而图利自己,则受益人(或信托成立人如还在世)可在法庭起诉受托人违反法定诚信义务,而得到相应的救济。

第三,合伙人(Partners)。合伙的定义,是指几个人一起出资或出力,为达到一定的目标进行努力,其劳动成果一起分享,有任何债务则一起负担。是一种人类在公司法盛行之前的原始的合作方式。当然,今天我们所指的合伙是指在现代公司法框架下的合伙制。但不论如何,在合伙人之间,除了可能有合同关系之外,还会有一层更广义的诚信义务存在。

第四,经纪人及客户(Broker and Client)。经纪人及客户之间必然会有合同存在,但合同规定的内容比较细密,而经纪人及客户之间还会有合同所无法规定的其他义务存在。这种义务通常归之于诚信的义务。易而言之,经纪人及客户的合同内容所规定的,为经纪人对客户义务所应达到的最低水平,而仅是达到此种水平,对客户的利益保障并不能达到完全的范围。因为经纪人及客户的关系并不完全只是一种合同关系,还有另一种更广泛的关系我们可以视之为诚信义务。因为除了合同关系外,经纪人还应该为其客户的广泛利益进行最大化的努力。

第五,雇主及雇员(Employee and Employer)。雇主及雇员是诚信义务的一种传统的关系,如同前述经纪人及客户之间,除了雇主及雇员合同所规定应达成的目标外,还包括双方对对方的诚信义务关系。比如,雇主应对雇员的利益进行最大化的保护、不泄露雇员的私人或财务信息(除非法定要求)等。同时,雇员也对雇主拥有诚信义务,比如对雇主的事情尽心尽力、对雇主的信息保密等。

总而言之,所谓的诚信义务即任何人与人或商业的关系,如果有信赖关系存在时,不论双方之间有没有合同的存在,都会产生诚信义务。如果对方违反了这个诚信义务,则另一方可以到衡平法院寻求相关救济,衡平法院通常会依照衡平原则,给予受害人应有之救济。

(三)违反诚信义务的救济

诚信义务,虽然看起来很抽象,其实在实务操作上并不是非常的困难。通常一方是否违反诚信义务，法庭会以普通法下之“理智人标准”(Reasonable Persons Test)来判断。即，在某种情况之下，法庭会想象作为一个有理性的人，以他的尺度来看被告人是否违反了诚信的义务。①

反之，被告人对自己的主要辩护则是其已向原告作了申报义务及告知同意。假如在某种情况之下，被告有可能违反诚信的义务，则在违反此义务之前，被告有申报义务。如果被告已对原告申报了对被告可能违反诚信义务，有证据证明原告已被告知甚或同意的话，在此情况下，则被告不对其违反的诚信义务负责。当然，如何认定被告已对原告告知其违反诚信义务的可能或得到原告的同意，则这是一个举证的问题。

如果一旦认定被告人违反了诚信义务，如图利自己等，则法庭将会强制地施加当事人间“Constructive Trust”(推定信托)关系的存在。这种推定信托，简单而言，就是若一个对他人有诚信义务，将他人的财产、商业机会、钱财等，以违反诚信义务的方式据为己有，则法庭即将此人所得的这些财产宣布为被害人所成立的信托户内。比如，一般信托的财产通过不正当的途径落入受托人手中，或公司高管将公司的商业机会占有图利自己等。换言之，此人以违反诚信义务原则所得到的财产，其最终所有权将归受害人所有。②

在某些情况下，如果推定信托尚不足以补偿原告之损失，则法庭可能对原告授予“Equitable Compensation”(衡平法下的公平补偿)，或普通法下的一般损害赔偿。值得一提的是，在以前当衡平法与普通法还未融合为一的时候，如果要求衡平法救济，衡平法庭是无法给予一般损害赔偿的。如前所述，现今衡平法与普通法已基本合二为一，因此法庭在某些时候也可能会给予原告一般金钱损害赔偿。但

---

① A reasonable man looking at the relevant facts... would think that there was a real sensible possibility of conflict':*Boardman v Phipps* [1967] 2 AC 46.

② Richard Edwards, Nigel Stockwell, *Trusts and Equity* (9 edn.), UK: Pearson Education Ltd., 2009. p. 264.

总体来说，违反诚信义务由于是衡平法的原则，一般法庭会给予的救济，除了宣布推定信托外，主要的救济还是以衡平法下的公平补偿或“强制履行”(Specific Performance)为主。

(四) 诚信义务在公司法下的概念

诚信义务在英美法体系下具有很广泛的义务，但在中国较常听到的诚信义务还是以公司法架构下的诚信义务为主，如中国《公司法》第 147 及 148 条。公司法第 147 条对公司的董事、监事、高级管理人员给了一个比较宏观的诚信义务/忠实和勤勉义务，第 148 条又规定了其忠实勤勉义务下何种行为不应为之等。笔者认为，第 148 条各款中，比较值得注意的是第 5 款：“未经股东会或者股东大会同意，利用职务便利为自己或者他人谋取属于公司的商业机会，自营或者为他人经营与所任职公司同类的业务”，这是一个标准的普通法诚信义务原则，并且是从英国案例工业发展顾问公司诉库利案(*Industrial Development Consultants Ltd v. Cooley*)衍生而来的。[①] 以下将详细讨论该案例。

被告库利是原告工业发展顾问公司所聘请的常务董事及建筑师。另一家公司东方天然气公司(The Eastern Gas Board)要在英国莱奇沃思(Letchworth)设计及建造一间厂房。该公司与库利联系并告知其公司想与他私下签订设计合同，而不欲其所属公司工业发展顾问公司介入。库利得知后即向其所属公司以健康为由辞职，并且得到该公司批准。库利辞职后就以个人身份与东方天然气公司签订设计合同并开始工作。当工业发展顾问公司发现这个情况后即起诉库利违反诚信义务占用公司机会[②]。法庭最后判决库利败诉，并需要赔偿工业发展顾问公司的损失。尽管在这个案件中，工业发展顾问公司原本就没有机会赢得合同，因为东方天然气公司并不愿意与它进行合作。但库利作为工业发展顾问公司所聘请的常务董事及建筑

---

① [1972]1 WLR 443.

② http://en.wikipedia.org/wiki/Industrial_Development_Consultants_Ltd_v_Cooley, 2014-11-15.

师，他在工作中所得到的一切信息或机会，都应该向公司报告，而不能私自图利。在这个案件中，有一个重要原则为法庭所确定，即“业务范围原则”(The Line of Business Test)。

业务范围原则是诚信义务的判断方法之一，即指某件事若是在公司业务范围内，则公司董事就不应利用机会或职权自己牟利。但仅仅证明公司董事不应通过其职位之便而牟利其实是不够的，而应当是在公司董事自己或公司整体有着同等的机会及前景获利时，公司董事有诚信义务将利益优先提供给其服务的公司。

另外中国《公司法》第148条最后规定的“董事、高级管理人员违反前款规定所得的收入应当归公司所有”这其实与之前所述普通法下的“推定信托”颇为类似。

七、结论

衡平法的产生是由于11～13世纪欧洲十字军东征后所发生的不公平、不正义情事的处理原则而形成，特别是当事人间的诚信义务。而衡平法的主旨是公平正义(de justice)，使受害人能得到其应得到的利益。为了使受害人能得到公平正义、实现当事人“诚信义务”责任的维持及保护，衡平法的建立及衡平法的两大武器“强制履行命令”(Specific Performance)及“禁制令”(Injunction)实功不可没。

我们在讨论英美衡平法中的核心概念“信托”(Trust)时，有许多反思及可借鉴之处，特别是中国经济活动日益蓬勃之时，可借他山之石，加以研究并引进运用，具有重大意义。因为衡平法的中心“信托”及“诚信义务”之规定，在英美法系的体制下已有二三百年的演进及实用，且时至今日仍然在适用中，其中道理自不待言。

论声音商标的表达

郑　臻*

新修改的《商标法》于2014年5月1日起实施，与修改前的《商标法》相比，修改后的《商标法》的一个重要变化就是对注册商标的条件、要素的修改。修改后的《商标法》第8条则规定："任何能够将自然人、法人或者其他组织的商品与他人的商品区别开的标志，包括文字、图形、字母、数字、三维标志、颜色组合和声音等，以及上述要素的组合，均可以作为商标请求登记。"这一修改删除了注册商标"可视性"的要求，同时增加了"声音"要素。

与传统的具有可视性的商标相比，声音商标具有无形性以及与商品或服务结合的间接性等特点。在商标的注册、保护以及侵权判定等方面存在着众多的特殊性。目前亟待确定的一个问题是，一个声音商标要想获准注册，应该采取什么样的表达方式。① 新的声音商标申请，以及产生纠纷对相似声音商标比对，都会涉及与声音商标申请时提交的表达形式相比对，因此，声音商标申请时的表达形式的选

* 郑臻，北京航空航天大学法学院民法专业硕士研究生。

① 声音有多种表达方式，本文所指的声音商标的表达，是指声音商标在请求登记时，注册申请文件中所采用的表达方式。

择至关重要。[①] 对于商标注册申请时应当提交的材料，修改后的《商标法》做出了一般性规定，其中并没有明确声音商标在请求登记时应采用的表达方式。本文在比较各国立法及司法实践的基础上，结合我国商标实践的现状，对明确声音商标的表达，提出合理的建议。

一、声音商标及其注册

商标按照其构成要素可被分成传统商标与非传统商标两大类，按照是否可以从视觉上加以感知又分为可视商标与非可视商标。声音商标属于非传统非可视的商标。《商标法》将声音商标定义为，"以音乐或特殊声音构成能够识别商品或者服务来源的标记"。声音商标可以分成音乐商标与非音乐商标两种，前者来自创作，例如"诺基亚之歌"，这种创作既可以是专门为商标而创作的音乐，也可以取自原有的曲谱；后者则既可以是创作，也可以直接复制自然界的各种音效，例如摩托罗拉公司的"hello moto"等。

（一）声音商标的特征

声音商标与传统商标一样，必须具备显著性、独占性等共性的特征。但是，由于声音商标的识别与保护大多需要依赖电子媒介，所以在审查与保护方面存在着与传统商标的差异，而这些差异正是由于声音商标的特殊之处所导致的。声音商标的特性，主要表现在三个方面。

第一，无形性，传统的商标在其表达上以有形载体的方式呈现，例如文字商标可以通过语言加以表达；图形商标可以通过颜色、结构加以表达等。虽然声音商标申请及注册要以有形载体的方式呈现，但是声音商标的本质——声音，作为一种可被感知的要素，并不具有固定的形态。

第二，动态性或间接性，传统商标在实践运用中，与所标识的商品构成一个整体，从而达到区别商品来源以及促进商品传播的目的。

① 秦臻：《声音商标保护的法律问题》，《中华商标》，2012(1)。

而声音商标，由于其自身的不可被直接添附至商品之上或者服务之中的特点，其要达到区别来源之功用，则必须依靠广播、网络等动态的方式间接地实现。

第三，广泛性或弱局限性，声音传播信息的能力比较强，使用条件比较简单，受到的干扰因素于图像及文字而言相对较小，更容易为人们所接受。通过互联网、多媒体等方式身处不同地域的人也可以很方便地接受声音所传达的信息，同时避免了诸如语言文字不通所带来的困扰。

（二）声音商标注册中的问题

无论是传统商标或者非传统商标，显著性是其必须具备的条件之一，其功用在于使消费者可以轻易区分此商标与彼商标之差别。无论是各国商标法的规定，还是国际公约的条文，显著性无一例外地成为了商标注册的前提条件。

从各国及地区法规的角度来看，声音商标的显著性分为固有显著性商标与取得显著性商标两类。前者无需证明，后者则需要证明具有"第二含义"才可以获批注册。[①] 在履行固有显著性商标申请程序与取得显著性商标的证明程序时，为了确保声音商标的准确性，一方面，商标局需要申请方对其申请商标的内容进行表达，提供相应的文件或者声音载体；[②]另一方面，商标局对于声音商标的管理，也需要依据注册商标时的表达方式为依据。因此，表达方式必须做到统一，但是在实践过程中存在着一定的问题。

第一，表达方式的准确性。一方面，声音商标因为本身的非可视性，很难用书面方式对其进行完整、正确的表达，尤其是那些本身不具有规律性的声音，想要表达清楚是十分困难的，而书面表达方式的选择很大程度上决定了声音商标能否被还原的准确性。另一方面，个人对声音，特别是对音乐的理解也存在主观感受的差异，不同的人

① 李明德：《美国知识产权法》，267页，北京，法律出版社，2003。

② 黄晖：《驰名商标和著名商标的法律保护》，11页，北京，法律出版社，2004。

根据同一段文字的表达会产生不同的理解，还原出来的声音尤其是音乐也可能会不一样。

第二，表达方式对保存商标的影响。有的表达方式不受时间的限制影响，如书面的表达方式；有的表达方式则需要考虑科技发展与科技进步因素。[①] 在对颜色商标进行保护时，颜色商标提供的颜色样板可能会出现随着时间的推移而褪色的现象，使颜色商标在长时间之后的存档记录中失真。声音商标同样可能出现类似的失真现象。在一些国家申请声音商标注册时是将声音刻录在载体上进行提交，这就可能出现未来某个时间载体消磁或者机器不匹配无法读取存档的情况。

以上问题在选择表达方式或者管理方式方面必须有所考虑。如果不能选择一个较为妥当的表达方式，把声音商标所包含的信息以固定的方式保存并且便于查阅，在对新的声音商标请求登记时，就难以判断其显著性的有无或程度高低，将面临注册声音商标的复杂检索，处理声音商标的纠纷，以及解决近似问题方面将会产生很大的麻烦。[②]

二、国际上的立法及司法实践

关于声音商标注册申请文件的表达方式，目前国际上主要有三种体例：欧盟的图示表达方式、美国等国家的描述性表达方式以及澳大利亚等国家与地区的混合表达方式三种。

(一) 欧盟的图示表达方式

对于声音商标的注册申请，欧盟采用的是图示表达方式。《欧盟理事会第 207/2009 号条例》第 4 条规定："所有可用书面形式表示的标记，特别是文字、图形、字母、数字、商品及其包装的外形，只要能将一个企业的商品或服务同其他企业的商品或服务区别开，均可以构

---

① 陈耀东：《商标保护范围研究》，361 页，天津，天津人民出版社，2002。

② 陈文吟：《商标法论》，56 页，台北，三民书局股份有限公司，2006。

成商标。"该条例第26条规定:"一份共同体商标申请应当包括:(a)共同体商标注册申请书;(b)说明申请人身份的文件;(c)请求登记或服务的商品清单;(d)商标图样。"在司法实践中,欧洲法院在Ralf Siechmann案中①,确立了图示表达的标准:请求登记声音商标的图样必须清晰、准确、独立、易于检索、便于理解、持久客观②;在Shield Mark BV v. Joost Kist案③中进行了解释:2003年,欧洲法院应荷兰最高法院的请求就Shield Mark BV v. Joost Kist案④进行解答时,就特殊声音商标的注册要求问题再次强调:注册商标应当能区别商品和服务的来源并能进行图示表达。对于声音商标的图示表达,欧洲法院认为:能够用五线谱描述,表示有小节的,标有谱号、音调、休止符号等的声音商标可以达到图示表达的要求,受商标法的保护;而不能通过上述形式进行图示表达的(比如动物的吼叫等⑤),则不能作为声音商标进行注册。⑥ Shield Mark BV v. Joost Kist案的判决确立了欧盟声音商标的注册要求,即声音商标的注册采取严格的图示表达制度。欧盟的商标法司法实践认可乐谱、声谱等图示表达方式,即请求登记的声音商标必须能以五线谱表达出来,或者用一定时间和频率的声谱表达出来。除此之外,其他的诸如通过文字进行描述的表达方式的声音商标不能获准注册。

严格的图示表达方式比较有利于注册文件的审查、复制、确认、

---

① Siechmann案是欧洲法院关于气味商标的判决。在该案中,判决还确立了认定商标的如下原则:"标识本身虽然不能被视觉感知,但可以为书面准确、客观地表述,仍可以作为商标注册。"(参见杨延超:《声音商标的立法研究》,《知识产权》,2013(6)。)这一原则的确立进一步为声音商标的注册留下了空间。

② 余翔、张庆:《非传统商标保护的比较研究》,《知识产权》,2011(2)。

③ Shield Mark BV v. Joost Kist (C-283/01) [2004] RPC 315 (ECJ).

④ 在本案中,Shield Mark BV请求登记了贝多芬的《致爱丽丝》中部分小节为标志的商标,后来,Kist也在自己的类似产品、服务上使用了这段音乐,Shield Mark BV诉其侵害了他的商标权,该案上诉至荷兰最高法院,该法院在裁判时征求了欧洲法院的意见。

⑤ 此判决发布前几个月,欧盟内部市场协调局驳回了美国米高梅公司就狮吼商标请求登记欧洲统一商标的请求。

⑥ 潘晓宁:《欧美特殊商标制度比较研究》,《上海经济研究》,2010(5)。

检索等，同时也便于以音乐为内容的声音商标的注册，普通公众可以通过提高音乐素养来理解相关声音商标的真正含义。[①] 但是其也有一定的不足：不是以音乐为内容的声音商标在进行请求登记时比较困难。非音乐内容的声音商标很难用乐谱来表达，单纯的用声谱来表达可能也不够全面，因为很少有人能读懂他的含义。[②] 所以在一定程度上，单纯的图示表达制度限制了可以注册的声音商标的范围。

（二）美国等国家的描述性表达方式

美国在声音商标的注册申请上采用的是描述性表达方式。美国《兰哈姆法》第 1127 条对商标的构成要素做出了规定，任何文字、名称、符号，或图形，或其组合都可以称为商标的构成要素。此外，该法还规定无线电广播或电视节目的标题、人物名或其他显著特征也可以作为服务商标进行注册。无论是立法还是司法实践，美国都没有排除声音商标注册的可能性。在请求登记商标时，美国《商标审查程序手册》第 807 条第 3 项(b)款规定，在申请一些无法用图形表现的商标时，商标图形可以省略，但在这些申请案中需要对这些商标进行足够的描述。因此，对于非传统商标的注册，美国并不强制要求提供一个图样，但是要求提供一个该商标的详细书予以描述。

就声音商标而言，一般要求用图形来表达，但是若商标只有声音，可以放弃图形的要求，用声音样本外加文字表达来描述声音标志或者是某复合商标中的声音部分也未尝不可。以 Edgar Rice Burrow 公司注册的人猿泰山的叫声为例，该商标的描述为：①胸部声区的搬厂音；②一个间歇后短促的第 8 音加上前述音的 1/5；③短音从前述音降 3 大调；④短音从前述音上升 3 大调；⑤长音从前述音降一个 8

---

① 《德国商标和其他标志保护法(商标法)》，谢东伟译，173～174 页，北京，北京知识产权出版社，2000；《法国知识产权法典》，黄晖译，134 页，北京，商务印书馆，1999。

② 余翔、张庆：《非传统商标保护的比较研究》，《知识产权》，2011(2)。

度音阶加上 3 大调;⑥短音从前述音上升 8 度音阶。[①] 又例如美国国家广播公司(National Broadcasting Company,NBC)注册了以 NBC 的钟声为其广播节目的声音商标,再如 1986 年米高梅公司注册的狮吼声音商标等。对于这样商标的注册,在请求登记时,可以只提供声音样本,以及对声音标志的描述和使用证明。[②]

描述性表达方式,对声音商标的注册要求较为宽松,似乎可以用于所有声音商标的注册。但是,较之乐谱的图形表达方式,相关公众对文字的描述缺乏统一的认识,不同的主体对文字所描述的商标可能出现不同的理解。这种方式容易造成商标的混淆,在商标侵权的场合,也会给当事人的举证带来一定的困难。因此,采用文字描述的方式对声音商标进行表达时,申请人和商标局无论是在申请还是在审查的过程中,确保所使用文字的准确性是十分必要的。

(三) 澳大利亚等国家与地区的混合表达方式

还有一些国家和地区采取了图示和描述相结合的混合表达方式,如澳大利亚、我国台湾地区等。澳大利亚《商标法》第 40 条规定:声音商标必须要能够用图示加以表示才可能核准注册,如果申请的商标不能够满足上述条件,那么该商标的申请会被驳回。但是,在实际执行中,澳大利亚对声音商标表达的要求相对比较宽松,申请注册材料中既包括单纯的图示,也可以用文字进行描述。

我国台湾地区在声音商标的表达上,采用的也是混合表达方式。我国台湾地区“商标法实施细则”第 10 条规定:请求登记声音商标者,应在申请书中声明,并以五线谱、简谱或描述说明表示,同时附存载该声音之光碟片。以五线谱或简谱表示,应为相关必要条件。因此,在我国台湾地区,请求登记声音商标的表达方式有两种:①以乐谱搭

---

① “Melissa E. Roth: Something Old, Something New, Something Borrowed, Something Blue: A New Tradition In National Trademark Registrations”, 27 *Cardozo L Rev*, 486 (2005)。也参见何炼红、何文桃:《声音商标注册保护的域外考察及启示》,《法学杂志》,2011(5)。

② 余翔、张庆:《非传统商标保护的比较研究》,《知识产权》,2011(2)。

配相关说明。即在乐谱之外，再加以文字描述；②单纯通过文字对声音商标进行描述。当请求登记的声音商标无法以五线谱或简谱进行表达时，也可以单纯用文字进行描述，并附存载该声音的光碟片。[①]

从上述介绍可以看出，前两种表达方式是可以互补的，即图示表达方式虽然能够有效地规范声音商标的注册，但是却存在部分非音乐商标难以描述的问题。与之相反，描述表达方式虽然比较易于描述，但是其允许注册的范围太过于宽广，因而会产生商标混淆等问题。如果将两者综合，以图示表达方式的优点克服描述表达方式的缺陷，反之亦然，那么这两者结合的产物就是种相对来说较为先进的表达方式，而混合表达方式正是这样的一种表达方式。其综合了图示表达方式和描述表达方式的优点，既实现了欧盟对于声音商标管理的高要求，又减少了因非音乐商标的难以描述而带来的困扰，是一种兼具灵活性与可操作性的声音商标表达模式。

四、对我国的启示

我国新修正的《商标法》，对商标的注册申请做出了更加详细的规定。其中，第 13 条第 5 款规定："以声音标志请求登记商标的，应当在申请书中予以声明，报送符合要求的声音样本，并应说明商标的使用方式。请求登记声音商标，应以五线谱或简谱加以描述，并附加文字说明；无法以五线谱或简谱描述的，应该使用文字进行描述。商标描述应该与声音样本一致。"从条文的具体规定来看，出于对混合表达方式包容性的考虑，我国采用了混合表达方式。但在对我国声音商标的表达方式进行制度选择时，除了要考虑不同方式之间的优劣之外，更应该兼顾的是我国的实际情况。

我国修改后的《商标法》第 11 条第 1 款规定，仅有商品的通用名称、图形、型号不得作为商标注册，第 12 条规定仅以商品自身性质产生的形状、为获得技术效果而需有的商品形状或者使商品具有实质

① 何炼红、何文桃：《声音商标注册保护的域外考察及启示》，《法学杂志》，2011(5)。

价值的形状，不得注册。一旦涉及声音商标，这两个限制商标注册的条文是否会出现适用问题呢？例如是否可以以卡车的轰鸣声注册为某卡车的商标？或者将葬礼进行曲注册为某丧葬服务的商标呢？从商标法的基本法理来看，立法者之所以要规定限制注册的商标种类，其目的在于维护商标市场的公平竞争，避免商标的永久垄断。由此观之，申请声音商标注册的声音，如果是由这种商品的本质属性所产生的，例如卡车的轰鸣声、动物的叫声等，或者已经在该服务行业内广为人知，例如婚礼进行曲，葬礼进行曲等。这些声音一旦允许注册，那么会使得同类型的商品或服务在声音的相似领域难以注册，这与立法者的初衷是相违背的。因此，笔者认为对于《商标法》中申请声音商标注册的声音，不妨做限缩解释，即对于申请注册声音商标的声音，应是具有独特性的声音，但如果能证明其有显著性或第二内容的常见声音除外。

我国是一个商标申请数量的大国，但并不是一个商标申请质量的强国。数据显示，截至 2013 年年底，我国商标累计注册申请量超过 1300 万件，累计商标注册量为 865 万件，已连续多年居世界第一。我国拥有如此强大的商标申请及注册数量，但是在权威机构统计的商标价值排行榜上，却难见我国商标出现在榜单的前列。出现这样的现象，原因在于我国商标体系进行构建时较低的门槛致使商标申请数量急剧上升，但商标质量却没有得到同步的提高。较低的门槛容易导致商标的泛滥以及商标的贬值。[①] 声音商标的无形性使得它更加可能出现商标泛滥的情形；声音商标与商品或服务结合的间接性，使得其更容易出现商标质量降低的情况。

有鉴于此，作为一种新的非传统商标，在制度实施之初建议采用较为严格的方式，提高声音商标注册的门槛；同时，请求登记的声音商标，又应当采用混合表达方式，这样既可以避免声音商标的混淆，也有利于提高注册声音商标的质量。

---

① 岳晓羲：《论声音商标的显著性及其表达方式》，《电子知识产权》，2013(10)。

综上所述，在我国实施的《商标法》已经明确规定对声音商标进行保护的前提下，设计出相关的配套制度对于构建良好的商标秩序至关重要，而声音商标注册申请时所采用表达形式的选择，是整个声音商标保护制度进行构建的基石，在制度设计上既应考虑每种方式的优劣，也应着眼于我国商标实践的实际，谨慎地予以选择。鉴于我国注册商标数量庞大但质量却参差不齐，从规范商标注册的角度分析，选择混合声音商标表达方式更具合理性。

法治非法之所以可能
——评《西方的掠夺：当法治非法时》

魏磊杰*

导论

在晚近以来的历史长河中，虽然人们对法律、道德和政治秩序一直存在来自内部与外部的批评，然而，此等批评基本上是针对理想与现实、理论与实践以及应然与实然之间差异的强调。西方法律思想的基石及其世界观，在很大程度上仍未受到实质性的挑战；虽然资本主义民主仅是一种有限的阶级工程，却是较之集权主义秩序的一种进步，应当得到维持。法律话语，无论是自由的抑或激进的，仍旧深深地根植于西方的价值与传统，鼓吹德沃金观念中的所谓“法律帝国”(Law's Empire)①。在这个“帝国”中，虽然法治几乎从未被谨慎

* 魏磊杰，法学博士、厦门大学法学院助理教授。感谢北京大学法学院章永乐副教授、南开大学法学院李晟博士、北京大学法学院孔元博士生为写作本文提供的建议与启迪；感谢北京大学法学院硕士生吴双、厦门大学法学院本科生郭宪功提供的文献支持。

① 参见[美]罗纳德·德沃金：《法律帝国》，李常青译，北京，中国大百科全书出版社，1996。

地加以界定，但其内涵常常被暗示具有某种积极意义。法治成为人类之间交流的波兰尼意义上的“隐形知识维度”的一部分(第12页)，它往往被视为具有一种“不言自明的善”(unqualified good)。[①] 而且，“冷战”的结束意味着所谓的“历史的终结”[②]，这被阐释为西方自由民主模式的胜利。而鉴于法治与民主之间无法割裂的联系，它近乎一夜之间变成了一个无可辩驳的具有积极意义的理想，一套几乎无法排斥的强大的话语体系，以及一种最具霸权性与支配性的自然秩序。或许正因如此，此等值得追求与拥有之样态铸就了法治的主导形象。在这种情势下，就像反对法律的公正，或反对市场的效率一样，试问有谁会冒天下之大不韪去质疑其价值，进而反对一个基于民主和法治治理的社会呢?

然而，《西方的掠夺：当法治非法时》一书的两位作者——意大利比较法学家乌戈·马太(Ugo Mattei)与美国法人类学家劳拉·纳德(Laura Nader)，却带给我们一个极富冲击力的话题。[③] 接续西方新“左”翼学派的思想传统，他们意在促使我们调整认知范式、重新定位观察视角并彻底更易既有观点：我们表面看到的法治的这种主导形象既不是故事的全部，甚至根本上就不是一个真实的故事。他们认为，“不管是过去还是现在，对法治的帝国主义式的运用都隐藏在目前远非理想的公平分配实践下。这些运用确实是值得理论界关注的文化课题，因为它们从结构上阻碍了使用法律去解释世界财富分配不公的可能。”(第1页)他们抱持的主要使命是通过对法律与发展关系主流叙事的挑战，来客观评估当下世界秩序的真实状态。显然，无论从行文风格还是立场鲜明的话语构建方式研判，本书似乎意在秉

---

① See Issa G. Shivji, “Law's Empire and Empire's Lawlessness: Beyond the Anglo-American Law”, 1 *Law, Social Justice & Global Development Journal*, 2003, p. 1.

② [美]福山：《历史的终结及最后之人》，黄胜强、许铭原译，北京，中国社会科学出版社，2003。

③ 参见[美]乌戈·马太、劳拉·纳德：《西方的掠夺：当法治非法时》，苟海莹译，纪锋校，北京，社会科学文献出版社，2012。如无特别说明，本文正文所标识的页码皆为此中译本页码。该书英文信息为：Plunder: When the Rule of Law is Illegal, 2008。

持与经典著作《东方主义》相同的理论关照。《东方主义》一书旨在揭示隐含在传统东方学研究中的权力话语及其运作机制（“主义”），促使人们对文化霸权的运作方式获得更好的理解，并最终达到在雷蒙·威廉斯所言的在对“固有支配模式”的“抛除”上稍稍向前迈进一步的目的。[①] 很明显，延续此种论说路径，在《西方的掠夺》一书中，作为一种权力话语的“法治”在不均衡权力关系的世界格局下，往往充当着正当化新旧帝国主义对外掠夺的有效工具；而通过揭示掠夺与法治之间的历史与现实关系，本书的作者最终意在呼吁彻底摒除当前新自由主义支配的发展模式，甚至摒除其背后隐含的西方文化至上论的意识形态，最终实现“超越不合法的法治”，进而达致“人民法治”之目的（第242页）。或许恰在此等意义上，在扉页中特别标明此书“为纪念爱德华·萨义德所著”便具有了作者意在效法先贤，秉持严肃而理性的批判意识，承担继续挑战西方文化霸权之未竟事业的知识与道德责任的特殊意涵。

通观全书，两位作者的意图在于对“法律”与“发展”的主流叙事发起挑战。主流的法律叙事鼓吹“法治”观念，秩序被认为不可避免地取决于法律，而失序之根源在于缺乏“法治”；同样，主流的“发展”叙事，则被新自由主义经济政策演绎为解决地方与全球经济问题的最佳途径。地方经济应当追寻开放的市场、实行私有化、自由化以及公司化，无论何时，“结构重组”与“全面发展”对于第三世界经济体而言皆不可或缺。换言之，“法治”与“自由市场”业已成为融进“文明国家”之列的准入条件，这些国家要做的不过是进入“主流”，只要做到这一点，其余一切皆不成问题。针对此等占据统治地位的童话般叙事，《西方的掠夺》一书建构了以非法性与掠夺为主题的一种反叙事。在他们看来，“法治”并非偶尔造就了失序，“市场效率”也并非在不经意间掩饰了掠夺。恰恰相反，它绝不是一种例外，而是“作为一种规

① 参见［美］爱德华·萨义德：《东方主义》，王宇根译，36页，北京，生活·读书·新知三联书店，1999。

则，掠夺是用于描述统一和扭曲的资本主义扩张模式的重要概念，而这种扭曲现在（却）至多被视为特例”（第8页）。

这可以说是两位作者在此书中秉持的基本立场，而之所以表现得如此鲜明、言辞之间充满张力甚至近乎没有留下任何妥协的余地，除了明显承续西方批判性“左”翼学者如爱德华·萨义德、诺姆·乔姆斯基以及萨米尔·阿明等人论辩式的激越文风外，根本原因或许在于，作者身处这个由西方主流话语占据支配地位的时代，[①]如欲在话语权争夺战中取得优势，在某种程度上“矫枉必须过正”不失为一种必要甚至必需的战略手段。“在这个法治退化为空洞的言辞或变成高压统治下的双重话语的世界里，合法与非合法的区别界限变得模糊了。我们还需要经历多少痛苦折磨才能意识到相似的悲剧是一种规则而非意外？我们还需要多少时间才能意识到企业资本主义文明的失败，才能着手去彻底改变这种毁坏性的发展模式”（第9页）？与大多数意在突破现代性意识形态决定论宰制的“左”翼思潮一样，两位作者此番对法治迷思做出的解构努力之终极目的，也是为了促生出更为理想与公平的人类社会运作模式。在这种意义上，作者的此番感慨与其说可被解读为一种无奈的悲情哀叹，毋宁说是他们在充分意识到自身肩负的艰巨智识使命之后吹响的继续战斗的号角。

一、运作框架：法治为何可能非法

在两位作者看来，在晚近的欧美历史进程中，法律通常都被霸权国家或其他强权主体用于论证掠夺的合理性。今天的法律，如世贸组织协议、国际货币基金组织和世界银行贷款条件以及本质上是种族主义权利话语的法律，其实都是一种使掠夺合法化的法治，而这本身却是不合法的（第3页）。既然他们并不否认法治本身具有通常理解的良善面向，那么在何等不同的社会历史语境中，法律/法治可能

---

① 在序言中（第3页），两位作者特意提及为出版此书而经历漫长而艰辛的过程，似乎通过这一事实意在表明法治在当下美国知识产业内部拥有数量如此众多的拥趸，以及在这一现象背后隐藏的我们所受到的主流意识形态霸权的支配是何其地根深蒂固。

产生压迫作用，便自然会成为论证的起点。他们指出："种族中心主义的制度结构和信仰体系创造了一套服务于欧美的强大法治意识形态，这套意识形态都是殖民主义和帝国主义行为的关键。"（第2页）在这一点上，与萨义德一样，他们借用了意大利思想家安东尼奥·葛兰西的"霸权"概念（第20页）。根据佩里·安德森的分析，葛兰西意义上的"霸权"是指此等类型的统治：它所配备的不仅是军事暴力的决定性权力，而且首先是获得被支配者对他们所受支配的道德同意的能力；这样的意识形态支配，必须提出一系列对世界的描述，必须提出统领这些描述的价值，而这些价值大部分将被受支配者内化。[①] 萨义德更是直接指出，两种力量并存是老牌帝国主义霸权的一个特点，然而在美国主导的世纪中，不同之处就在于意识形态支配层面的突飞猛进。[②]

显然，两位作者所言的"种族中心主义的制度结构和信仰体系"大体便是这里所谓的西方"意识形态支配"的内核，它构成了控制、重塑乃至永久君临非西方他者的，足可自我证成的道义基础。在很大程度上，此等支配导源于强调以工业和技术为中心的各个层面现代发展的决定论式的宏大叙事。这种宏大叙事虽假借自由、解放之名，实际上却总是由特殊的发出者（权力者）建构，并在本质上以自我为标准的意识形态。[③] 建构者往往借助普世性分析方法、简化的模型和带有乐观取向的措辞技巧而获得一种垄断性的价值优位[④]，从而获致一种让对方服从于"通说"、"流行符号"和"政治正确"的权力，一种让其放弃自主表达而去追随和复制权威话语的权力；而在被追随和复制的过程中，权威话语变得愈发强大，知识生产与再生产进而在其支

① ［英］佩里·安德森：《霸权之后？——当代世界的权力结构》，海裔译，《文化纵横》，2010(1)。

② 参见［美］爱德华·萨义德：《文化与帝国主义》，李琨译，415页，北京，生活·读书·新知三联书店，2003。

③ 关于现代性话语霸权建构的详尽分析，可参见魏磊杰：《全球化时代的法律帝国主义与"法治"话语霸权》，《环球法律评论》，2013(5)。

④ 参见许宝强：《资本主义不是什么》，103页，上海，上海人民出版社，2007。

配下重复进行。依循福柯意义上的知识与权力之互动关系而对“知识就是权力”(Knowledge is power)的重新诠释，在此可获得更为具体与完满的呈现。[①]

从现代性话语中衍生出诸如“文明”、“进步”、“发展”等子话语实际上就是践行着此种运作逻辑，与西方经济、政治与军事等不同形式的权力相互作用与彼此支撑，在由此促就的世界霸权格局中，维持着对弱势政治行为体的持续宰制与掠夺。在本书中，两位作者强调，殖民主义与新殖民主义两个阶段在本质上具有延续性，这体现在法治皆被帝国主义用于掠夺并为其正名(第20页)。如果说殖民统治时代发展出了优越性和文明的概念，那么，目前的新自由主义统治则使用了发展的话语，其目的就是在全球范围内构建一个服从强权者利益的法治模型，从而冻结底线，并为资本主义扩张以及由此产生的进一步不平等创造法制框架(第166页)。这就是说，作为由强势者建构出的“可塑话语”——“发展”与“法治”——本质上都是一种现代性话语，而且彼此依托，相互强化。对此，汪晖的论断颇具启发意义。在他看来，发展主义在“二战”后成为现代化理论的一个重要的内容，也是现代社会的普遍的意识形态。作为一种典型的现代性叙事，其特征就在于把成功的发展模式(如美国的或欧洲的或日本的)当作普遍的发展模式，认为这些模式适用于所有的地区；同时承袭了现代性叙事内含的价值排序倾向，潜在地将当代世界区分为发达国家和发展中国家，并在时间的轴线上暗示前者是后者的明天，从而掩盖西方社会的发展对于殖民地的依赖，掩盖这种发展同时意味着对别的地区和人民的发展权利甚至生存权利的剥夺，掩盖这两者其实处于一个中心与边缘、主宰和从属的不平等权力关系之中。[②] 在很大程度上，“法治”话语则在这种不平等的权力关系中发挥作用，不仅作为重要因素参与着此等权力关系的建构与再生产，而且更从正当性层面对

① 参见张宽：《再谈萨义德》，《读书》，1994(10)。

② 汪晖：《去政治化的政治：短20世纪的终结与90年代》，504～505页，北京，生活·读书·新知三联书店，2008。

其进行着不断的维护与强化。对此,本书作者之一早期做出的论断甚为妥帖:“虽然在殖民时代,国际霸权的政治斗争主要以公开使用的政治暴力为之,但是在经济帝国主宰的全球化时代,政治暴力却早已被转变为了法律的暴力。”[①]

总之,意识形态霸权的任务就是使统治的暴力变成法律认可的权力,并由此将所有抵抗都表现为暴力、犯罪甚至兽行。在此书中,两位作者意图呈现给读者的就是此等霸权构建的基本模式:无论在殖民时代还是新自由主义统治的时代,为掠夺打造一副普遍化且理所应当的固定形象,无疑皆是一种重要的战略(第22页),其目的就在于,弱化不同社会环境的复杂性,从而在理论自洽的二元论排斥逻辑中,使其对弱势政治行为体的统治与掠夺自然化、合法化以至最终彻底否定。在这种意义上,他们将法治与掠夺的历史与现实关系置于西方文化霸权潜在支撑的不均衡世界格局之中,进行重复甚至不厌其烦的强调(第1章),主要考量似乎便是为接下来分析法治话语在两个层面上的具体运作(第2章至第6章)提供必要的理论铺陈与论证依托。

二、运作机制:法治如何可能非法

根据通常的理解,“法治”这一流行表达在当前处于支配地位的自由民主传统中至少具备两层不同含义。然可以肯定的是,这两层含义皆与掠夺毫无瓜葛。那么,既然如此,法治又是如何被充当证成对外掠夺的工具,进而沦为所谓“非法”的呢?结合历史与现实诸多事例,两位作者对于“法治如何成就非法”的具体机制给出了详尽的阐释。在他们看来,在西方主流话语中,法治具有两层含义:第一层,法治被当成一种制度,用以保护私有财产不受政府侵犯,并保证合同义务的履行;第二层含义的诠释与根植于自然法的自由主义政治传

① See Ugo Mattei,“A Theory of Imperial Law: A Study on U. S. Hegemony and the Latin Resistance”, 10 *Indiana Journal of Global Legal Studies*, 2002, p. 385.

统相关。根据此传统,当一个体系中的领导者受到法治约束时,该体系就能被有效管理;如果当局者肆意妄为,以至于其领导者被视为独裁者,那么它就是缺少法治的(第16页)。

其实,不难看出,无论哪种观点,法治皆可被解释为一种对国家干预权的消极限制。因此,一方面,出于对集权进行约束的考虑,主权国家必须提供并尊重法治;另一方面,法治亦被设想成为一种凌驾于国家之上的事物,是国家自身的合法性因素(第17页)。这就意味着,不论在哪层意义上,在当下不均衡的世界权力格局中,这种可堪用来评价甚至支配他者主权体系的正当话语本身蕴含的可塑潜力无疑是巨大的。或许正因如此,才使得法治往往能够成为强权主体掩饰与证成对外干预与掠夺的一种屡试不爽的意识形态工具。实际上,两位作者就是依循法治的这两重含义及其各自与掠夺的互动关系来组织全书的。在前一部分(第2章至第4章),他们主要从法治在新自由主义观念体系中扮演的核心角色来谈其是如何被充作结构重组/全面发展之工具的;在后一部分(第5章至第6章),他们则主要从国际法/国际人权与法治缺失话语之间的互动关系来阐释其是如何被充作政治/军事干预之借口的。然无论是结构重组抑或政治/军事干预,最终目的仍最终可被主要归结为强势行为体谋求的掠夺。在这种意义上,诚如有学者评论的那般,本书可被称之为一本不折不扣的关于掠夺的"政治经济学"著作。

(一)自由主义的美丽新世界:"帝国"还是帝国主义

对于主流的发展叙事,文森特·塔克曾做过如此描述:"发展是这样一种过程:由西方式的对世界的认识和感知方式主宰他人,并塑造着他人的命运。……这个过程中的本质部分就是'发达'国家管理、控制甚至创造第三世界的经济、政治、社会及文化等各方面。"(第61页)这种论调近乎将所有国家的经济史视为对单一发展模式的遵循,各自在不同的时代不同的标签下("发达"与"欠发达")依据不同的速度演进。然而,兴起于20世纪六七十年代的依附理论和世界体系理论(以弗兰克、沃勒斯坦、萨米尔·阿明与阿瑞吉为代表),对这一现代发展观提出了强烈批判。[①] 他们认为，一个地区或国家经济体系的进化不仅为一定的数量因素或其内在的结构所决定，而且更重要地取决于资本主义世界体系的等级与权力结构的位置；通过殖民体制和(或)其他帝国主义统治形式的强制施行，附属经济体的欠发达被创造出来，并通过融入全球主要资本主义经济的网络之中得以维系，进而对那些主要经济体具有了真正的持续依赖。[②] 可以说，这在很大程度上道出了当下国际经济权力结构之所以维持长久不均衡样态的根本原因。在本书中虽未明显体现，但两位作者潜意识地接受了这种理论并将其作为观点铺展的背景基础，当无疑义(第236页)。

若非20世纪80年代初全球性经济衰退及其影响，那么美国就不可能在布雷顿森林体系中大获成功，更不可能在世界范围内推行新经济准则上获得胜利。与此同时，一方面，由于殖民者的撤退，去殖民化使得诸多新生国家迫切需要发展的资金；另一方面，此时的经济萧条又加剧了原材料价格的急剧下降，而大部分第三世界国家的出口却严重依赖于此(第67页注释1)。因此，这类国家的国内发展计划整体上受到了釜底抽薪式的影响。双重因素的交互作用，使得他们不得不唯国际信贷机构马首是瞻。[③] 随之而来的柏林墙的倒塌、苏联体制的崩溃以及中国适应西方资本主义标准的明显意愿，似乎印证了弗朗西斯·福山预言的历史的终结已经到来(第53页)。革命、

① 在一定意义上，依附理论是世界体系理论学术思潮的一部分。这一思潮的共同特点是改变了马克思那种对资本主义的“理想型”分析，突破了“社会”与“民族—国家”之间暧昧而又含混的等同关系，在全球范围内分析资本主义实际的展开过程，尤其侧重于考察现代世界史如何围绕资本主义中心地带将各个地区编织到一个共同的互相联系的不平等的体系之中的，资本积累是如何在使某些地区发达的同时在另一些地区制造出欠发达的状态等。就此做出的详尽解读，可参见陈燕谷：《从依附理论到全球体系》，载李陀、陈燕谷编：《视界》(第2辑)，石家庄，河北教育出版社，2001。

② 参见[美]麦克尔·哈特、[意]安东尼奥·奈格里：《帝国：全球化的政治秩序》，杨建国、范一亭译，276～277页，南京，江苏人民出版社，2008。

③ [挪威] 文安立：《全球冷战：美苏对第三世界的干涉与当代世界的形成》，牛可等译，373页，北京，世界图书出版公司，2012。

社会主义、共产主义甚至改良主义似乎已被藏匿到历史壁橱最上层的抽屉中去，而那里只有不幸的收集者才会光临。① 资产阶级集团无疑继承了这个世界，凯恩斯主义鼓吹的社会民主业已被撒切尔夫人和里根发起的新保守主义革命取代。在市场近乎吞没一切的全球化时代，新自由主义的市场哲学仿佛成为了最优和唯一可能的选项，鼓吹财政约束、私有化和市场/贸易自由化的华盛顿共识渐趋成为横扫环宇的垄断性意识形态。

在这种权力格局与特殊时代背景下，信贷，无论是以发展为目的还是以偿债为目的，在今天都伴随着严格的援助条件。尽管附加在“结构重组”（现更名为“全面发展”）上的苛刻政策因政治因素而在各地大相径庭，但国际金融机构干预中表现出的一些普遍特征或多或少都符合掠夺的定义。事实上，结构重组方案就是一种合同协议，它使得受援国以放弃经济和法律主权为代价获得融资，而一旦移交此等权力给国际信贷机构，就意味着国家的政治和经济就必须沿着新自由主义的正统路线而重新架构（第66页）。由于新自由主义发展模式对市场和私营成分具有较大的依赖性，所谓的“重新架构”就是要改变私人和公共制度的基础性规则，确立一种新的对贸易、金融和投资有利的法律框架。国家的新的中心任务便是提供并负责执行这种法律框架，而鉴于这种中心任务据称在民主政体中完成的最好，所以法治就成为了发展中的精髓。② 更关键的是，这些处在世界体系外围和半外围的民族国家既无权威更无途径对这种权力移转的合法性提出挑战，国际治理机构由此便可将其顺理成章地转化为证成掠夺的理想环境，最终构建起一套完全自洽的行为逻辑体系。

衡诸全书，这些机构是通过将法律功能去政治化的战略来巧妙地达到此等效果的。在两位作者看来，在权力不均衡的新自由主义

---

① [葡]博温托·迪·苏萨·桑托斯：《全球左翼之崛起》，彭学农等译，2页，上海，上海人民出版社，2013。

② [葡]博温托·迪·苏萨·桑托斯：《迈向新法律常识：法律、全球化和解放》，刘坤轮、叶传星译，390页，北京，中国人民大学出版社，2009。

全球化时代，就像在资本主义国家内部一样，法律本应通过为弱势主体提供市场管控、提升公共福利等反市场替代方案来维持市场与社会之间的平衡，维护社会的公平与稳定。然而，实际上法律却造就了一种截然相反的结果。借助新保守主义政治议程杠杆的撬动，崇尚效率逻辑的法律经济学方法实现了自身当前扮演的全球性角色。具有专业知识的新自由主义经济学家和律师成为新的全球法律生产者——公/私全球治理机构（世贸组织、世界银行、国际货币基金组织、大型律师事务所、评估机构等）对外推行"善治"良方时最有分量的建议者。在他们眼中，特定的制度与政治结构环境，纯粹只是交易成本，法律仅是中立和技术的产物。它可能会被直接或间接地作为目标进行修订和改正，而其所使用的方式与干涉修理一个污水系统或医院所用的毫无二致（第55页）；法律应为市场行为者创造激励，其正当性必须建立在以确保市场自由吸引外资能力为度量的经济效益而非社会公平基础之上（第111页）。

基于这种意识形态革命，通过结构重组方案，在弱势国家发展一套有效率的法律系统，即企业/市场友好型法律系统，变成了他们一个新的文明使命。法治（及其同义词"善治"）被视作理想市场经济的制度基石。由此，在此等全球单一思想时代，伴随着国际间跨国企业行为者的推助，法律与市场之间的关系发生逆转：由企业主导的市场在管制法律，而非相反。在两位作者看来，这种逆转对于无所不在的主权国家这一实证主义概念——其价值与偏好皆在法律中得以彰显——无疑是致命的。此等对于法律概念的重塑——从一种秩序约束金字塔被诠释为一种纯粹的非政治性激励机制——意图实现之目的便是将国家中心主义从其主导性的法理地位中彻底拉下马（第113页）。而且，由国际治理机构起草的重组方案，在直接经济条件下被实施执行，以势不可当的力量主导着地方政治过程。一方面，它处在一个朝野两党皆无法触及的位置，因为这些政策往往以高度简化但却具有高度干预性的法律表述为基础（第 57 页）。[①] 另一方面，这种唯“全面法律系统”是从的观点却无法被任何意欲当选的反对党真正挑战，因为抛弃经济存活所需的国际资源在政治上被视为是不负责任的表现。在这种意义上，“全面发展”的概念使得新自由主义者能构建出一个与选举政治逻辑直接挂钩的宪法架构（第 58 页）。由此，通过这一战略，国际治理机构在消解受援国经济与法律主权概念的同时，重新建立了凌驾于地方政治之上服从并服务于新自由主义霸权体系的新的“主权”。当然，失去的主权并没有完全销声匿迹，它只是已被吸收并浓缩成为一个超级主权国家中心。

本质上，新自由主义的最终目的就在于创造一个“自由的世界秩序”，一个开放的全球经济和一个全球政策体制，以此打破阻碍跨国资本在国家间自由流动，以及资本在国家内部自由运作的所有国家障碍。[②] 这一计划的过程与早期资本主义的国家建设阶段类似，全球化不过是在世界层面上重复这一进程而已。在不均衡的世界权力格局中，全球技术规则制定者主导的全面发展政策将法律——已被其经济转变而恰当地去政治化——列入经济发展的核心议程，进而通过对法治观念这一武器的系统性使用将布雷顿森林体系从发挥稳定性作用的金融实体转变为发挥非稳定作用的政治行为体，意图达到的就是此等将新自由主义世界治理方案扩展至全球的终极目的。在麦克尔·哈特、安东尼奥·奈格里合作的《帝国》一书中，他们将这种在统治的单一逻辑下得以整合的由一系列国家的和超国家的机体构成的新的全球主权形式称之为“帝国”。[③] 这本质上是指全球化的权

① 对此的有力佐证，两位作者在本书的第 57～58 页援引了世界银行 1999 年出版的《世界发展报告》的一段表述：“如果没有对于人权和财产权的保护，以及一个全面的法律框架，任何平等的发展都是不可能的。政府必须要确保自身具备一个有效的系统，这些系统包括财产、合同、劳动力、破产、商业法规、个人法律权利及其他综合法律体系因素……”

② ［美］威廉·罗宾逊：《全球资本主义论：跨国世界中的生产、阶级与国家》，高明秀译，101 页，北京，社会科学文献出版社，2009。

③ ［美］麦克尔·哈特、［意］安东尼奥·奈格里：《帝国：全球化的政治秩序》，杨建国、范一亭译，序言 2 页，南京，江苏人民出版社，2008。

力网络，一个没有绝对权力中心而控制机制无处不在的帝国。他们认为原来意义上的帝国主义已经消失，现在已经是个全球化的世界，现在的统治模式是通过市场，通过新的主权关系构筑起来。然而看看"9·11"之后美国的反应，看看最近发生在世界上的许多事情，如果说帝国主义已经消失，则明显是不准确的。恰如汪晖先生评价的那样，"新帝国"所包含的欧洲帝国主义延伸下来的帝国主义面相是很清楚的。以国家作为单位的帝国主义和殖民主义以反恐战争和产业转移的方式仍然存在，新的阶级制造过程又在开始，这些都是19世纪历史的开端，没有什么东西终结了。[①] 作为单一霸权国家的美国在世界范围内的干预政策本身就是新自由主义帝国与帝国主义联合的统治权力形态。[②] 在很大意义上不难判断，此等切中肯綮之洞见与《西方的掠夺》一书的核心立场不谋而合。

（二）再见，威斯特伐利亚体系

不论历史真相或当前形势如何，西方国家无疑已经发展出了一种强烈的法治认同。在两位作者看来，这种认同感通常是通过与他者的对比而得来的，而这些他者几乎无一例外被描述成"缺失"法治（第18页）；"缺失"成为一种只有通过嫁接西方法律才能弥补的相对性缺乏（第8页）。按照亨廷顿的说法，"我们只有在了解我们不是谁，并常常只有在了解我们反对谁时，才了解我们是谁"。[③]正因劣等"他者"的存在，才可凸显与界定优等"自我"的身份、利益与战略偏好。基于此等东方主义理论，目标国总是表现为简单、原始、静态而且基础薄弱，缺少某些只能由更文明的国度才能提供的最简单与最根本的东西。[④] 这些东西不单指法治，而且还包括西方意义系统中的与法

---

① 汪晖：《别求新声：汪晖访谈录》（第二版），111页，北京，北京大学出版社，2010。

② 同上书，78页。

③ [美]塞缪尔·亨廷顿：《文明的冲突与世界秩序的重建》，周琪等译，5页，北京，新华出版社，2010。

④ See generally Laura Nader, "Law and the Theory of Lack", 28 *Hastings International and Comparative Law Review*, 2005, pp. 191～204.

治紧密相关的文明、自由、宪政、人权、民主、选举等（第 156 页）；而缺陷和缺失则往往被归咎于殖民主义（欧洲）和后殖民主义（共产主义）秩序，或仅仅被归咎于被歪曲表达的当地伊斯兰或儒家思想等“过时”观念，而笃信能提供更优越模型与更进步良方的“干预”，无论是国际金融机构主导的结构重组方案抑或美国对阿富汗和伊拉克等弱势政治体的直接军事入侵，则能顺理成章水到渠成般地“弥补”此等缺陷（第 36 页），将这些已被上帝遗弃的荒漠转变成为充满自由、民主、文明的伊甸园（第 133 页）。在这种话语支配下，从国际制裁到有限战争，从军事占领到国家建设以及对罪犯与失败的国家的国际管理，其目的除了保护之外就是为了解救与纠正。

然而，在两位作者看来，如同早先的诸多话语表达，它们既是救赎的，又是侵略的，允诺最好的但往往却是践行最糟的。纵观历史，在十字军东征期间，教皇乌尔班二世发起的激烈宣传将阿拉伯人描述为应受杀戮的野蛮人。同样，人祭这类做法被挑出以否认印加人的卑劣人性，以使皮萨罗的疯狂掠夺合法化。今天，在明显的延续性模式下，塔利班时期的蒙面罩衫、可怕的女性割礼或其他侵犯人权的行径则被用以建构另一波西方掠夺的合法性（第 150 页）。据此，他们认为，强大的西方国家总是在寻找着使干涉合法化的策略。这些策略意在降低干涉与控制的政治军事成本，解决根植于掠夺的道德问题，其目标就在于通过使受害者在某种程度上接受掠夺从而将权力转变成霸权。借用一篇引用率颇高文章的题目来描述，此等话语战略就是要“为战争装饰一个门面”(Give war a chance)。[①] 当然，为了免受政治批判，使其显得必要和自然，既然普通法律手段无法证成西方的干涉，那么就必然寻求更高层次的合法性证明，以便使掠夺能够再次躲过公开的讨论与批判而得到庇护（第 151 页）。由此，在普世价值旗帜下实施的国际人权主义干涉便开始大行其道，毕竟“以‘政权

① See Edward N. Luttwak, “Give war a chance”, 78 *Foreign Affairs*, 1999, pp. 36～44.

更替’为目的的干涉在既有的主权框架下是非法的，但却可以在人权侵犯的说辞中找到基础，而侵犯人权的正是斯洛博丹·米洛舍维奇、奥马尔或萨达姆·侯赛因这样的合法主权”(第 184 页)。

以伊拉克为例，两位作者阐释了在掠夺、战争以及干预之间以人权为核心的法律意识形态发挥的作用，尽管这部分论述整体显得有些散乱，但大体上仍能从中抽绎出三重紧密相连的论述维度：第一，国际人权话语对国内主权的解构与宰制；第二，国际人权法实施过程中秉持的双重标准；第三，以维护国际人权之名进行干涉的终极目的。与上述新自由主义经济扩张模式一脉相承，所有这些的行为主体仍是不均衡世界格局中的政治强势者，行为对象仍为同一格局中的政治弱势者，强者对弱者的干预绝非为了普及自由民主体制，本质上仍是为了掠夺，而与国际人权绑定在一起的国际法治便是一种为此种目的进行辩护并推助其最终实现的话语工具。在某种程度上，这便是詹姆斯·加德纳在 20 世纪 70 年代提出的“法律帝国主义”(Legal Imperialism)理论的基本架构，[①]在《西方的掠夺》一书中，两位作者明显借用了这一表述模式，并结合全球化时代的崭新权力格局给予了其重新的界定与诠释。

“冷战”的结束和同时发生的西方市场的扩张似乎标志着人道主义作为新的国际事务语言的胜利。人权似乎超越了西方谱系的范畴，被置于国际法的核心，成为国际关系的驱动力。在人道主义战争中，军事力量被描述为服务于人道的目的，这意味着可以为了救助人类而杀人。国际制裁被施加给各国以保护它们的公民不受邪恶的统治者侵害。政治通过更多地在国内和国际法庭使用针对政治领导人的刑事诉讼程序得以法律化，而人权、民主和善治等条件作为惯例被插入与发展中国家签订的贸易与援助协议中。从赫尔辛基到河内，从伦敦到拉合尔，人权似乎在全世界取得了胜利，成为“意识形态的

① See James Gardner, *Legal Imperialism: American Lawyers and Foreign Aid in Latin America*, University of Wisconsin Press, 1980, p. 401.

终结”后的意识形态，“历史的终结”后的唯一价值观。[①] 然而，诚如《人权的终结》一书末尾所言，“当实用主义的辩护士们宣告意识形态的终结、历史的终结或乌托邦的终结时，这并不意味着人权已取得胜利；相反，这导致了人权的终结。在失去其目标时，人权也就终结了。”[②]对此，作者杜兹纳的解读是，人权在 18 世纪被认为是且至今依然是应对公共和私人权力对个人的统治与压迫的一种防御，但当强势政治体成为其“权威性的”诠释者并将其作为对外干涉的工具时，它便丧失了赖以存在的“目标”，而失去了这种目标，便意味着自我的“终结”。[③]

在很大程度上，人权的保护为所有未接受西方文化或帝国主义法治国家的内政的干涉提供了合法的理由，甚至颠覆了由《威斯特伐利亚和约》确立的内政主权模式和国家在其领土内为国家社会利益服务的模式(第 184 页)。然而，在由霍布斯哲学支配的国际关系中，这种对主权的削弱却无疑仅仅适用于弱国。卢旺达、达尔富尔、加沙表明，人道主义干涉的作为与不作为皆是由霸权强国的战略利益所决定的。创设全球政策的永远是大国们，这个世界制度的主体。小国则都是它们的客体，遵守由大国所推行的规则。在《天堂与权力》一书中，罗伯特·卡根指出，一国对国际法的支持与其在全球体系中的实力成反相关关系。[④] 这就意味着，对于国际法的态度，作为唯一超级大国的美国，只会依据自身感知的战略利益来做出取舍：要么遵从，要么变更，要么践踏。“所谓的当代政治的世界主义性质并非源出它们对普遍规则的全球性服从。恰恰相反，普遍规则是由那些能

---

① 参见[美]科斯塔斯·杜兹纳：《人权与帝国：世界主义的政治哲学》，辛亨复译，206～207 页，南京，江苏人民出版社，2010。

② [美]科斯塔斯·杜兹纳：《人权的终结》，郭春发译，408 页，南京，江苏人民出版社，2002 。笔者对译文进行了稍许调整。

③ [美]科斯塔斯·杜兹纳：《中文版导言：权利是普遍的吗？》，载科斯塔斯·杜兹纳：《人权与帝国：世界主义的政治哲学》，8 页。

④ 参见[美]罗伯特·卡根：《天堂与权力：世界新秩序中的美国与欧洲》，刘坤译，11～12 页，北京，社会科学文献出版社，2013 。

够实施世界政策的国家作为全球现象的理解伴随物而创建的。国内的考虑因素永远在大国的算计中起重要作用并决定国际关系得以实施的方式。"[①]质言之,以捍卫人权面目呈现的国际法只是新时代大国们实用主义政治算计的又一件武器而已。在这种意义上,依循《西方的掠夺》两位作者的推演逻辑,由西方霸权强国操作的国际人权法只是一种典型的"人权帝国主义"(Human Rights Imperialism)话语工具,而这本身恰可被视作偷猎者变成猎场看守人的最佳例证。

霸权强国已使得国际人权辩护诉求从属于它们用狭隘的国家词语来定义的地缘政治利益和目标,其结果就是花样翻新而且经常是令人震惊的双重标准继续强调对人权的官方承诺的道德薄弱性。[②]在冷战期间,美国一再公开抨击苏联集团对公民政治权利的侵犯,但同时却宽容甚至鼓励其"友邦国家"做出相同行为(例如海地的杜瓦利埃、智利的皮诺切特、印尼的苏哈托、扎伊尔的蒙博托、菲律宾的马科斯、韩国的朴正熙、巴拉圭的斯特罗斯纳及尼加拉瓜的索莫查等)。根据乔姆斯基的统计,美国对于拉美和亚洲的干涉局限于"几乎仅仅是推翻改革者、民主派和激进派",而很少"动摇"那些右翼军政权——不管他们曾是多么腐败和恐怖的政权。[③]"冷战"后,此等双重标准未有任何更易,布什政府更是奉行"菜单式多边主义":如果可能,实行多边主义;如果必须,实行单边主义。[④] 美国以国际人权标准来要求其他国家,但却拒绝将这些标准用于自己。与索马里一样,美国成为仅有的未加入《儿童权利公约》的两个国家之一,原因在于该公约废除了对未成年人罪犯的死刑。《京都议定书》被美国妖魔化为对美国经济和生活方式(特别是对石油的大量消耗)的独特威胁。

---

① [美]科斯塔斯·杜兹纳:《人权与帝国:世界主义的政治哲学》,210页。

② [葡]博温托·迪·苏萨·桑托斯:《迈向新法律常识:法律、全球化和解放》,330页。

③ See Noam Chomsky & Edward S Herman, *The Washington Connection and Third World Fascism* (The Political Economy of Human Rights Vol. I), South End Press, 1979, p. 16.

④ [美]罗伯特·卡根:《天堂与权力:世界新秩序中的美国与欧洲》,203页。

1998年《国际刑事法院规约》通过,美国却认为它对其实力构成巨大威胁,是对美国军事行动的限制,并使得美国士兵和军官面临被独立的国际检察官基于某种政治目的的起诉的危险。[①] 类似鲜活的例证,不胜枚举。对此,在评价"9·11"后美国发起的反恐战争时霍尔姆斯一针见血地指出:"对于新保守主义者而言,颠覆我们的极权主义敌人,扶持我们的极权主义朋友,这完全可以自圆其说。"[②]在《西方的掠夺》一书的作者看来,此等选择性干涉无疑是双重标准的最典型表现,它构成了霸权力量与其附属国家之间关系的特征(第159页)。其实,这样的理论基调始终贯穿全书:这正是我们所生活的世界,也是我们所唯一生活的世界。在这个世界中,强权国家的政治行为始终是建立在对自身利益的认知以及对是非对错的判断之上的。无论鼓吹市场自由还是高呼人权神圣,在很大程度上,都是强权主体在国际政治舞台上常演常新的所谓的"高尚的谎言",其真实目的实际上还是为了自身最终的支配与掠夺。

三、因应之道:迈向反"法治"的法治?

在传统法实证主义者看来,法律是对价值观的不可调和性的回答、人类理性的最完美之体现,其运作不应受到外在的、与法律无涉的考量因素诸如道德、意识形态甚或政治的影响与玷污。德沃金意义上的"法律的帝国"充溢着关于它凌驾于政治之上的与道德无关的、价值中立性质的声明。"法律的这种与伦理暨政治的考虑因素的隔绝据说从权力的行使中消除了一切偏见,并保证了公民和国家官员平等地受制于相对于'人治'的'规则之治'的不动感情的要求。……法治被展现为由规则组成的法律,它就像事实一样具有独一的和无可辩驳的意义,从而将法律变为普遍正义的一种指导原则

---

① [英]菲利普·桑斯:《无法无天的世界:当代国际法的产生与破灭》,单文华等译,11~12页,北京,人民出版社,2011。

② See Stephen Holmes, *The Matador's Cape: America's Reckless Response to Terror*, Cambridge: Cambridge University Press, 2007, p. 103.

和通向客观真理的途径。”[1]然而，当法律违反它已确立的程序时；当它不承认或维护已经给予的权利时；当它为强权势力有意地或系统地不执行或基于双重标准执行时；当它成为掩饰与证成强权主体对外扩张与掠夺的工具时——法律就非正义地根据其自身的内在标准发挥作用。我们可将这种类型的非正义叫作“合法的非正义”；它是消极的、属于法律内部的并在法律不与其自身标准与原则相称时运作。而之所以如此命名，就在于另一种类型的先验正义在历史上早已出现，以此使作为一个整体的实证法变得可以解释与评价。[2] 这种先验的正义，在国内法的语境中，我们将它叫作“自然法”或“自然正义”；在国际法的语境中，我们可将它称为“世界主义的”正义。《西方的掠夺》一书的核心内容就是在阐释所谓的“非法的法治”，而“法治”之所以可能“非法”，就在于这里作为评价基准的“法”是处于更高位阶的先验正义，更确切地说就是此等所谓的“世界主义的”正义。

在此书中，两位作者坦诚，驱使他们前行的并非颠覆法治的愿望。他们只是希望能对这个强大的政治武器有一个更好的认识，希望通过分析法治作为西方文明的人为产物，作为与西方政治统治扩散紧密相连的概念，而去质疑法治几乎神圣的地位（第 12 页）。事实上，他们排斥的是违背世界主义正义的那种“非法的法治”——他们称之为“帝国主义的法治”（第 238 页）。根据他们的观点，尽管掠夺从一开始就与法治在同一条船上，并为国家法律的发展提供了也许是最强大的动因，但法律并非仅限于作为一种掠夺工具。法治既有积极作用又有消极作用，当前者不能被政治灵魂所赋权，后者就会逐渐占据上风，其负面性就会主导全局（第 6 页）。虽然在不均衡的世界格局中，法律作为正义工具和掠夺工具之间的张力明显倾向后者，但并不能以此全盘否定法治的良善面向。不唯如此，“一个由对话而非战争主导的社会必须要纠正这种不平衡，在为时过晚前追寻一个更加

---

① 参见［美］科斯塔斯·杜兹纳：《人权与帝国：世界主义的政治哲学》，237～238 页。

② See generally Nimer Sultany, “Legality, Empire, Plunder: A Review of ‘Plunder: When the Rule of Law is Illegal’”, 36 *Journal of Law & Society*, 2009, pp. 602～603.

公正的全球社会和基于社会正义的法治新观念”(第 241 页)。为此，此书末章的题目便是“超越不合法的法治”，显然“超越”的目的就是为了探求“一个更加公正的全球社会和基于社会正义的法治新观念”。那么，如何超越不合法的法治？在人类文明的发展长河中，是否存在其他替代模式？对此，作者提供的答案是所谓的“人民的法治”(第 242 页)。这种法治模式，旨在通过以反全球化的公民运动面目形式呈现的地方民主参与，来对法治的合法性进行评判以确定遵从与否。换言之，在这种民主形式下，人民抛却国家和现代的全球化了的法律结构，径直运用地方法律传统来辨识欧美法治的内在不合法性。墨西哥萨帕塔民众全球运动、阿根廷断路者运动、巴西、哥伦比亚、厄瓜多尔、委内瑞拉反生物剽窃运动以及印度保护水资源运动等，在两位作者看来，皆为典型表现。支撑这些运动的内在逻辑相当清楚，当强权主体支配并掠夺全世界被削弱的主权国家时，抵抗运动客观需要诉诸地方联盟来反对全球。在这种意义上，此等以反霸权方式使用国家法律的做法便就不难理解了。当然，两位作者亦清楚地意识到，这些努力与法治的帝国主义运用造成的大规模攫取相比是微不足道的，但是，它们基于人们的需求，基于公平和责任的社会意识，并能抵抗以自我利益为中心的“专业主义”、帝国主义和非政治化(第 242、252 页)；它们能够形成了一种不同的理想的核心，产生一种合法性的新思路，即什么是且应当是合法的(第 243 页)。

然而，《西方的掠夺》一书的终极意图却似乎并不局限于此。诚然，由跨国 NGO 组织以及地方公民积极行动造就的新形式，从长远来看，其累加效应可能会使人们能够区分法治的光明面与黑暗面，辨认出地方法律传统具有的示范价值与扩散效应。但是，如果缺乏持久性、网络、想象力，并认识到帝国主义法治(其在一些地方仍被视为社会公益品)的解体所具有的内在困难性，就绝不可能将掠夺从雷达屏后真正揭露出来，让民众更广泛地认识到掠夺究竟是什么，并使其成为公众舆论和法律挑战的目标(第 256 页)。对此，两位作者借用了法国思想家居伊·德波的“景观社会”观作为阐释框架。[①] 套用德波的说法，“冷战”结束后，我们生活在其中的“综合的景观”——企业资本主义与苏联式共产主义的综合——使得在同一主体内都可能存在显著的对立：高度的经济探险精神（其中自由精神被大加推崇）与惊人的大范围压迫（其中强大的帝国力量变成了崇拜的对象）共同存在。在这种情形下，上述抵抗由于未形成有组织的反霸权力量而仅表现为随机的政治及哲学思想、政治行动和抗议，即便它根植于激进的批判和革命性政治活动中，却仍很难被视为是一个“工程”（第255页）。试问我们能否通过一天的抗议或通过在美国法庭进行一次清晰的上诉而抵制无法无天的帝国呢？似乎不太现实。事实上，实际运行的法律最终都是关乎政治与权力的，除非在国际政治领域进行基本的改革甚至革命，否则帝国主义法治向人民法治的根本转变便是不可能的。那么，面临此等严酷现实，真正的出路又在何方呢？经过多方理论铺陈，两位作者给出了他们的答案：发展出能够揭露各种用以否认历史的西方殖民战略的工具，并对种族中心主义进行批判，以期形成“一个我们自己时代的哲学”；这样的尝试需要去除许多神秘的忌讳，其中一个就是要质疑作为历史经验本身可取的法治（第258页）。

在《西方的掠夺》一书出版两年前，西方法学界几乎同时出版了两部与之风格相近的著作：一部是哈佛大学法学教授大卫·肯尼迪

---

① 承续西方马克思主义批判理论，居伊·德波在其成名作《景观社会》——被西方学者誉为“当代资本论”——中指出，景观就是商品关系取代人的关系的社会的颠倒的表象（“景观就是商品完全成功的殖民化社会生活的时刻”）。因此，与马克思分析的商品社会相比，这是一种役人于无形的更加异化的社会。具言之，无论是集中的景观（Concentrated Spectacle）、弥散的景观（Diffuse Spectacle），还是综合的景观（Integrated Spectacle），都是社会中的统治手段。景观的不同并不等于景观和人的关系不同，所有景观的目的其实都是异化社会，统治人类。景观为谎言提供了更具迷惑性的传播手段，满足了特定人群在特定局部的需要。而事实上，所有人都会在某些局部具有此等需要，由此靠自律去阻止景观的入侵就变得难以实现。景观妨碍了人们认清这个带给他们苦难的世界，并且阻止了任何改进这个社会的企图，因为它让人们在麻木不仁的同时又乐此不疲。参见[法]居伊·德波：《景观社会》，王昭风译，南京，南京大学出版社，2006。

的《美德的阴暗面：重估国际人道主义》；另一部是伦敦大学学院法学教授菲利普·桑斯的《无法无天的世界：当代国际法的产生与破灭》。[①] 与《西方的掠夺》一书理论抱负类似，两部作品皆采用大量事例揭示在新自由主义话语掩饰下当代国际法/国际人道主义干涉的真实样态，以期为我们呈现西方法治光鲜表象背后不为人所知的另一面向。然而，它们似乎"纯粹"为了揭示，同样未对如何走出此等困境提供切实的解决方案。在我看来，这本质上与西方新"左"翼思潮的根本政治诉求相关。一方面，在新自由主义霸权话语占据主导地位的当下，通过自身努力从事革命性的真相揭示与证明运动，彻底更新民众的既有认知，进而谋求获得更大范围的支持与动员，其本身便是新"左"翼力量的总体战略。在 2001 年巴西阿雷格里港首届社会论坛（WSF）上，全球"左"翼代表者广泛共享的一个基本理念便是："没有全球的认知正义，就没有全球的社会正义"。在桑托斯看来，它试图在一个缺乏乌托邦的世界实现乌托邦。这个乌托邦的意愿在"另一个世界是可能的"这一口号中获得表达。而允许乌托邦存在的世界总比乌托邦的世界更具重要性。[②] 另一方面，这也彰显出西方"左"翼面临的根本困境：因应新自由主义霸权带来的异化，只能诉诸内部的改革。毕竟其基本倾向就是对社会主义国家与资本主义体制的双重批判。[③] 对此，可再次借用桑托斯的观察。在他看来，对于多数"左"翼运动和组织而言，"优先考虑的事情不是攫取权力，而是改变压迫的诸多外表中的权力关系，所以，政治任务无论多么激进，都必须在此时此地我们生活的社会中执行。因此，如果它们的成功与资

---

① See David Kennedy, The Dark Sides of Virtue: Reassessing International Humanitarianism, Princeton University Press 2005; Philippe Sands, Lawless World: America and the Making and Breaking of Global Rules, Penguin Books Limited 2006. 后一本著作已有中文版，参见［英］菲利普·桑斯：《无法无天的世界：当代国际法的产生与破灭》，单文华等译，北京，人民出版社，2011。

② ［葡］博温托·迪·苏萨·桑托斯：《全球左翼之崛起》，9 页。

③ 参见齐泽克、鲁索、海裔、汪晖：《共产主义假设与二十一世纪》，载汪晖、王中忱编：《区域：亚洲研究论丛》（第二辑），33 页，北京，清华大学出版社，2012。

本主义不兼容，那么，提出优先的要求就毫无意义。”[①]

马太与纳德在《西方的掠夺》一书提出的“反法治的法治”，与西方“左”翼代表人物苏萨·桑托斯鼓吹的“反全球化的全球化”、中国新“左”翼代表人物汪晖倡导的“反现代性的现代性”在本质上可谓异曲同工，批判的对象皆是当前处于支配地位的新自由主义帝国的意识形态霸权。可以说，这种霸权本身是一种垄断性的构造，对其不进行反抗是不可能的，但反抗甚至反思并不等于就是简单地否定现代性、否定全球化、否定法治，而只是否定原有的现代性、全球化与法治。采用一种形象的说法，我批判你的现代性、你的全球化、你的法治，并不等于我自己就是封建专制，崇尚独裁集权，是黑暗的中世纪，我同样也是现代性的，只是跟你不一样而已。[②] 在很大程度上，唯有将“现代性”、“全球化”、“法治”彻底地问题化，才有可能提出问题，否则我们将永远生活在它的霸权之下；亦唯有如此，另一种可选择的现代性、另一种可选择的全球化、另一种可选择的法治甚至另一个世界才是真正可能的。对于非西方国家社科学人而言，这是个基本的认知问题，这里面蕴含的智慧或许是我们这个时代最迫切需要的智慧。

余论

从根本上说，《西方的掠夺》一书是关于欧美暴力入侵（掠夺）实践中法治角色的比较研究，最终目的是通过说明法治作为一种体制结构，既可用为善，也可用为恶——后者实际非常普遍，从而揭开法治神圣的外衣。在两位作者看来，这种掠夺是通过国际政治体系中的弱肉强食来实现的。因此，他们特别甚至主要关注当前世界的主导政治力量——美国。那么，对我们而言，不远的将来，崛起后的中国，假若达到与美国并驾齐驱的程度甚至超越美国成为新的世界主

① ［葡］博温托·迪·苏萨·桑托斯：《全球左翼之崛起》，121页。

② 参见汪晖：《别求新声：汪晖访谈录》（第二版），117页。

导者，那么是否亦会产生类似西方国家的问题？伴随权力格局的变迁，特别对当下列国竞逐的非洲大陆而言，“西方的掠夺”是否会转变成“东方的掠夺”？[①] 2010 年以来，越来越多的国际媒体将中国称为“新超级大国”。国际社会对中国承担超级大国责任的期望越来越高，中国保持发展中国家身份的困难越来越大。国际战略学者甚至预测，十年之后，即 2023 年中国的经济总量有可能达到美国的水平，届时世界权力中心将发生地理位移，“两超多强”的新国际格局将会形成。[②]

对于中国当下在非洲的角色，有学者认为可能有两个立场。一个立场是理论上，中国在试图做些好事；另一个立场是中国做的是坏事，但是不像西方那么坏。[③] 其实，两个立场皆有其合理性，好与坏的程度都在转换之中。改革开放前，中国对非援助是国家主导，大量投资在基础设施建设（以坦赞铁路为代表），追求国际主义统一战线；而现在则是市场主导，追求石油等矿产资源，而且伴随产业转移与产品更新换代，以往能为其提供的廉价商品将不复存在。如果按此逻辑发展，一方面，我们需要非洲的资源；另一方面，我们产品的价格会逐步提高，由此便不能再给非洲大众任何有意义的东西，那么我们就不可避免重走西方殖民主义老路，重复曾经使我们憎恶的历史。[④] 如果

---

① 中国企业的海外拓展，愈发遭遇新殖民主义的指责，海外最大铜矿因污染而被秘鲁官方叫停事件便是最近的例证。2014 年 3 月 28 日，秘鲁环保组织 OEFA 认定中铝集团掌控的特罗莫克铜矿在施工中破坏当地环境，铜矿由此被暂停生产。秘鲁是世界第二大产铜国，因该铜矿投产，2014 年该国铜产量可能增长 17%，为其提供 2500 个直接与 7500 个间接就业机会。然而，中国企业从中获得的巨额利润仍引发不满。据报道，中铝从特罗莫克矿挖来的铜矿石约值每吨 410 美元，而在伦敦金属交易市场的价格却是 8225 美元——差价达到 20 倍还要多，中铝稳收 2000% 的投资回报。参见《中国企业最大海外铜矿因污染环境被秘鲁叫停》，载观察者网（http://www.guancha.cn/economy/2014_03_31_218213.shtml），2014-04-30。

② 参见阎学通：《历史的惯性：未来十年的中国与世界》，4 页，北京，中信出版社，2013。

③ 齐泽克、鲁索、海裔、汪晖：《共产主义假设与二十一世纪》，载汪晖、王中忱编：《区域：亚洲研究论丛》（第二辑），30 页，北京，清华大学出版社，2012。

④ 参见汪晖：《别求新声：汪晖访谈录》（第二版），108 页。

是这样，我们要不要采用一种世界性的眼光来寻找一条真正不同的道路？我们到底在设计中国式的发展道路上有没有自己的想法？毕竟中国是如此大体量的国家，经历过社会主义的历史，而且又是这样古老的文明社会，它的世界观原本就与现代资本主义那种唯利是图的世界观截然不同。尽管没有一个简单的方法可以解决所有的问题，但提出这些问题本身或许将会使得对现代性发展路径的讨论获致新的不同视野。诚如巴赫金所言，“世上还没有过任何终结了的东西；世界的最后结论和关于世界的最后结论，还没有说出来；世界是敞开着的，是自由的；一切都在前头，而且永远在前头。”①

---

① ［俄］米哈伊尔·巴赫金：《陀思妥耶夫斯基诗学问题》，《诗学与访谈》（《巴赫金全集》第5卷），白春仁、顾亚铃译，221页，石家庄，河北教育出版社，1998。

刑事司法的全球治理——读《通过全球化犯罪的治理：国际刑事司法的未来》*

张文龙**

马克·芬德雷(Mark Findlay)在《通过全球化犯罪的治理：国际刑事司法的未来》①一书中，试图运用当代的全球化语境来重新理解犯罪及其治理问题。他探讨了犯罪与风险的联系，并从全球化的维度，提出"全球犯罪风险"这一概念。由此，他试图指认犯罪治理模式的转变，即全球化的犯罪促进了刑事司法的全球治理，并透过分析全球治理与国际刑事司法之间的张力，指出未来国际刑事司法的激进变革：构建一种更加包容、更加负责和更具社群主义色彩的国际刑事司法实践，从而实现一种良好的全球治理。

一、新的全球化：面向风险社会的现代性

当代的全球化主要是一种新自由主义的全球化，这种全球化具

---

* 拙文写作得到业师高鸿钧教授指导，同时本文初稿曾获吴杰、徐珉川两位博士的评议，在此一并致谢。文章观点当然由作者文责自负。

** 张文龙，清华大学法学院 2011 级比较法与法文化专业博士生。

① Mark Findlay, *Governing Through Globalised Crime: Futures for International Criminal Justice*, Devon: Willan Publishing, 2008.

有多元的维度，比如，经济、政治、法律、文化、宗教、生态等。虽然不同领域的全球化各有差异，但是诸领域的全球化都预设了现代性的全球化，用安东尼·吉登斯的术语就是“现代性的后果”的全球脱域①。这些“现代性的后果”，既有正面的好东西，比如，全球的自由贸易、全球的信息流通、全球的旅行、全球的互联网、全球的教育、全球的金融服务等，不过，同时也伴随着很多人们企图避免的风险，比如，全球的SARS、全球的金融海啸、全球的温室效应、全球的恐怖主义等。因而在该书中，马克·芬德雷所谓新全球化主要是从一种全球风险社会角度，来阐述“9·11”恐怖袭击以及美国的全球反恐战争，如何借由国际刑事司法塑造出一个全球犯罪治理体系，即英美刑事司法的全球治理霸权。

(一) 现代性的两个面向：规制与解放

从抽象的角度看，现代社会的建构包括两个基本的面向：一个是规制的维度；一个是解放的维度。根据桑托斯的分析，规制的维度包含三项基本原则：首先是“国家原则”，它指向国家与公民之间的垂直政治义务，其次是“市场原则”，它指向公民之间横向的平等互利义务，最后，则是“共同体原则”，它同样是一种横向义务，不过，它是依照非国家和非市场的归属关系设定的标准来连接个人。与此对应，解放的维度也同样包括三项合理性的逻辑建构：第一项是艺术和文学上的审美—表现合理性；第二项是科学和技术上的认知—工具合理性；第三项是伦理和法治上的道德—实践合理性。根据桑托斯的观点，上述现代性的两个维度之间的张力，是现代社会演变的基本动力。②

---

① “脱域”是指时空的分离与重组，按照安东尼·吉登斯的用法，“脱域”的语意包含三个维度：①时间与空间的分离，形成“虚化时间”；②空间与地点的分离，形成“虚化空间”；③时间与空间的延伸，虚化时间与虚化空间在全球层面的延伸以及以新的方式重新结合，从而形成一种虚拟的时空座架。参见[英]安东尼·吉登斯：《现代性的后果》，田禾译，18～26页，南京，译林出版社，2011。

② [葡]博温托·迪·苏萨·桑托斯：《迈向新法律常识：法律、全球化和解放》，刘坤轮、叶传星译，1～5页，北京，中国人民大学出版社，2009。

透过上述桑托斯的观点，我们简单考察一下现代犯罪治理问题，即规制与解放如何塑造现代社会的刑事司法。现代刑事司法主要是建立在民族国家的基础上。[①] 一个民族国家、一部刑法典，一套统一的法院体系，构成了刑事司法的现代性图像。从规制面向看，国家主权构成了刑事立法的权威，刑事法律法典化，尤其是罪刑法定原则，构成了现代法律治理的基本原则。同时，国家权力分立的原则，为刑事司法运作奠定了权力基础。正是在近代民族国家形成的过程中，刑罚权和审判权被国家机构垄断，国家成了现代社会规训权力的中枢。比如，警察、监狱和法庭就构成了现代国家犯罪控制的基本符号。此外，透过政治国家与市民社会的区分，国家代表社会的公共利益，并以社会名义去打击和镇压犯罪行为，与此同时，国家的领土边界就是刑事司法的边界。因此，犯罪很大程度上是一种国内犯罪。从解放的面向看，现代刑事司法废除了酷刑，并透过法律驯服权力的残酷和不公正，使得刑罚合理化，同时，尤为强调正当的刑事司法程序和人权保障要求，借由法律保障犯罪人的权利，避免国家权力滥施刑罚。不过，现代刑事司法的解放性是根植在宪法公民权的基础上。换言之，没有公民权的罪犯将可能得不到公正的对待。此外，鉴于“二战”法西斯国家的恐怖暴行，战后对于纳粹战犯审判以及若干国际刑事法庭的建立和运作，尤其是国际刑事法院的建立和运作，标志着刑事司法进入到国际社会秩序的治理框架。由此，现代犯罪治理的“威斯特伐利亚二重奏”[②]体系得以完成。简言之，透过国内犯罪/国际犯罪的区分，现代刑事司法系统完成其规制的功能座架。

然而，“9·11”恐怖袭击对现代犯罪治理体系产生了巨大的冲击波。这一针对美国的恐怖袭击本来只是一个地方性的犯罪案件，不

---

① 关于近代社会的犯罪治理（刑事司法）与民族国家的兴起之间的关联，参见劳东燕：《英美刑法中的危害和犯意——从权利保障到风险控制》，载高鸿钧等主编：《英美法原论》，554～601 页，北京，北京大学出版社，2013。

② ［英］威廉·推宁：《全球化与比较法》，吴大伟译，载［英］埃辛·奥赫绪、［意］戴维·奈尔肯编：《比较法新论》，马剑银、鲁楠等译，80 页，北京，清华大学出版社，2012。

过，在美国的全球信息媒介的塑造之下，它上升为一个全球性的犯罪事件，全球公众都可以透过电视或者网络媒体观看到恐怖分子袭击世界贸易中心双子塔的整个犯罪场景。美国正是透过这一媒介信息的全球散播，一方面把自己塑造为这场恐怖袭击受害者形象，另一方面透过这样的全球受害者形象，向全球其他国家发出意识形态的质询：要么支持恐怖主义，要么支持反恐战争。美国的布什政府正是透过这样的媒介策略，联合英美的军事力量，发动全球的反恐战争。在这场全球的反恐战争中，英美联军透过设立国际刑事法庭，来审判和制裁那些恐怖分子及其支持者，从而为反恐战争赋予一种事后合理化的正当性基础。可以说，美国借由全球反恐战争，不仅把国际恐怖主义塑造为一种全球化的犯罪，并借由国际刑事司法的方式，来实现对这种全球犯罪的治理。因此，美国这场全球反恐战争及其刑事司法，从根本上挑战了基于威斯特伐利亚原则所构建的现代犯罪治理体系。这种挑战主要体现以下三个方面：①新自由主义强调人权高于主权，为美国的全球反恐战争提供人道主义武装干涉的意识形态，凡是不支持美国反恐战争的国家，比如，阿富汗、伊拉克等国家都遭到英美军事力量的打击和重建。②由于全球化的犯罪超越了民族国家的边界，因此，借由否定国家主权，英美的刑事司法得以国际司法方式在全球层面进行运作。③透过全球信息媒介，美国获得了全球反恐战争的正当性，这种正当性不仅以新自由主义为意识形态，更是透过国际刑事司法方式实现自我生产，简言之，它否定了国家主权赋予刑事司法的正当性基础。由此，现代刑事司法在规制与解放之间的张力发生了坍塌：英美刑事司法的全球实践，一方面否定别的国家刑事司法主权，另一方面则以低于国内正当刑事司法程序和人权保障要求的方式来规制恐怖犯罪，比如，滥施酷刑、以侵犯公民人权的方式收集反恐情报等。

（二）世界风险社会：犯罪的全球语境

犯罪与全球化的语义关联，主要是建立在风险社会的基础上，即将犯罪视为一种全球风险。根据德国社会学家乌尔里希·贝克的观点，所谓风险社会主要是指晚期现代性的一种全球化后果，即古典工业社会带来的一种具有自反性后果的社会状况，比如，工业生产一方面带来财富的增长，另一方面同时伴随着巨大的生态破坏，这种具有全球性的生态破坏将给人类社会带来不可预测的风险，又比如，金融产业的全球扩张，一方面有利于资本的全球化，另一方面却可能由于监管不足带来系统性的全球金融危机。这种社会状况不同于早期工业社会的结构逻辑，即财富的生产和分配决定了风险的分配，相反，它是风险的生产和分配决定财富的分配。简言之，风险分配的逻辑取代财富分配的逻辑，成为社会发展的支配性结构。[①] 由于各种现代性风险的全球化，贝克认为我们正生活在一个世界风险社会。[②] 这些全球化的现代性风险，主要源自现代社会各个领域和系统，比如，经济、政治、法律、教育、宗教、生态等，它们是这些系统和领域发展过程中不可预知的复杂性内爆的产物。在贝克看来，这些不可预测的现代性风险，一旦跟全球信息媒介结合，就具有非常强烈的政治反思性，即公众对于风险的恐惧认知，会严重扭曲风险的程度，简言之，风险就从一种实在的客观概率问题，变成一种受文化语境操控的政治性风险。

正是基于上述的全球风险社会语境，“9·11”恐怖袭击使得国际恐怖主义从一种地方性犯罪问题上升为一种全球的犯罪关注[③]。简言之，国际恐怖主义被全球信息媒介塑造为一种全球化的犯罪风险。透过大众媒介的方式，“9·11”恐怖袭击的犯罪场景不断强化人们对于恐怖犯罪的风险认知，即便恐怖犯罪的概率比较低，全球的公众仍然受到当时的恐怖袭击之信息诱惑，简言之，受到恐怖风险的信息操控。这意味着，国际恐怖主义作为一种全球风险，不是基于对实际恐

---

① [德]乌尔里希·贝克：《风险社会》，何博闻译，15页，南京，译林出版社，2008。

② [德]乌尔里希·贝克：《世界风险社会》，吴英姿、孙淑敏译，24页，南京，南京大学出版社，2005。

③ Mark Findlay, Governing through Globalised Crime: Futures for International Criminal Justice, pp. 20～21.

怖伤害之结果进行评估，而是基于一种政治文化语境[1]，即透过大众媒介建构这种全球风险，它被视为一种对世界秩序和全球共同体利益的重大威胁[2]。由于全球恐怖风险，难以建立在统计和科学预测的基础上，这导致恐怖犯罪作为一种全球风险，具有极大的不确定性。这意味着早期犯罪学所追求的犯罪确定性之神话破灭，而且，犯罪在信息全球化的时代，变得更加具有流动性。借由全球信息秩序的编码，犯罪作为一种信息及其运作，日益从具体的社会领域或者文化地域中"脱域"而游走全球。而且，随着人们对于风险信息需求的日益增长，全球犯罪风险将重构人们对于犯罪及其治理之认识。换言之，从实在的危险上升为一种虚拟的风险，将是人们想象全球犯罪及其控制的新范式。

二、全球犯罪风险：犯罪治理范式的转变

透过全球风险社会的语境，将恐怖犯罪定义为一种全球风险，这意味着风险管理将成为刑事司法运作的中枢。同时，它还意味着在全球治理层面运用国际刑事司法方式，实现恐怖风险的治理，就需要超越以国家为导向的刑事司法。[3] 简言之，民族国家的司法功能，早已无法承担规制全球犯罪风险的任务。对此，马克·芬德雷认为，英美军事力量借由国际刑事司法的方式来规制恐怖犯罪，一方面导致现代刑事司法的内在张力坍塌，比如，人权导向的国际刑事司法范式坍塌成为一种暴力性的司法规制策略，由此，国际刑事司法成了美国维护其领导世界秩序的霸权地位之工具。另一方面，英美刑事司法的治理霸权又加剧了全球恐怖风险的扩散，由此，英美报应主义的司

---

① 关于恐惧政治学及其恐惧文化，参见[挪威]拉斯·史文德森：《恐惧的哲学》，范晶晶译，113～136页，北京，北京大学出版社，2010；[英]弗兰克·富里迪：《恐惧》，方军等译，167～196页，南京，江苏人民出版社，2004。

② Mark Findlay, *Governing through Globalised Crime: Futures for International Criminal Justice*, pp. 44～47.

③ Ibid, pp. 49～51.

法模式扭曲了国际刑事司法的正当性基础。因此，犯罪治理范式需要新的范式，以实现一种良好的全球秩序。

（一）犯罪治理的新范式：人权范式坍塌

现代刑事司法的治理体系，是建立在威斯特伐利亚原则这一源代码的基础上。借由国内犯罪/国际犯罪的区分，现代犯罪治理体系是建立在国家主权的基础上。“二战”之后国际刑事司法的实践，比如，审判纳粹战犯的国际军事法庭的建立和运作、基于国际犯罪公约及相关的国际人权公约所建立和运作的若干国际刑事法庭，尤其是国际刑事法院的建立和运作，都表明了现代犯罪治理体系，借由一系列的国际法协议，把国家刑事司法系统要素以自我再制的方式，在国际法和国际组织层面进行建构和组织化。简言之，透过规制面向——国家主权，与解放面向——人权的结合，国际刑事司法和国内刑事司法组构了现代犯罪治理体系的功能架构。这一功能架构透过国家主权来承诺人权保障，并借由具体的刑事司法程序来落实这一功能要求：稳定人们对于犯罪和刑罚的社会规范性期待。

然而，当“9·11”事件发生后，犯罪治理的新颖和悖论之处，在于国家安全已经成为一项跨国事务。[①] 全球安全是国内安全的保障，这已经成为全球反恐战争的政治标语。恐怖主义作为全球犯罪风险，已经对世界秩序构成全球威胁。这促使风险与安全成为全球治理的焦点。新的全球化是一个风险与安全的时代。因此，在犯罪、控制与治理的关系方面，风险与安全的框架将可能取代作为早期现代犯罪控制的自由与秩序范式。相对于早期的自由与秩序范式，国际犯罪控制的人权范式则是一种亚范式。早期犯罪控制范式，是以“威斯特伐利亚二重奏”为基础，构建起国内秩序/国际秩序，以实现对犯罪的控制和治理。无论国内秩序还是国际秩序，对于犯罪控制的正当性，无不以保障自由和人权为基础。自由、人权与秩序是西方自由民主

---

① 关于国际安全战略与国家安全策略之勾连，参见[英]巴里·布赞：《人、国家和恐惧》，闫健、李剑译，314～343页，北京，中央编译出版社，2009。

国家及其法律建构之价值基础。但是,这些价值日益遭到全球恐怖风险的侵蚀,尤其是全球恐怖主义及其司法规制的暴力,已经开始威胁到这样的全球自由秩序,尤其是个体的人权保障。比如,美国反恐立法对于其公民权利的限制和侵犯,还有美国对敌对国家发动的反恐战争,造成大量的武装冲突和平民伤亡。这都表明在全球反恐战争语境中国际犯罪治理的人权范式,已坍塌成为一种暴力性的司法规制策略。

对此,马克·芬德雷认为暴力性的司法规制策略作为对国际恐怖主义的全球司法响应,实际上对国际刑事司法的正当性和权威产生了极大的危害和风险[①]:①无论恐怖犯罪还是英美的刑事司法,对于暴力的过度运用,都可能损害其自身的道义正当性。比如,暴力司法规制过于强调对恐怖风险的应对,往往忽略了受害人的利益保障。②暴力司法规制为了应对风险管理任务,往往压缩刑事司法的正当程序和人权保障要求,比如,滥施酷刑以获取反恐情报等。③暴力司法规制往往彰显一种胜利者的刑事正义,比如,透过军事力量打败敌对国家,再透过设立国际刑事法庭审判这些敌对国家的元首和政府成员。这样胜利者正义/司法的道德性基础,很容易遭到恐怖分子的质疑和抵抗。④无论暴力恐怖还是暴力司法,都是以复仇为目标。这样英美国家主导的暴力司法规制,在决定谁是无辜还是有罪方面,就可能存在意识形态的偏颇,从而导致政治审判对于刑事司法的扭曲:进一步加剧暴力恐怖风险的扩散。⑤暴力性的司法规制只是英美霸权国家维护全球秩序的工具,因此,它并不考虑将作为恐怖主义温床的抵抗西方霸权共同体,纳入到其全球安全保障系统内。换言之,暴力性的司法规制在获取受害人共同体的正当性支持方面,将面临一个分裂性的对立,即支持恐怖主义的反抗霸权共同体和支持反恐战争的霸权国家受害人共同体之间的对抗。

---

① Mark Findlay, *Governing through Globalised Crime: Futures for International Criminal Justice*, pp. 90～106.

总括而言,英美刑事司法的全球实践,试图以全球犯罪的风险控制范式取代国际刑事司法的人权范式。然而,这种犯罪治理的新范式却面临着巨大的正当性危机:风险规制的功能迫令导致对国际刑事司法的正当性基础之削弱。

(二) 全球犯罪治理:功能与正当性问题

透过将恐怖犯罪视为一种全球风险,基于安全的犯罪控制,使得美国的全球反恐战争及其刑事司法规制模式,提出了不同于国内刑事司法和国际刑事司法的全球犯罪治理。这一治理的目标在于维护全球秩序的安全,这种安全不仅是全球经济的符号秩序,更是全球人类共同体的生命政治秩序。借由全球化的犯罪及其风险控制,当前的全球秩序需要一种刑事司法的全球治理。

从功能角度看,刑事司法系统的运作是要实现法律的社会功能:稳定人们对于社会犯罪和刑罚的规范性期待。由于全球风险社会的语境对于世界社会的预设,因此,刑事司法关于罪与非罪以及罪与罚的区分,必须建立在一种世界社会的规范性期待基础上。这样一种规范性期待必须超越文化的异质性,更确切说应该具有多元文化的包容性,因为不同文明社会对于罪与非罪以及罪与罚的区分具有不同的文化语境建构。唯有建立这样的规范性期待,才可能有效规制国际恐怖主义这样全球犯罪风险。不过,这样的规范性期待目前存在着不同世界文明的冲突张力,英美的全球反恐战争与国际恐怖主义之间霸权与反霸权的较量,正是这种文明冲突张力的全球内爆。全球集体安全过度依赖英美军事霸权,反而加剧了全球恐怖暴力风险的扩散,由此,降低全球犯罪风险的功能迫令成了当前英美刑事司法的全球压力。这样,当前刑事司法的全球治理就处于一种暴力风险的恶性循环之中。因而,这种“以暴制暴”的司法规制模式,陷入了空前的正当性危机。[①]

---

① Jonathan Simon, *Governing through Crime: How the War on Crime Transformed American Democracy and Created a Culture of Fear*, Oxford: Oxford University Press, 2007, pp. 259～283.

英美刑事司法的全球实践透过美国的全球军事力量，有效支持美国执行其刑事司法的全球治理功能。因此，美国不仅充当世界宪章的警察，同时也是全球犯罪治理的警察，使得美国的国际政治霸权有效地控制了国际刑事司法的全球治理。正如前面分析，刑事司法的全球风险规制功能导致了对国际刑事司法的正当性基础之扭曲。因为美国的全球反恐战争是一场单边主义行动，它不遵循"二战"后建立起来的以联合国为中枢的国际经济政治秩序，反而采取先发制人的国际策略。因此，英美的全球反恐战争及其刑事司法规制模式不具备当前国际秩序的民主正当性基础。然而，美国透过全球信息媒介却建立了一种新的全球正当性：借由新自由主义提出人权高于主权的意识形态，在全球的公共领域构建起一种反恐战争的全球正当性，并试图通过国际刑事司法的方式，对这种正当性赋予一种事后合理化的论证基础。透过这样的方式，英美刑事司法以一种全球化了的受害人共同体，为其全球反恐战争提供合法性外衣。但是，这样合法性外衣却可能由于正义共同体之分裂却失去合理性基础。因为这种英美刑事司法的暴力规制策略过于强调报应主义的司法模式，尤其是个人的权利与责任，而忽略了社群纽带关联和社群之间的和解，从而有可能导致社群暴力风险的加剧。比如，宗教激进主义社群对于美国霸权的暴力抵抗，往往是国际恐怖主义的"温床"。

三、刑事司法的全球治理：通向全球正义

由于全球犯罪风险控制的司法功能要求，国际刑事司法在治理恐怖暴力犯罪方面，将面临着诸多张力冲突。根据马克·芬德雷的观点，这些张力源自以下六个方面的因素[①]：①安全的功能迫令；②暴力手段对司法两造都具有支配性；③风险评估的不平衡性；④国内自治与国际化之间内在的矛盾性；⑤社群主义选民的演进(evolution of

① Mark Findlay, *Governing through Globalised Crime: Futures for International Criminal Justice*, pp. 160～161.

communitarian constituencies);⑥当司法服务被运用到冲突解决以及和解方面,其内部产生的压力问题。由此,他尝试分析全球治理与国际刑事司法之间张力及其辩证之消解,并试图指出未来国际刑事司法之激进变革:构建一种更加包容、更加负责和更具社群主义色彩的国际刑事司法实践。

(一)全球治理与国际刑事司法之间张力

首先,是全球犯罪治理与国际政治霸权之间的张力。[①] 在新的全球化语境下,原有的国际秩序和治理机制都面临着重大的挑战。在犯罪、控制和治理方面,“威斯特伐利亚二重奏”使得犯罪的控制与治理,分为两个体系:一个建立在国内刑事司法系统的基础上,通过民族国家的主权,来实现犯罪的定义、控制和治理;另一个建立在国际刑事司法的基础上,由超国家的国际司法机构来对国际犯罪进行指控和追究。这两个体系之间,是通过补充原则来衔接的。换言之,国际刑事司法是在国内刑事司法不能或者不愿意提供救济的情况下,对危害人类罪、种族灭绝罪、战争罪和侵略罪,提供国际人权的司法保护。然而,“9·11”恐怖袭击发生,对刑事司法的“威斯特伐利亚二重奏”产生了巨大的冲击,因为无论国家刑事司法系统,还是国际刑事司法系统,都无法对全球的恐怖袭击,提供有效的司法应对和规制策略。比如,国家刑事司法系统是有边界的,而全球恐怖主义的散播和发展是没有边界的,领土边界反而是它的攻击对象。还有,“二战”后建立起来的国际刑事司法系统,其规制的犯罪行为,主要以国家的恐怖暴行为对象,比如种族屠杀、战争侵略等危害人类的罪行,并且国际刑事司法主要追究的是这些国际罪行的个人责任。而恐怖袭击的犯罪组织,虽不具有国家实体,却反映出有组织犯罪的特征,这意味着国际刑事司法对于这样的全球犯罪,很难有效规制。这种情况下,遭到恐怖袭击的英美等西方发达国家发动的全球反恐战争,就试

---

① Mark Findlay, *Governing through Globalised Crime: Futures for International Criminal Justice*, pp. 161～164.

图绕开现有的国际秩序与治理框架，并建立起以军事力量和人权道义为基础的全球治理。然而，这样的全球治理，主要反映和体现西方霸权国家的政治利益，而且，国际政治霸权对国际刑事司法系统的俘获，反而导致国际刑事司法作为全球治理的规范性架构产生了合法化的危机。

其次，是全球安全、经济发展与刑事司法之间的张力。[1] 在新的全球化阶段，恐怖主义的根源，很大程度上是对西方现代性的抵抗。随着现代性的全球散播，世界体系的中心与边缘，也逐步分化出来。发达的中心国家与（半）边缘国家之间，是一种剥削与依赖的关系。一直以来，（半）边缘国家的文化，在中心国家的控制和支配的过程中，不断遭到瓦解和破坏，而一种以现代性为核心的全球文化席卷全世界。但是，发达中心国家对（半）边缘国家的剥削和支配，所产生的不公正感，跟抵抗现代性的文化相结合，却极容易促使恐怖主义的滋长和发展。而且，恐怖主义的发展和兴旺，大多数都是在（半）边缘的国家中，尤其是那些现代化失败的国家。这些现代化失败的国家，由于国家治理能力的下降，犯罪控制的能力也相应下降，并导致各种犯罪丛生，而恐怖主义就是这样的环境中滋长和发展。[2] 因此，发达中心国家对（半）边缘国家的发展援助，尤其是加强这些国家的治理能力建设，是降低风险和提升全球安全的重要举措。但是，并非所有的（半）边缘国家，都愿意接受附带新自由主义意识形态的经济发展援助。这意味着，那些被排除在发展援助之外的（半）边缘国家，成为了全球安全的火山口或者地震带。因为，一旦英美等发达国家认定这些失败国家是全球恐怖主义的根源，势必要通过发动战争来实现政权更迭，从而改造这些失败国家，以维护其全球安全。比如，伊拉克战争和阿富汗战争。

---

① Mark Findlay, *Governing through Globalised Crime: Futures for International Criminal Justice*, pp. 166～171.

② ［美］弗朗西斯·福山：《国家构建：21世纪的国家治理与世界秩序》，黄胜强、许铭原译，序言，1～3页，北京，中国社会科学出版社，2007。

复次，是国家重建、社会重建与刑事司法之间的张力。[①] 在新的全球化挑战面前，国家治理成为全球安全的保障。同时，全球治理的机制需要渗透到国内治理。在(半)边缘国家，尤其是那些现代化失败的国家，由于国家治理能力弱，因而犯罪控制和治理的能力显得不足，从而导致这些失败国家或弱国家成为恐怖主义和各种犯罪的温床。在英美的反恐战争中，西方霸权国家，通过政权更迭的方式，实现对这些失败国家的改造，尤其是通过扶植政权代理人和运用国际刑事司法的方式，来实现国家的重建和治理。国际刑事司法，作为全球治理机制，渗透到国内治理，一方面，可以实现霸权国家具有侵略嫌疑的战争行为之合法化。另一方面，国际刑事司法对国内治理的干预，可能为这些后冲突国家(post-conflict states)的国家权威的重建，披上一件合法性的燕尾服。因为在国家重建的过程中，正式的国际刑事司法运作，在一定程度上促进了国内冲突的解决以及和平的实现，比如，对于前独裁政权统治者或者领导人的审判，可能促使原来冲突的政治族群之间的和解或者和平谈判。不过，正式的国际刑事司法制度，在解决冲突和调解方面的成效，很大程度上取决于其对于正当的受害人利益的保护。而国际刑事司法的运作，在风险与安全的框架下，更注重的是实现报应司法的目标，尤其是服务于反恐战争行动。由此，正式的国际刑事司法对正当的受害人利益之表达，可能遭到扭曲或者边缘化。

最后，是全球正义共同体与受害人共同体之间的张力。[②] 国际刑事司法的全球治理维度，全球化的犯罪，尤其是恐怖主义风险，似乎为国际刑事司法的管辖和授权，提供了某种权力的基础。从英美的全球反恐战争中，可以看到公众对恐怖犯罪的恐惧，已经创造出某种权力的正当性。不过，英美等霸权国家对恐怖主义采取暴力性的司法规制策略，却逐渐暴露出其正当性的脆弱和不可持续。因为这种

① Mark Findlay, *Governing through Globalised Crime: Futures for International Criminal Justice*, pp. 171～174.

② Ibid, pp. 174～185.

以暴制暴的规制策略，最终要质问其本身运用暴力和恐怖的正当性。虽然国际刑事司法被运用到反恐战争中，是以保护全球安全的名义，但是，当以人权保护为导向的国际刑事司法，坍塌成为一种暴力性的司法规制，它的正当性基础就会遭到动摇。它不仅遭到恐怖主义的暴力抵抗，同样也会遭到受害人共同体抵抗。虽然反恐战争及其国际刑事司法运用之正当性，是建立在全球正义共同体的维度上，但是，在实际刑事司法运作中，西方霸权国家在谁是受害人或者谁是恐怖主义的判断上，往往带有选择性和偏颇性。比如，一些具有重要地缘政治或者资源丰富的国家，即使对其公民实施恐怖暴行，也不会遭到西方霸权国家的人权主义之军事干涉。在反恐战争中，在受害人是谁这一问题上，分歧和争论就更加突出。遭到恐怖袭击的公民们或者他们的家属，自然可以是受害人，而受害人甚至可能还包括那些目睹这些恐怖暴行的全球观众，因为这种行为本身就是对人类尊严的践踏和伤害。但是，同时还有另外一些受害人及其共同体，由于他们本身作为现代性（文化）的暴力抵抗者，而被视为恐怖主义者。因此，在暴力的“永恒的轮回”之中，受害者成为施暴者，同样，胜利者又沦为被侵害者。所以，如何避免胜利者的司法/正义，弥合正义共同体与受害人共同体之间张力，可能是国际刑事司法所面临的一个棘手问题。

（二）国际刑事司法：迈向社群主义正义

针对上述全球治理与国际刑事司法之间张力冲突，马克·芬德雷试图以一种辩证的维度来进行处理，认为可以透过下述五个辩证法来重构作为全球治理的国际刑事司法。

第一，是全球霸权的辩证法[①]。西方霸权国家的经济全球化及其对（半）边缘国家的剥削和掠夺，是霸权的全球治理（hegemonic global governance）之正题。恐怖主义的暴力抵抗，作为一种反现代性的风

---

① Mark Findlay, *Governing through Globalised Crime: Futures for International Criminal Justice*, pp. 222～225.

险,是内生在现代性的全球化过程中。因此,全球恐怖主义是作为霸权的全球治理之反题。在"9·11"事件后,英美的反恐战争对国际刑事司法的运用,有可能成为霸权的全球治理之合题。因为国际刑事司法在反恐战争语境中,一方面是对恐怖主义暴力抵抗的否定,另一方面又是霸权全球治理的延伸。不过,未来的国际刑事司法仍然潜在反霸权的可能性,比如,如果通过变革全球治理,赋予国际刑事司法更加独立的世界法院地位,将可能出现一个更加负责的国际刑事司法的全球治理框架。

第二,是国际刑事司法和全球治理的辩证法①。国际刑事司法之所以成为全球治理的核心要素,是因为它具有一种正当化叙事的能力。在全球治理的宏大叙事之中,国际刑事司法的规范和程序,为霸权的全球治理提供了合法性外衣。不过,正式的国际刑事司法制度,在面对各种地方性知识和叙事时,却面临着紧张和冲突。比如,报应司法与恢复司法之间的冲突。新的全球化意味着一场反多元主义的战争。从国际刑事司法的全球治理维度,如果说西方的政治法律文化和价值是正题的话,如报应司法和个人责任的理念,那么,对国际刑事司法的西方文化范式和传统的抵抗,就可能构成一种反题。比如,调解和恢复司法的理念。不过,人权、权力分立和宪法合法性,将可能是一种合题,成为国际刑事司法和全球治理的核心理念。因无论人权、权力分立还是宪法合法性,它们对于构建一个负责的全球治理机制和国际刑事司法而言,都是至关重要的。

第三,是规制的多元主义与全球化经济的辩证法②。全球化的经济促使了商业的去规制化。世界商业秩序的维持和规制,是建立在一个规制多元化或者混合的框架中。在这个框架中,规制的策略:①可能会忽视或容忍犯罪;②允许某种程度去规制的或者比较灵活的商业关系或交易;③将商业实践的变化吸纳到更广泛的传统或者

---

① Mark Findlay, *Governing through Globalised Crime: Futures for International Criminal Justice*, pp. 225~227.

② Ibid, pp. 227~229.

制度框架里；④还有就是控制异常的商业行为；⑤规定管制和禁止。以管制为例，其内容也是多样的，比如，法律规则、行政制裁、合作的涵括与排除（比如加入 WTO 组织），资本和市场的准入，注册和许可等。可见，法律规制只是这样的规制框架的一个选项，甚至可能是一个迟钝而有限的规制选项。在全球犯罪治理的框架中，法律规制日益从一种社会建构（强调差异和多元），更多转向为一种科学建构（强调统一和整合）。而且，国际刑事司法的制度刚性和犯罪框架的狭窄性，都使得它不可能支持一种多元主义的规制框架。但是，受害人共同体证明一系列正当的司法利益难以仅仅通过报应司法的模式来满足。比如，真相的调查、社会和解与重建等。因此，国际刑事司法的未来变革，可能需要返回到一种规制的多元主义，以满足人类保护的多样性需要。因为法律科学以风险与安全为框架，所建构的国际刑事司法体系，往往容易忽视人类文化的多样性。

第四，是责任与政治化司法（politicized justice）的辩证法[①]。国际刑事司法在实体和程序上主要是向联合国安理会承担责任。联合国安理会尽管不一定自动反映西方文化，因为它的成员国像俄罗斯、中国和轮值的国家，都不一定完全接受西方政治法律文化和价值，但是，英美等西方霸权国家也不会受到联合国安理会的观点约束。美国入侵伊拉克的反恐战争，已经表明西方霸权国家的利益和观点，如果不能在联合国安理会中获得支持，他们完全可以绕开联合国以及安理会的授权，直接发动单边主义的军事行动，以维持其全球性的安全利益。一直以来战争罪法庭都有胜利者司法的特征。战争罪法庭在形式上反映的主要是西方军事法庭的法律和程序，而且在选择被指控的被告方面以及他们被强制到法庭的方式，都反映出和依赖于胜利者对于受害人和结果责任的考虑。在国际刑事司法应该对谁负责这一问题上，政治化的司法可能导致国际刑事司法完全忽视了受

① Mark Findlay, *Governing through Globalised Crime: Futures for International Criminal Justice*, pp. 231～232.

害人共同体的利益，因为国际政治霸权对国际刑事司法的控制，意味着它首先考虑的是霸权的政治利益，而不是受害人共同体的正当司法利益。实际上，暴力性的司法规制策略，已经扭曲了国际刑事司法的责任问题。因此，未来的国际刑事司法，应该重新考虑它的责任框架问题，因为它到底为谁服务，这一问题涉及其本身全球治理的正当性基础。

第五，道德的辩证法[①]。如果国际刑事司法在全球治理的过程中，仅仅体现出西方的政治法律文化认同，那么，它对于非西方文化道德之不宽容，将可能加剧不同文化政治道德的冲突，甚至可能引发新的暴力冲突和风险。暴力性的司法规制策略，已经表明这种文化和共同体认同的不宽容，可能遭到的抵抗。因此，如何弥合抵抗共同体和服从共同体之间的道德文化认同的差异，是构建全球治理和国际刑事司法之道德基础的难题。其实，无论何种共同体，哪怕文化同质性高的共同体，仍然会存在差异和多样性。因此，将国际刑事司法和全球治理定位在一个正义共同体的基础上，并不意味着要以西方的道德文化认同取代其他非西方的道德文化认同，相反，这样的一个正义共同体是建立在全球人类共同体这个维度上，并根据它的受害人共同体选民，要求作为全球治理的国际刑事司法样式，接纳人类文化的多样性。因此，国际刑事司法及其全球治理的道德维度，可能奠基在共同体认同的宽容基础上。一种更加理想化的共同体拟制，就是以全球人类为其共同体选民。这样的话，作为全球治理框架的国际刑事司法之未来，是以作为人类代表而不是作为联合国安理会分支机构来运作。换言之，国际刑事司法是以人类的名义和授权来进行全球治理。

基于上述五个辩证维度，马克·芬德雷认为未来国际刑事司法需要一种激进的变革，来实现良好的全球治理。首先，是国际刑事司

---

① Mark Findlay, *Governing through Globalised Crime*: *Futures for International Criminal Justice*, pp. 232～233.

法的全球治理，需要定位在一种社群主义的司法模式。这种社群主义司法模式，是建立在正义共同体和受害人共同体的基础上。而正义共同体和受害人共同体两个维度的综合，则是以人类全体作为共同体选民的基础。因此，国际刑事司法的全球治理，需要以全人类的名义进行。其次，是国际刑事司法要从国际政治霸权的政治庇护中独立出来。司法独立和权力分立的原则需要被运用全球治理的层面。唯有如此，国际刑事司法才能以人类权力的独立代表去处理全球的暴力（风险）治理问题。否则，国际刑事司法只能是国际政治霸权打击恐怖主义的暴力司法工具。再次，一种整合的、包容的和可获得的国际刑事司法，需要一种人道的司法道德之运用和实践。[①] 因为代表受害人共同体的国际刑事司法将人道的创造和维持而非风险与安全作为其运作和道德的关注，更能够增强国际刑事司法解决冲突与维持和平的潜力。

四、观察与反思：对中国刑事司法的启示

马克·芬德雷的《通过全球化犯罪的治理：国际刑事司法之未来》一书，充满了一种未来主义的写作格调，透过这本书，人们会发现一个“黑暗”的全球化。全球化的前景，在马克·芬德雷的描述和叙事中，是一幅充满了犯罪、暴力、战争和动乱的景象。在此书中，马克·芬德雷提出了很多具有原创性的概念和意象，比如，“全球化的犯罪”（globalised crime）、“全球犯罪风险”（global crime risk）、“准司法范式”（para-justice paradigm）、“国际刑事司法的全球治理”（international criminal justice as global governance）、“正义共同体”（communities of justice）、“社群主义司法模式”（a communitarian justice model）、“全球化的治理”（globalised governance）等。虽然这样给读者理解他的思想带来不少难度，但同时他的分析也带来了新的想象

① Mark Findlay, *Governing through Globalised Crime: Futures for International Criminal Justice*, p. xvii.

空间和富有启发性的洞见。下面主要从两个方面，谈一谈马克·芬德雷关于刑事司法的全球治理思想，对于中国刑事司法的启示。

（一）中国刑事司法的全球化视野

从理论层面来考虑全球化视野对于中国刑事司法实践的启示，主要包括以下三个方面的观察：第一，马克·芬德雷提出“全球犯罪风险”作为理解犯罪、风险与全球化之间联系的范式，具有非常重要的理论意义：①挑战当前的犯罪（类型）表现。目前犯罪的类型，主要是建立在以“威斯特伐利亚二重奏”为参照系的基础上，比如，国内犯罪/国际犯罪的区分。然而，在全球化的语境中，犯罪类型的多样性和混杂性，超越了这一区分的涵摄范围。比如，恐怖袭击同时具有地方性/全球性的意象，因为现代信息媒介的全球性，地方犯罪可以借着信息传播方式实现社会语境的“脱域”。②刑事司法的范式转换。由于犯罪风险的全球化，现代犯罪治理范式已经开始衰落，以保障人权为目标的刑事法治国范式，逐渐向风险控制导向的刑事规制国家范式变迁。从前犯罪与战争的边界也逐渐被模糊，反恐战争导致刑事法的战争化[①]，由此，全球犯罪促使刑事法律系统的认知面向增强，以应对更为复杂的犯罪风险。

第二，马克·芬德雷提出“通过全球化犯罪的治理”，对于重新理解犯罪与治理之间关系，具有十分重要的理论启示：①挑战犯罪与治理的主权模式。犯罪全球化是对“威斯特伐利亚二重奏”的治理框架之挑战。民族国家时代的犯罪与治理框架，是建立在主权的基础上。犯罪与治理是有边界的。一个民族、一个国家、一部刑法典、一个统一的国家刑事司法系统，这就是民族国家时代犯罪与治理的主权范式。但是，在全球化的媒介时代，犯罪的“脱域”，已经不仅是行为规制问题，更是一个信息控制的问题。犯罪不仅在物理时空“脱域”，比如，跨国犯罪，同时也在虚拟时空进行全球攻击，比如黑客的网络犯

① 关于刑法与战争法之间相互渗透，参见［德］乌尔里希·齐白：《全球风险社会与信息社会中的刑法：二十一世纪刑法模式的转换》，周遵友、江溯等译，162～196页，北京，中国法制出版社，2012。

罪。信息全球化和犯罪全球化的交叉,形成了这样一种后现代的犯罪语境。[①] 而民族国家的犯罪与治理框架,早已无法适应这种后现代的犯罪语境。因此,犯罪治理的范式需要移转,就是成为了当前比较犯罪学或者全球犯罪学的新课题。②挑战国际犯罪治理。国际犯罪治理体系,也就是国际刑事司法系统的建立,是伴随着战争出现的。"二战"后的纽伦堡审判和东京审判,以及后来若干特别国际刑事法庭的建立和运作,尤其是国际刑事法院的建立和运作,分别标志着这一国际犯罪治理体系的诞生、发展和完成。但是,全球化的犯罪,比如国际恐怖主义,却挑战这一治理体系的功能。因为人权导向的国际刑事司法,其主要的规制对象是国家恐怖暴行,比如纳粹的集中营、种族灭绝和清洗、大屠杀等战争暴行等。因此,目前的国际刑事司法难以真正有效规制作为有组织犯罪的恐怖主义。此外,除了全球恐怖主义,还有新出现的全球犯罪,比如,金融(商业)犯罪、生态犯罪和网络犯罪,都超越了国际犯罪治理的框架。面对这些全球化的犯罪,需要建立一种全球性的治理范式和规制框架。唯有如此,才能抵抗犯罪全球化所带来的挑战。[②] ③司法治理的全球化。[③] 现代人类社会治理模式,大概经历了两次转型。早期现代社会治理,主要是一种立法治理模式。比如,早期民族国家时代基本上是这种社会治理模式,强调立法调控社会生活和秩序。不过,随着人类社会演化的复杂性增加和不确定性的因素增长,在福利国家时期立法治理模式就转变成为一种行政治理的模式。比如,通过扩张国家行政权力,来应对各种不确定的风险因素对公民福利的威胁。然而,行政治理模式所带来的家长主义,给这样的治理带了新的困境:公民的自由和福利

---

① 关于后现代的犯罪语境之建构,参见[英]韦恩·莫里森:《理论犯罪学:从现代到后现代》,刘仁文、吴宗宪、徐雨衡、周振杰译,422~442页,北京,法律出版社,2004。

② [美]菲儿·威廉姆斯、格里高利·布丹-奥哈勇:《全球治理、跨国有组织犯罪和洗钱》,载戴维·赫尔德、安东尼·麦克格鲁主编:《治理全球化:权力、权威与全球治理》,曹荣湘、龙虎等译,165~188页,北京,社会科学文献出版社,2004。

③ C. Neal and T. Vallinder(eds), *The Globalization of Judicial Power*, New York: New York University Press, 1995.

越来越遭到国家行政权力的宰制。而且,风险的全球化,对这样的风险行政治理模式产生了难以承受的压力。这促使社会治理模式进一步的转型:迈向司法治理。[①] 司法治理模式的回应性,一方面可以缓解行政治理模式的压力,另一方面这种治理模式可以有效稳住人们的行为期待。在一个(全球)信息社会或者风险社会里,司法治理模式以个案处理方式来调控社会秩序,既避免立法治理模式的迟滞,也避免了行政治理模式的独裁。这样一种治理模式,不仅出现全球化,而且成为一种全球治理模式。这一点,随着全球犯罪治理而越发显得突出,比如,国际刑事司法作为一种全球治理框架而出现。

第三,虽然马克·芬德雷的观点带有未来主义的格调,但是,他的写作本身是具有现实主义的关怀。在讨论国际刑事司法的全球治理之正当性基础方面,马克·芬德雷认为需要两种奠基,一种是共同体的奠基,即以全球人类共同体为其选民基础,另一种是道德的奠基,即以一种新的司法道德作为其运作基础。不过,我仍以为马克·芬德雷的思路不是很完善。由于他对于全球化的犯罪之讨论,仅局限于全球恐怖主义,像一些新的全球犯罪,比如,网络犯罪、生态犯罪和金融犯罪等都未曾考虑。因此,在犯罪的全球治理框架上,国际刑事司法可能仍面临着巨大的挑战,而且犯罪治理的规范性框架,仅仅定位在共同体层面,仍然是不足够的。按照桑托斯的观点,现代性的规制与解放,有三项原则:国家原则、市场原则和共同体原则。[②] 而现代性的全球化,意味着这三项原则,同样有其全球性的运用。市场的全球化,已经在全球化的经济中出现。共同体的全球化,也已经在全球公民社会中显示出来。而国家的全球化,如果是指世界政府,则似乎显得过于遥远。不过,国家原则的全球性运用,并不一定需要建立世界政府。相反,目前建制化的国际治理体系比如联合国、国际刑事法院等,也可以被视为国家原则的全球性运用。因此,犯罪的全

---

① Ran Hirschl, *Towards Juristocracy: The Origis and Consequences of the New Constitutionalism*, Cambridge: Harvard University Press, 2004.

② [葡]博温托·迪·苏萨·桑托斯:《迈向新法律常识:法律、全球化和解放》,3页。

球治理框架,如何将这三项原则的运用结合起来,以构建出一种有效的全球治理模式,可能是当前最具挑战性的问题。马克·芬德雷已经走出一条路,不过,这条路的前方仍有待进一步的探索。

(二)中国刑事司法的机遇和挑战

首先,从挑战方面而言,有两个方面:①在新一轮全球化浪潮中,面对全球化的犯罪威胁,比如,恐怖主义、金融犯罪、网络犯罪、生态犯罪等全球犯罪问题,中国刑事司法治理及其刑事政策都面临着严重的挑战。因为当前中国国内刑事司法治理和刑事政策之构建,完全立基于"威斯特伐利亚原则"这个源代码的设计,而根据这一源代码设计的近代民族国家刑事司法治理和刑事政策,全然看到不到犯罪全球化所带来的犯罪语意和结构的巨变,比如,网络犯罪的全球化[①],已经解构和颠覆了传统刑法教义学的犯罪语意和座架,导致犯罪主体的匿名化[②],犯罪客体的信息化[③]、犯罪的过程和结果的全球化[④]等等。②由于全球化的犯罪和犯罪的全球化不断动摇着"威斯特伐利亚二重奏"的刑事司法治理体系,所以,美国的反恐战争及其构建的刑事司法之全球治理霸权,对于当前中国的国家治理能力提出了崭新的时代课题和挑战。全球化时代的地缘政治格局,深刻地影响着当前中国的国家治理前景。在面对美国的全球反恐战争及其刑事司法的全球治理,中国不仅面临着积极应对国际恐怖主义的国际合作问题,还面临着如何积极参与构建全球犯罪治理体系的问题:面对全球化犯罪的威胁,中国不可能置身事外,而对构建全球犯罪治理体系置若罔闻。因此,面对英美在刑事司法治理领域的全球霸权,中国如何推动未来国际刑事司法体系之走向,将是中国国家治理的一

---

① J. Clough, *Principles of Cybercrime*, Cambridge: Cambridge University Press, 2010, p. 21.

② Ibid, p. 6.

③ [法]达尼埃尔·马丁、弗雷德里克-保罗·马丁:《网络犯罪:威胁、风险与反击》,卢建平译,16~68页,北京,中国大百科全书出版社,2002。

④ N. Kshetri, *The Global Cybercrime Industry*, Berlin: Springer, 2010, pp. 139~159.

项崭新的历史课题。

其次，从机遇而言，也有两个方面：①全球化的犯罪对中国深度参与全球治理提供新的战略空间和机遇。面对全球化的犯罪，中国的刑事司法治理和刑事政策，需要新的战略视野，尤其是加强全球犯罪风险防控体系的建立和应对。犯罪风险的管理和规制，不仅为国家治理提供了新的治理目标——国家安全，同时也为打击犯罪提供了新的战略制高点。而且，全球化的犯罪治理，将为中国国家治理的全球延伸提供了新的机遇，比如，打击全球海盗犯罪，打击全球网络犯罪等，这些都将重新检验中国刑事司法治理的全球延伸能力。②刑事司法的全球治理对提升中国的国家治理能力提供了新的实践场域。中国目前仍不是国际刑事法院的缔约国，但是，从全球化犯罪的治理战略来看，未来中国应当积极推动国际刑事法院的全球治理。唯有利用国际刑事司法的多边力量，才可能在未来的全球治理中有效应对美国全球治理霸权，并为中国的国家治理及其全球延伸，找到合适的实践场域。新的实践场域，必然要求中国的刑事司法政策和实践能够在全球刑事司法治理层面找到落脚点，而且还需要中国贡献出关于全球治理的话语权和道义感。因此，总结这些机遇和挑战，笔者认为，中国刑事司法治理及其刑事政策必须有一种全球化的战略眼光，并且需要结合中国刑事司法治理的经验和理论，对这样一种全球化战略进行提炼，从而为未来的中国提升国家治理能力及其全球延伸做好准备。

非洲在哭泣——写在曼德拉逝日

老　海

黑色的皮肤里，
裹着鲜红的血滴；
强大的暴政下，
挺起微弱的身躯。
“种族隔离，
在于心灵隔离；
倚强凌弱，
不过畜生逻辑！”
他怒了，挥拳抗议；
他苦了，坐穿牢底。
如今他走了，非洲的甘地。
于是——
非洲在哭泣，世界在哭泣。

古老的非洲，
铺展着神奇的土地。
广袤的沙漠，

回荡着驼队的旋曲；
茂密的丛林，
遍布着象群的足迹；
翻滚的马拉河，
闪烁着腾跃的角马和游动的巨蜥；
平静的纳库鲁湖，
红云般的火烈鸟在辛勤觅食；
沉睡的泥土，无边的草原，
孕育着生物演化的奇迹；
荒凉的峡谷，风化的岩石，
隐藏着人类诞生的秘密。
我们来了，
从四足爬行到两腿直立；
从简单呼叫到咿呀学语；
从打磨石块到耕种土地；
从聚族而生到分散各地。
留守的，
精心看护着自然的神奇；
离开的，
逐渐把自己的家园忘记。
到头来，
不肖游子竟与兄妹为敌。
于是——
非洲在哭泣，世界在哭泣。

又是夜黑风高的夜晚，
一群白狼闯入祖地。
高喊成王败寇的口号，
挥舞优胜劣汰的战旗。
掠夺土地，搜刮珍奇。

遍猎狮象，狂杀鹿犀。
黑色皮肤，当作罪据。
故园同类，贬为奴隶。
昔日的伊甸园，
成了强盗的动物园；
祖先的出生地；
成了列强的殖民地。
一片片森林倒下，
成为荒地。
一条条河流干枯，
成为涸渠。
一座座矿藏掏空，
成为乱石。
一群群生灵灭绝，
成为枯尸。
一个个村庄衰败，
成为废墟。
一缕缕灵魂游荡，
成为冤谜。
于是——
非洲在哭泣，
世界在哭泣。

一群老狼刚退场，
又一群新狼接继。
老狼刚把新狼辱，
新狼就将小羊欺。
蓦见野羊成家狼，
顿足捶胸呼声急。
“要像狼人那样思考”，

快快提高狼技！
“时间就是金钱”，
money，money，more more money！
“要像猎手那样行动”，
重在加速出击；
“效率就是生命”，
hurry，hurry，only only hurry！
竞争，竞争，竞争，
优胜劣汰；
博弈，博弈，博弈，
赢者通吃！
Power is knowledge，
高官需要学位——
博士，博士，在职博士；
Knowledge is power，
学者需要官位——
部级，部级，兼职部级。
法律商人与商界法人，
一对孪生兄弟；
官僚学者与学者官僚，
一双半路夫妻。
丛林法则密若网，
鱼塘正义运如机。
红楼梦里真事隐；
滑饵街心道穷厮。
同志们——
没有心肝的专家，
没有灵魂的技师。
争夺吧，

这世界弱肉强食；
糟蹋吧，
大自然快成垃圾；
挑战吧，
天地还有你自己。
毁灭吧，
反正接近末日。
于是——
非洲在哭泣，
世界在哭泣。

黑色的皮肤里，
裹着鲜红的血滴；
强大的暴政下，
挺起微弱的身躯。
你来，
无声无息；
你呼，
软弱无力；
你拘，
坚贞不屈；
你胜，
悄然隐去；
你走，
昏天黑地。
于是——
非洲在哭泣，
世界在哭泣……

曼德拉(总统逝世周年)纪念诗并序

陆惠风

曼德拉毕生反对种族隔离政策,岛囚27年,终不改其志。苦心孤诣,争取平权。生平事迹,举世惊动。因得诺贝尔和平奖,引起全球谴责种族隔离政策。各国不断经济制裁下,南非终于放弃隔离政策,实行一人一票选举。曼德拉当选总统,举世欢腾中,提出只求确证黑人被歧视的史实而不计前嫌、不求报复。并与白人协治南非。一世伟人,逝世周年。赋七律并略述生平,以志纪念。

文明相益复相克,七尺王孙空铁拳,
九域炎洲残异类,卅年狱岛炼心篇。
从来邪正难为敌,绝世英豪普世缘,
诺奖和平翻物论,青云独步自由天。

七律怀曼公

朱　燃

死后英魂何处寻，漫天风雨气萧森。
荆山潜璧终成器，沧海荒洲拔秀林。
德合家邦君子志，权平天下草民心。
缅怀楚狱奇男子，留得声名传古今。

最后一首诗

张世鹏

最后一首诗，
献给白人，献给黑人
献给这大陆上的生灵
每个清晨
伴他们在好望角的巨浪声中苏醒
向着太阳，
奔往各自的生活

最后一首诗，
献给年迈的帝国，和她的女王
献给重生的共和国
献给教皇和总统
税官、警察、士兵
献给布鲁堡海滩上租冲浪板的小贩
和桑顿广场边喝咖啡的老人

最后一首诗，
也献给罗本岛，
十八年的距离，十一公里的光阴，
献给监狱长和看守
感谢你们！
为我守着通往自由的大门
悲痛与怨恨从来不曾困住我的心。

民族国家的部门宪法

[德]贡塔·托依布纳 著　陆宇峰 译　纪海龙 校*

各种社会子领域的宪法早已存在于民族国家时代，并非伴随着全球范围的功能分化出现。如今，在跨国背景下，这些子宪法获得了新的、戏剧化的时事性。宪治化能够有效抑制各种自治的全球子系统的扩张倾向，从而防止其损害社会和环境吗？接踵而至的问题是：在全球社会制度的宪治化过程中，国际政治应当扮演何种角色？国

---

* 本文译自贡塔·托依布纳教授近著《宪法的碎片：全球社会宪治》第二章（Günther Teubner: *Constitutional Fragments: Societal Constitutionalism and Globalization*, trans. by Gareth Norbury, Oxford: Oxford University Press, 2012, 15ff.），由陆宇峰根据英文版译出，纪海龙根据德文版校对。经托依布纳教授授权，全书即将出版。

在全书第一章中，托依布纳教授讨论了经济、科学、教育、医疗、传媒、宗教、艺术、体育等全球社会子领域的相互碰撞及其在全球层面对人权和基本权利的侵犯。他认为，解决这些"新宪法问题"不可能依靠一种全球统一的政治宪法，而是必须依靠各种全球社会系统自身的宪法，亦即依靠"多元的全球社会宪治"。本章接续第一章，重点讨论"多元全球社会宪治"的原型，亦即民族国家时代的"部门宪法"（相对于无所不包的民族国家"政治宪法"）。实际上，这一讨论同时构成对20世纪宪治历史精彩的社会系统理论分析，清晰展现了自由主义宪治、极权主义宪治、福利国家宪治、经济主义宪治、多元主义宪治的理念与实践、目标与手段、优势与缺陷。

贡塔·托依布纳，德国法兰克福大学法学教授。

陆宇峰，华东政法大学讲师；纪海龙，华东政法大学讲师。

际政治应当成为其他全球社会政治部门的宪法制定者，还是社会宪治化自主进程的参与式观察者？应当充当各种系统逻辑的协调者，还是功能分化的修理店？

为了弄清楚这些问题，以下我们将讨论在民族国家时代即已富有影响的部门宪法（sectorial constitution）概念。透过对各种历史选项的背景考察，我们能够更好地解释全球化如何改变了部门宪法的问题情境，更好地解释在政治、法律与各社会子系统之间，部门宪法正扮演着何种新的角色。这将为国家内部的社会宪治如何转换成全球的社会宪治提供指引。

一、自由主义宪治下的社会制度

（一）宪法缺位的私人自由领域

自由主义宪治有意识地回避市民社会的宪治化。[①] 自由主义宪法被明确地从狭义上限定为国家制度。社会行动应当免于国家干预，不受国家宪法规范制约。这种节制，使国家与社会的分离在宪法层面成为现实。基本权利被视为私人的自由空间，私人借助保护性的权利抵御国家干预。市民社会中的行动无关社会制度，仅仅关乎私人自身；私人在私法之下安排自己的自由领域，与国家宪法无涉。

在一篇颇有影响的论文中，历史学家莱因哈特·科塞雷克（Reinhart Koselleck）严厉批评宪法理论和宪法法律至今仍然采用此种方案，并仅仅关注国家宪法的问题。[②] 按照科塞雷克的观点，应当承认

---

① 关于自由主义宪治下社会子领域非宪法化的讨论，参见 Dieter Grimm, *Recht und Staat der bürgerlichenGesellschaft*, Frankfurt: Suhrkamp, 1987, 11ff, 192ff, Dieter Grimm, "Entstehungs-und Wirkungsbedingungen des modernenKonstitutionalismus", in Dieter Grimm, *Die Zukunft der Verfassung*, Frankfurt: Suhrkamp, 1991, 45ff。主张将宪法（基本社会制度）限定为狭义政治过程的当代著名学者是罗尔斯，参见 John Rawls, *A Theory of Justice*, Cambridge (Mass.): Harvard University Press, 1971, 11ff。

② Reinhart Koselleck, "Begriffsgeschichtliche Probleme der Verfassungsgeschichtsschreibung", in Reinhart Koselleck, *Begriffsgeschichten: Studienzur Semantk und Pragmatik der politischen und sozialen Sprache*, Frankfurt: Suhrkamp, 2006, quotations 369ff.

的一个事实是：早在民族国家时代，就已经存在一种更为全面的社会宪法，这种社会宪法不仅管理国家的政治行动，也管理各种经济、社会和文化制度。社会的、宗教的(ecclesiastical)、经济的和金融财政的秩序，不应作为单纯的立法事务处理，而应作为真正的"社会宪法"问题处理。科塞雷克想要解放局限于国家的宪治，将其扩展到所有社会制度。宪治这一概念"应当包含所有依靠法律进行管理的制度……没有这些制度，政治共同体就不可能采取政治行动"。从宪法政治的角度看，市民社会的基本结构与国家宪法的结构必须一视同仁。

科塞雷克也提出了超国家宪法这一新问题。他认为，以国家为中心的传统宪法概念无法"说明我们时代的后国家现象以及某些方面的超国家现象"。他尤其感兴趣是，在那种整全宪法(the overall constitution; Gesamtverfassung)的框架中，跨国公司将扮演何种角色。

科塞雷克由此打开了广阔的视野。他明确提出了关于各种非国家社会制度的宪法问题，从而展现了他自己未做回答的各种新问题："社会宪法"与"立法"有何差异？换言之，各种市民社会制度的宪治化与单纯的法律化有何不同？此外，存在着一种管理整个社会的统一的"社会宪法"，亦或各种各样的子宪法？最后，各种社会制度是自主地向自己赋予宪法，还是由政治充当宪法的合法制定者？唯有在一种更为宽广的社会理论视角下，才能找到这些问题的答案，下文将在合适的地方阐发此种视角。此处只列出粗略的提纲，以揭示自由主义宪治之于社会子宪法的固有盲点。

众所周知，自由主义的国家宪法号称拥有双重功能：构造(constitute; Konstituierung)政治权力，并以法治限制之。此处所谓"构造"，不仅意味着政治管理的组织规则应当服从宪法规范，而且意味着政治权力应当独立于权力的各种社会来源，实现自治。宪法将政治权力与军事力量、经济财富、宗教权威相互分离，从而创造了自主的权力来源。汇聚权力和合意以生产集体决定，成为现代政治自治的典型特征。[①] 政治权力的独立性源于权力过程的反身性：在权力过程中，基于制宪权（pouvoirconstituant）和宪定权（pouvoirconstitué）的相互关系，权力被适用于权力；并且，在此权力过程中，形成了具有独立性的政治集体。此即狭义政治权力的"构造"（constitution；Konstituierung）过程，而政治权力的构造过程又需要法律媒介进一步加以稳定，使之相对独立于权力的波动，并永保权力的反身性。与政治的自我构造不同，这种政治与法律之间必要的相互作用，成就了严格意义上的政治"宪治化"（constitutionalization）。第二项功能，即对政治权力的限制，则是为了缔造政治与其社会环境之间的边界。实质上，这一边界划定过程的展开借助了各种政治性的基本权利，亦即借助了政治在面对私人自治之时施加的自我限制。[②]

（二）自主的社会秩序

从社会学视角看，宪法的上述两项功能明显并不局限于政治。[③] 其他各种自治社会秩序也像政治一样建构自身，并且也依赖宪法保障其稳定性。在功能分化的背景下，并不存在对于所有社会制度同

---

① Max Weber, "Politikals Beruf ", in Max Weber, *Gesammeltepolitische Schriften*, Tübingen: Mohr Siebeck, 1958 [1919], pp. 505～560.

② 对英法宪治史进程的富有启发意义的系统论解释，参见 Chris Thornhill, "Towards a Historical Sociology of Constitutional Legitimacy", 37 *Theory and Society*, 2008, pp. 161～197。

③ 由此回溯社会理论经典的讨论，参见 Riccardo Prandini, "The Morphogenesis of Constitutionalism", in Petra Dobner and Martin Loughlin (eds), *The Twilight of Constitutionalism?*, Oxford: Oxford University Press, 2010, pp. 309～326。类似讨论参见 Poul F. Kjaer, "The Metamorphosis of the Functional Synthesis: A Continental European Perspective on Governance, Law and the Political in the Transnational Space", 2 *Wisconsin Law Review*, 2010, 532ff。两位作者都在考察社会结构与宪法规范的共同演化历史的基础上，批评将宪治化约为国家宪法。关于政治与经济的分离以及由此带来的经济宪法需求，参见 Gavin W. Anderson, "Corporate Constitutionalism: From Above and Below (but mostly below)", *The Constitutionalization of the Global Corporate Sphere?* Paper presented at Copenhagen Business School, Copenhagen, 17～18 September, 2009, pp. 1～14。

样有效的社会规范。这就要求各种社会制度独立地实现宪治化。[1] 至于是否需要确定的成文宪法，则是另一个问题。经济通过货币这项媒介实现自主化，使自身独立于其他社会秩序，并通过反身过程创造了各种经济制度。[2] 经济的自我构造以各项基本法律制度为基础，包括财产权、契约、货币体系等。这就带来了有关边界的问题：依靠何种与基本权利等值之物，才能确保货币媒介不会支配整个社会？科学及其自主媒介——真理，同样面临这个边界问题。作为反身机制，认识论界定了科学的边界。宗教也存在相应的宪法问题。在现代化进程中，大量制度都需要利用宪法的双重功能，同时实现自治秩序的构造及其自我限制。[3] 正是由于这个原因，我们必须寻找科塞雷克所留下的开放式问题的答案。只有当法律规范承担起这种双重功能的时候，我们才能谈论各种社会子领域的宪治化，而非其单纯的法律化。[4]

然而，对于这项不仅出现在政治之中，也出现在各种社会制度之中的宪法难题，自由主义宪治为何视而不见？我们可以从新市民社会的自我描述中找到答案。

法国大革命弃置了……已然摇摇欲坠的等级社会秩序的脆弱自我理解，但没有提出可替代的现代社会概念。法国大革命的宪法概

---

① 这是卢曼阐述关于政治宪法之要求的基本原理。该原理被相应地一般化，扩展适用于所有社会子系统，参见 NiklasLuhmann，"Politische Verfassungenim Kontext des Gesellschaftssystems"，12 *Der Staat*，1973，p. 171。

② NiklasLuhmann，*Die Wirtschaft der Gesellschaft*，Frankfurt：Suhrkamp，1988，302ff.

③ 更详细地讨论，参见 Teubner，*Constitutional Fragments*，chapter 4，under I。卢曼不是仅仅针对政治，而是针对所有功能系统提出自我奠基和自我限制的问题，只不过没有直接使用"宪治"术语。他在各种不同主题，特别是子系统反身性和全社会整合主题下讨论这些问题。参见 Niklas Luhmann，*Die Gesellschaft der Gesellschaft*，Frankfurt：Suhrkamp，1997，601ff。

④ 法律化与宪治化差异的互联网例证，参见 Gunther Teubner，"Societal Constitutionalism：Alternatives to State-centred Constitutional Theory?"，in Paul Schiff Berman (ed)，*Law and Society Approachesto Cyberspace*，Ashgate：Aldershot，1997，pp. 143～168。详细的讨论，参见 G. Teubner，*Constitutional Fragments*，chapter 4。

念局限于政治系统，而在其他方面，只是放任个人自主决定选择某种特定的生活风格——其理念或许可以简单地概括为“发财去吧”(enrichissez-vous)①

按照其自我想象，这场资产阶级革命成功铲除了封建秩序，彻底摧毁了各种中间制度(intermediate institutions)，创造了共同体与公民之间的直接联系。在政治共同体之外，自治的社会秩序不复存在。② 卢梭对此洞若观火：“为了很好地表达公意，重要的是国家之中不能有局部社会的存在(Il importedonc pour avoirbienl'énoncé de la volontégénérale，qu'iln'yavait pas desociétépartielledansl'état')。”③各种独立的社会制度只会扰乱这种自我想象，带来社会内部的权力合法化和权力限制问题，进而提出市民社会自身的宪法问题。然而，在这场资产阶级革命之后，所有中间权力——等级、教会、社团都被忽略了，或是沦为私人领域，或是为政治所抑制。公民与共同体的直接联系，蒙蔽了对新兴社会制度之多样性的观察，这些社会制度自身的宪法问题由此沉寂，堕入潜伏状态。

当时，社会自由固然明确受到保障，但仅仅被理解为个人的自我实现，无关政治之外超个人的、集体的或者制度的过程。各种复杂的社会秩序仍然存在，但仅仅被看成个人行动的结果。④ 主观权利不仅被理解为个人利益的法律授权，更不仅被理解为单纯的诉权赋予。

① NiklasLuhmann，*Gesellschaft der Gesellschaft*，p. 1083.

② 当代政治理论仍然坚持这种观点。哈贝马斯的早期作品热烈主张社会领域的民主宪治，参见 JürgenHabermas，*The Structural Transformation of the Public Sphere：An Inquiry into a Category of Bourgeois Society*，Cambridge：Polity，1992［1962］；Jürgen Habermas，*Protestbewegung und Hochschulreform*，Frankfurt：Suhrkamp，1969。但在其论述全球宪治的近著中，哈贝马斯转向了一种彻底的政治中心论，参见 JürgenHabermas，“Does the Constitutionalisation of International Law Still Have a Chance?”，in Jürgen Habermas，*The Divided West*，Cambridge：Polity，2006，pp. 115～193。

③ Jean-Jacques Rousseau，*Du contrat social ouprincipes du droitpolitique*，Paris：Rey，1762，p. 59.

④ 这种观点参见 DieterGrimm，*Recht und Staat der bürgerlichenGesellschaft*，11ff，192ff.；DieterGrimm，“Entstehungs-und Wirkungsbedingungen”，45ff。

在更为根本上的意义上，个人被视为其自主空间中的法律创制者。主观权利本身成为独立的法律渊源——最初是作为能力(facultas)，其后是作为自由——允许法律主体创造他们自己的法，发展主体间关系。然而，这种权利仅仅授予个人，并不授予社会制度。[①] 私法通过契约和侵权制度支持这种私人自治的社会秩序建构，但同样完全取向于个人："所有法的存在，都是为了伦理的、内在于每个人类个体的自由。"[②]甚至，在实践中发展出了各种私人集体制度的社团法，也只是被看成个人契约行为的结果。[③] 关于法人本质的著名争论表明，社会团体要么被贬低为国家的拟制，要么被消解为个体的契约行为。在这样的情况下，根本无法想象一种创制并限制集体自治的"公司宪章"或者更一般的"组织宪法"。

纯粹是作为补充，国家的宪法性法律创制了保障个体自由的基本权利，但这些基本权利并不保障各种社会制度的自由。各种社会子领域仅仅被界定为受私法保障的个人自由的产物，其宪法性质因而归于隐没。实际上，这种观念纯属全社会自我描述的"过渡语意"。这种过渡语意看到了旧式等级结构的毁灭，却还没有理解功能系统和正式组织的全新属性，是故将社会秩序仅仅归结到个人。[④] 这种语意因此忽略了市民社会制度的相关问题：如何保障这些市民社会制度的自主性？如何限制它们的扩张倾向？面对它们的离心倾向，社会整合又如何可能持续？

---

① 主观权利仅仅与人类个体有关的观点，参见 ImmanuelKant，*Grundlegungzur-Metaphysik der Sitten*，Frankfurt：Suhrkamp，2008 [1785]，p. 345。

② Carl von Savigny，*System des heutigenrömischen Rechts*. *Band* 2，Berlin：Veit und Comp，1840，p. 2。法人"拟制理论"主要受国家规范强制和个人权力意志的二分法影响，参见 Franz Wieacker，"ZurTheorie der juristischen Person des Privatrechts"，inErnst Forsthoff (ed)，*Festschrift für Ernst Rudolf Huber*，Göttingen：Schwartz，1973，361ff。

③ 著名的反对意见，参见 Otto von Gierke，*Die Genossenschaftstheorie und die deutsche Rechtsprechung*，Berlin：Weidmann，1863，141ff。

④ NiklasLuhmann，"SubjektiveRechte：ZumUmbau des Rechtsbewußtseinsfür die moderneGesellschaft"，in NiklasLuhmann，*Gesellschaftsstruktur und Semantik*，*Band* 2，Frankfurt：Suhrkamp，1981，80ff.

黑格尔承认多元的社会制度——家庭、市民社会、国家，并将它们整合进自己的宪法理论中。自黑格尔时代以降，新的社会秩序远较共同体与个人的直接联系复杂的事实才被指出。[①] 黑格尔支持两院制的议会体系，其中，上议院构成“资产阶级社会的流动面”(mobile side ofbourgeois society)，上议院议员代表资产阶级社会的特定“领域”，由这些领域的社团指派。这种法团主义宪法确实反映了全社会的功能分化。启蒙运动向来只是从公民—共同体二元对立的视角理解社会并相应地支持民主和普选权，黑格尔却承认资产阶级社会是家庭和国家的中间领域，并勾勒了一幅等级结构的功能分化社会图景。由此形成的，是一种对存在于政治内部的社会分化描述，而不是一种被误认为向旧社会复辟的“等级宪法”。只不过，整合“需求体系”之离心倾向成了专属于国家的功能。

随后，各种制度主义理论以及(尤其是)社会学这一新学科出现，带来了更为复杂的社会自我描述。这些理论和学科认识到现代非国家社会秩序的多元性，因而至少是隐约提出了它们各自的宪法问题。[②] 在此之后又过了很久，私法和宪法才形成了新的自我描述，不再将各种社会秩序单纯看成拥有私人自主能力的诸个人的行动产物，而是看成各自拥有不同逻辑的制度，这些制度的集体性自我奠基、自我限制和在全社会中的整合被承认为宪法问题。[③] 真正意义上

---

① Georg Wilhelm Friedrich Hegel, *Elements of the Philosophy of Right*, 15th print, Cambridge: Cambridge University Press, 1991 [1821], 199ff, 220ff, 275ff, 282ff.

② 特别参见 Emile Durkheim, *The Division of Labor in Society*, New York: Free Press, 1933; SantiRomano, *L'ordinamentogiuridico*, Florence: Sansoni, 1918; Maurice Hauriou, “La théorie de l'institution et de la fondation: essai de vitalisme social”, in Maurice Hauriou, *Aux sources du droit*, Caen: Bloud & Gay, 1986 [1933], 96ff。

③ 私法领域的专门讨论，参见 LudwigRaiser, “Rechtsschutz und InstitutionenschutzimPrivatrecht”, in RechtswissenschaftlicheAbteilung der Rechts-und Wirtschafts-WissenschaftlichenFakultät der UniversitätTübingen (ed) *Summumius summa iniuria*, Tübingen: Mohr Siebeck, 1963, pp. 145～167。宪法学的讨论，参见 Peter Häberle, *Die Wesensgehaltgarantie des Artikel* 19 *Abs.* 2 *Grundgesetz*: *Zugleichein Beitragzuminstitutionellen Verständnis der Grundrechte und zur Lehrevom Gesetzesvorbehalt*, Heidelberg: C. F. Müller, 1983。

的社会宪治问题由此提出。于是，在社会子领域的宪治化过程中，是由政治系统扮演主导角色，还是由各子领域自主地建构自身，就成了20世纪的重大问题。

二、极权主义的社会宪法

应对现代社会离心倾向的最激进方案是20世纪的政治极权主义。自由主义宪治将各种各样的社会秩序排斥到宪法的潜在状态，极权主义理论却反过来将之置于国家控制要求的中心。众所周知，极权主义国家的特点在于试图使所有社会制度都从属于其政治宪法，通过直接的政治控制进行支配。在极权主义国家，社会宪治问题同样隐而不彰；尽管不是由于忽视各种社会部门，而是由于各种社会部门服从于国家的极权要求。这种方案主要得到了单一政党的支持，单一政党建立了一种相应的官僚体制，将所有社会行动纳入其中，并从政治上加以控制。①

苏联体制和法西斯主义体制主张政治极权，但并不致力于将社会生活完全"去分化"，这个方面十分明显却又经常被忽略。为了获得精英的支持，为了将"私人"制度涵括进政治之中，进而从政治上将私人制度工具化，它们反而倾向于在一定程度上维持各种社会部门的自治。为了各种政治目的，它们聚焦在功能分化过程中产生的各种自治部门，以期从中获得最大产出。它们试图通过明智的双重战略，实现各种自治部门与政治的"同步化"。因此，如果将之视为一种

---

① 对法西斯宪法的讨论，参见 Ernst Nolte, *Der Faschismus in seiner Epoche: Action Francaise, Italienischer Faschismus, Nationalsozialismus*, München: Piper, 2008; Stanley G. Payne, *A History of Fascism*, 1914—1945, London: UCL Press, 1997, pp. 92, 249, 312。对社会主义制度下议会（苏维埃）民主宪法的讨论，参见 Ralf Burnicki, *Anarchismus und Konsens: Gegen Repräsentation und Mehrheitsprinzip: Struktureneinernichthierarchischen Demokratie*, Frankfurt: Verlag Edition AV, 2002。

取向于政治逻辑的倒退的去分化，我们就误解了极权主义的社会宪法。① 极权主义国家并未放弃社会秩序的多样性，而是维持它们、寻求它们的政治支持，并将它们宪治化为正式的等级式组织，以便实施控制。

如果说第一项战略意味着正式组织的集权化，那么第二项战略则旨在实现政治的集权化。第二项战略竭力对各种正式组织化的社会领域强加政治整合，办法是依靠单一政党的力量将它们与政治系统严格绑定（而非将它们彻底政治化——此项区别十分关键）。苏联的统治体系废除了资产阶级议会，并竭力以政治方式组织整个社会。它对各种生产领域进行等级式的宪治化安排，以便单一政党施加政治控制。法西斯国家“新经济和社会宪法”的特征，在于大规模地用计划理性取代市场理性，但同时又维持市场经济的基本制度。② 不同的社会部门仍然保持独立的逻辑，但由相应的法西斯政党组织正式加以组织，从而置于其政治控制之下。在国家法团主义（或曰极权法团主义）下，国家创造了各种社会组织并向其施加数量限制、代表垄断、强制性的成员资格条件、多元主义的政治限制以及法律强制措施的规制。③ 由此可见，极权主义的“组织社会”试图通过同步推进正式的组织化过程与封闭的政治控制，来整合各种相互分离的自治社会

① 一项关于苏联社会系统及其与功能分化的矛盾关系的系统论分析，参见 Nicolas Hayoz，*L'étreintesoviétique：aspects sociologiques de l'e Jondrement programmé de l'URSS*，Genf：Droz，1997。民主德国的社会宪法确实存在这种矛盾情绪，同时鼓励各社会部门的分化和“均衡化”，参见 Detlef Pollack，“Das Endeeiner Organisations gesellschaft—System theoretis che Über legungen zumgesellschaftlichen Umbruch in der DDR”，19 *Zeitschriftfür Soziologie*，1991，293f。对法西斯主义和纳粹体制的系统论分析，参见 Thornhill，“Towards a Historical Sociology”。

② 国家创制的各种子宪法与国家社会主义的潜在社会结构之间存在相互关系，深度讨论参见 GertBrüggemeier，*Entwicklung des Rechtsimorganisierten Kapitalismus. Band 2：Vom Faschismusbiszur Gegenwart*，Frankfurt：Syndikat，1979，25ff，35ff。

③ 对国家法团主义基本特征的讨论，参见 Philippe C. Schmitter，“Still the Century of Corporatism?”，in Fredrick B. Pike and Thomas Stritch (eds)，*The New Corporatism. Social-Political Structures in the Iberian World*，London：University of Notre Dame Press，1974，pp. 85～131。

领域。

极权主义宪法的压制性质最终使其失去了支持。与现代社会结构有关的两方面重大错误,应当对极权主义宪法的历史性失败负责。苏联体系或者法团主义社会组织的双重策略——维持诸社会子领域的自治,并使之服务于政治目标——最终窒息了功能分化的动力。[①]

第一项错误在于其组织策略。这种组织策略只重视大型的正式组织,而这些大型正式组织混同了职业群体(the professions)及其支持者(constituencies)的能量,因此必然遭遇失败。将每一个主要的社会功能系统都构造成等级式的正式组织,就破坏了功能系统内部的职业组织核心与其自发领域的交互作用,亦即破坏了政府组织与公共领域、商业企业与市场、法院与受法律约束者、传媒公司与公众的交互作用。这种组织策略误识了功能分化的隐蔽议程,没能利用自发领域的创造性力量。[②] 社会的反思潜力绝不仅仅聚集于正式组织、厂商、大学、法院或者传媒公司,而是同时产生于各种自发的社会领域。将整个功能领域构造为正式组织的做法,未能理解"没有一个功能系统能够作为一个组织获致其自身统一性"[③]。

第二项错误在于其典型的整合策略,即依靠单一政党推行极权主义宪法。这种整合策略之所以失败,是因为各种社会部门被政治捆绑得太紧,被政治控制措施施加了无法承受的限制。[④] 政治将功能

---

① 海尤斯(Hayoz)将两项策略的效果描述为"在区域层次上妨碍或阻碍着功能分化",参见 Nicolas Hayoz,"Regionale,'organisierte Gesellschaften' und ihre Schwierigkeitenmit der Realitätfunktionaler Differenzierung",13 *Soziale Systeme*,2007,pp. 160~172。对法西斯主义下类似障碍的讨论,参见 Thornhill,"Towards a Historical Sociology"。

② 社会子系统内部组织领域与自发领域的互动,参见 Gunther Teubner,"Global Private Regimes: Neo-spontaneous Law and Dual Constitution of Autonomous Sectors?",in Karl-Heinz Ladeur (ed),*Globalization and Public Governance*,Oxford: Oxford University Press,2003,pp. 71~87。

③ N. Luhmann,*Gesellschaft der Gesellschaft*,841ff,1084ff.;Niklas Luhmann,*Organisation und Entscheidung*,Opladen: Westdeutscher Verlag,2000,384f。

④ Hayoz,"Regionale,'organisierte Gesellschaften' und ihre Schwierigkeitenmit der Realitätfunktionaler Differenzierung",13 *SozialeSysteme*,2007,165f;Pollack,"Endeeiner Organisations gesellschaft",297ff;Chris Thornhill,"Towards a Historical Sociology"。

系统改造成正式组织，并依靠单一政党将这些正式组织加以政治化，这无疑会在短期内达到各种社会力量的特殊动员效果。然而，长期的代价则是高度僵化、缺乏适应性，以及社会创造力的丧失。[①]

三、福利国家的社会子宪法

(一) 历史的教训

毫无疑问，20 世纪后期的福利国家从历史经验中吸取了一些教训——自由主义宪治如何忽视了市民社会制度，以及极权体制如何完全吸纳了这些制度。这样一来，福利国家就对社会宪治产生了一种摇摆不定的态度。1945 年以后引入的社会国(social-state)宪法可以视为对“20 世纪 20 年代高度相互渗透的各种类法团主义宪法纲领和 20 世纪 30 年代极权体制的社会殖民化过程”[②]的反应。社会国宪法尊重各种社会子系统的自主性，拒绝通过直接的政治控制措施规定其基本结构。于是，福利国家就自限于施加相对谦抑的宪法架构。与此同时，福利国家也吸取了自由主义宪治过度节制的教训。在公众意识中，社会子系统的负外部性和离心倾向已经如此强烈，不再可能将问题排斥到个人的私人自主形式的潜在状态。

这种反应包括两个方面。一方面，福利国家对诸多功能体制负有责任。教育、科学、健康照护、广播和电视被宪治化为半国家体制，只给予有限的自治。另一方面，福利国家不干扰其他社会子系统的

---

① 对法西斯体制下的国家失败的讨论，参见 Tim W. Mason, *Social Policy in the Third Reich: The Working Class and theNational Community*, Oxford: Berg, 1993, especially 107。

② Chris Thornhill, “State Building, Constitutional Rights and the Social Construction of Norms: Outline for a Sociology of Constitutions”, in Mikael Rask Madsen and Gert Verschraegen (eds) *Towards a Sociology of Human Rights: New Theoretical and Empirical Contributions*, Oxford: Hart, 2012, forthcoming, (manuscript) 20f.

自治尤其是经济自治，但又承担起全社会范围的协调工作。[①] 基于这种双重取向，福利国家的政策并非单纯地规制社会行动，而是将各种自治社会部门的内部秩序也宪治化了。这种政策的原型是“公司宪章”：国家立法赋予工会共同决策权，避免直接干预。由此确保各社会子系统的自治，同时防止其离心倾向和扩张倾向造成负外部性。这种负外部性是功能分化带来的最严重问题之一：社会制造了多少“内向扩张”？社会能够承受多少货币化、科学化、医疗化、大众传媒化？[②] 鉴于这一问题，福利国家竭力在运用宪法干预各种社会子秩序与尊重各种社会子秩序的独立宪法之间，取得一种不稳定平衡。[③] 但如何能够取得这种平衡？

（二）国家主义社会宪治

在这个问题上，一些学者提出的国家主义社会宪治路径并不恰当。[④] 按照他们的观点，国家宪法不仅要为政治过程提供组织规范，也要为非国家的社会体制提供组织规范。在他们看来，德国宪法包含了经济宪法、文化宪法、传媒宪法、军事宪法和环境宪法的元素，其关于基本权利和立法权限的规定尤其如此。他们由此认为，国家具体规定了这些社会子领域的基本结构。他们不仅将基本权利解释为个人权利的授予，而且也解释为“组织”各种功能子系统的客观法原则。宪法学和宪法法院的任务，则在于将这些元素整合为一个贯融

---

① 对两种倾向的讨论，参见 Thomas Vesting，“Ende der Verfassung? Zur Notwendigkeit der Neubewertung der symbolischen Dimension der Verfassung in der Postmoderne”，in Stefan Korioth and Thomas Vesting（eds）*Der Eigenwert des Verfassungsrechts：Was bleibt von der Verfassungnach der Globalisierung*？Tübingen：Mohr Siebeck，2012，forthcoming，（manuscript）4ff。

② N. Luhmann，*Gesellschaft der Gesellschaft*，757f.

③ 这种不稳定的平衡，尤其体现为宪法学说在德国宪法（德意志联邦共和国基本法）是“国家宪法”还是“社会宪法”的问题上摇摆不定，比如，Herzog/Grzeszick in：Maunz/Dürig，Grundgesetzparas，2010，50ff。

④ 主要代表人物有：Rupert Scholz，*Die KoalitionsfreiheitalsVerfassungsproblem*，München：C. H. Beck，1971，154ff，158ff；RupertScholz，*Pressefreiheit und Arbeitsverfassung*，Berlin：Duncker& Humblot，1978。

的体系，这个体系由国家所组织的各种社会子宪法构成。

尽管这种观点正确地追问社会制度是否应当宪治化以及如何宪治化，但其主要错误在于国家主义的答案。依靠国家宪法的规范来"组织"那些"社会的自由—自主行动和功能系统"①，这种赚人眼球的方案显然高估了国家驾驭社会分化之演化动力的能力。披上宪法教义学外衣的国家主义社会宪治必将暴露出自我阻碍倾向，正如在那些以国家为中心的社会中，"职业群体的法团主义和国家干预主义(dirigisme)，已经造就了一种相当严格和高度分层的组织化社会"。②其结果是，国家将对其领导能力提出过高要求；市民社会将过度依赖国家权力；社会子领域内部业已形成的各种权力地位也将通过宪法固定下来。③

(三) 社会部门的政治化

其他社会宪治版本竭力避免国家主义方案的基本错误。当各种社会子领域的宪法被置于国家的控制之下时，这些社会宪治版本清楚地看到了极权主义的危险。它们因此主张，国家宪治的干预必须时时考虑各种社会关系的特殊属性。④ 在它们看来，政治宪法不只是一套组织政府的规范，而是一种面向整个社会的"规范性指令"。它们指出，国家宪法应当在各个社会部门中实行民主的决定程序并保护基本权利。政治宪法的各项原则，尤其是基本权利，并不仅仅适用

---

① Scholz, *Pressefreiheit und Arbeitsverfassung*, p. 131.

② Nicolas Hayoz, "Regionale, 'organisierte Gesellschaften' und ihre Schwierigkeitenmit der Realitätfunktionaler Differenzierung", 13 *SozialeSysteme*, 2007, 163f；法国同时存在这两种趋势，且非常严重，参见 YannAlgan, and CahucPierre, *La société de défiance: Comment lemodèle social francaiss'autodétruit*, Paris: Éditions rue d'Ulm, 2007。

③ 这些后果已经显现，参见 Scholz, *Pressefreiheit und Arbeitsverfassung*, 188ff。

④ "毕竟，只有宪治国家才在公共权力领域和市民社会之间做出清晰区分并建立制度分离，二者依据不同的社会逻辑以及相应的法律逻辑运作。"参见 Ulrich K. Preuss, "The Guarantee of Rights: Horizontal Rights", inMichel Troper and Dominique Chagnollaud (eds) *Traité International de DroitConstitutionnel*, *Tome* Ⅲ, Paris: Dalloz, 2012, forthcoming, (manuscript) Ⅱ; Ulrich K. Preuss, "The German Drittwirkung Doctrine and Its Socio-Political Background", in AndrasSajo and RenátaUitz (eds), *The Constitution in Private Relations: Expanding Constitutionalism*, Utrecht: Eleven International, 2005, 23～32ff。

于政治决策过程:“它们包含了约束社会自身并渗透所有社会关系的规范性原则。”[①]但它们不是要求国家直接控制社会过程,而是规定国家仅限于督促各种社会体制,让其按照国家政治过程的模式安排自己的内部决策过程。这样一来,社会的宪治化就成了议会立法者的政治任务,他们将政治宪法扩展到所有社会领域。但国家宪法对社会的此种干预必须尊重市民社会的特殊性,因为市民社会主要由私人行动者之间的横向关系构成,而不是由纵向的公法关系构成。[②]

在这个方面,通过将商业公司和其他私人组织视为真正的政治性社团加以分析,“私人政府”社会学理论已经展开了开拓工作。结论是:宪法原则应当向私人组织转移。私人政府理论将私营企业视同于为了生产有集体约束力的决定而形成组织化权力的准政治组织,这种方法确有合理性。[③] 商业组织的决策以往被认为仅仅取向于市场效率,私人政府理论则将之视为政治现象,从而能够与真正的政治系统相类比。私人政府理论发现了组织化脉络中的政治权力,从法律政策的角度要求宪治化、正当化并限制经济权力。与国家宪法的情况类似,私人政府必须通过具有明确政治形式的组织规则来建立正当性,同时依靠基本权利的等值物来确保其成员的自由空间。作为补充,议会立法者必须负责通过各种社会权力关系的宪治化,特别是通过基本权利,来限制各种社会权力关系。

然而,私人政府理论狭隘地局限于正式组织,甚至实际上局限于商业公司。更全面的宪法理论则主张将宪治化扩展到整个经济过程,以及其他社会过程。后一理论的起点是政治性的“劳动宪法理念”,也就是“在法律或者契约规定的特定范围内,授予雇员共同行使

---

① Preuss,“The Guarantee of Rights”,III 2c.

② 参见 MattiasKumm,“Who's Afraid of the Total Constitution? Constitutional Rights as Principles and the Constitutionalization of Private Law”,7 *German Law Journal*, 2006,pp. 341~369。

③ 经典文献参见 Philip Selznick,*Law, Society and Industrial Justice*,New York: Russell Sage,1969;Robert A. Dahl,*After the Revolution? Authority in a Good Society*, New Haven:Yale University Press,1990,80ff,100ff。

以前仅限雇主行使的决策权的那种秩序”。① 随后，这一理念被大幅度地一般化了。国家宪法被理解为一种“社会宪法”，为了达成这个目标，立法者独断地将民主共决和各项基本权利扩展到与社会相关的所有组织。② 这种方案试图通过国家的政策干预，规训资本主义秩序。这些干预措施的实施，主要是直接通过对社会进行法律规制，但也采取间接方式，即对社会子系统施加以民主政治为模型的宪法。波兰尼(Polanyi)为这种方案提供了社会学的背景支持，他分析了无可阻挡的社会市场化趋势，同时也看到了旨在对抗社会市场化趋势、重建“特定文化制度保护壳”的社会抵抗运动。③

这些针对社会的国家干预措施愿意尊重市民社会制度的自主性，但还是系统性地低估了市民社会制度的自我构造潜能。与此同时，这些措施又高估了议会立法者的认知能力和权力行使能力。相信经由民主正当化的政治立法能够自主界定经济、科学、艺术、健康照护或者大众传媒的基础规范，并依靠宪法性法律加以执行，这是一

---

① Hugo Sinzheimer，“Das Wesen des Arbeitsrechts”，in Hugo Sinzheimer，*Arbeitsrecht und Rechtssoziologie*，Frankfurt：Europäische Verlagsanstalt，1976［1927］，108ff.

② 纲领参见 Helmut Ridder，*Die soziale Ordnung des Grundgesetzes*，Opladen：Westdeutscher Verlag，1975，47ff；Helmut Ridder，*Zurverfassungsrechtlichen Stellung der Gewerkschaftenim Sozialstaat*，Stuttgart：Fischer，1960，18f；Preuss，“The Guarantee of Rights”。比较视角的研究，参见 Gavin W. Anderson，*Constitutional Rights after Globalization*，Oxford：Hart，2005；Gavin W. Anderson，“Social Democracy and the Limits of Rights Constitutionalism”，17 *The Canadian Journal of Law & Jurisprudence*，2004，pp. 31～59。对于将此纲领转移到欧盟层面的讨论，参见 Florian Rödl，“Constitutional Integration of Labour Constitutions”，in Erik Eriksen，Christian Joerges and Florian Rödl (eds)，*Law，Democracy and Solidarity in a Post-national Union*，London：Routledge，2009，pp. 152～171。

③ Karl Polanyi，*The Great Transformation：The Political and Economic Origins of our Time*，New York：Farrar & Rinehart，1944，106ff，182ff。在关于经济宪法的讨论中，以下研究直接采纳了波兰尼的观点：Marc Amstutz，*Evolutorisches Wirtschaftsrecht：Vorstudienzum Recht und seiner Methode in den Diskurskollisionen der Marktgesellschaft*，Baden-Baden：Nomos，2001，16ff；Christian Joerges，“The Idea of a Three-Dimensional Conflicts Law as Constitutional Form”，in Christian Joerges and Ernst-Ulrich Petersmann (eds) *Constitutionalism，Multilevel Trade Governance and Social Regulation*，Oxford：Hart，2011，pp. 491～528。

种虚妄的想法。弗里德里希·席勒早已深刻揭示艺术和科学的自治属性:"二者都需要绝对免疫于人的恣意。政治立法者可以封锁其边界,但无法在其内部进行支配。"①即便立法者并不执意开展具体的规制,而是仅限于简单制定各种社会子宪法,情况同样如此。与社会民主观点的良好意愿相反,政治宪法既非"社会应当如何发展的规范性计划",亦非"对好的社会或者可以选择的未来的描绘"。② 因此,直接"将问题政治化……最容易摧毁复杂莫测的社会自我组织过程"。③功能分化不是一个有关基本政治选择的问题,而是一个复杂的演化过程——随着各种基本差异准则(differences directrices)的逐渐具体化,各种专门制度逐渐形成。在这个演化过程中,功能系统自身借助复杂的语意规定自身的同一性。如果有必要,国家能够关联到这些发展过程并在一定程度上施以纠正性的干预,但不可能塑造它们的基础规范。④

此外,这些社会宪治学说经常犯一种范畴错误。它们在未经实验的情况下,就将政治决策模式适用于其他社会部门。它们在非政治脉络中制度化各种政治程序——选举、代表、组织化的反对派、群体多元主义、谈判、集体决策——希望能够由此减少社会子系统令人疑虑的自治。其真实目的,是通过在各种社会子系统内部施加"政治"宪法,进而对不同理性展开由政治主导的整合。正是在这个意义上,德国宪法的福利国家条款的含义,被理解为强制各种社会制度采用与国家政治决策过程一致的结构。⑤ 出乎意料的是,各种社会制度

---

① Friedrich Schiller, *Über dieästhetische Erziehung des Menschen in einer Reihe von Briefen*, Frankfurt: Suhrkamp, 2009 [1879], Ninth letter.

② Luhmann "Politische Verfassungenim Kontext", p. 21.

③ Karl-HeinzLadeur, *Negative Freiheitsrechte und gesellschaftliche Selbstorganisation*, Tübingen: Mohr Siebeck, 2000, 185。在此,政治化被理解为通过政府政策处理问题,而不是社会子系统自身的政治化。参见 Teubner, *Constitutional Fragments*, chapter 4, under V。

④ N. Luhmann, *Gesellschaft der Gesellschaft*, 745.

⑤ Ridder, *SozialeOrdnung des Grundgesetzes*, 47ff; Ridder(ed), *Verfassungsrechtliche Stellung der Gewerkschaften*, p. 18.

因此沿着政党的政治路线分裂，走向了政治化的歧路。20世纪70年代的德国学术改革已经为过度草率的转换提供了例证：只在政治脉络下有效的正当化机制和控制机制，被毫不犹豫地照搬到各种社会制度中。① 结果，由于在非政治领域模仿政治程序，大学"民主化"陷入了普遍的困境，呈现出加剧官僚化的反直觉效果。

尽管这些理论正确地批判了自由主义的国家—社会分离论，以及对市民社会宪法的忽略，但它们也不知道如何处理公/私区分。解构公/私区分已成老生常谈，但代之以在全社会范围内合并公与私，则完全是误导。② 社会学家记录了国家与社会之墙的坍塌，然而，除了社会整体的政治化，他们找不到任何可替代物。③ 法律学者同样认为公法与私法的区分不合时宜，但以一种含混的预设作为替代方案，即私法的彻底政治性。④ 他们不是用更为复杂的多元分化模型和严格取向于多元分化的社会宪法取代过时的二元论，而是诉诸社会的不断政治化，试图将政治宪法的规范性主张从实践上扩展到每一种社会制度。这就错误地消解了政治逻辑与各种自治社会领域之间的

---

① 对于这种将政治决策模式照搬到非政治领域的做法，哈贝马斯仍然持乐观态度，参见 J. Habermas, *Protestbewegung und Hochschulreform*。

② 对这场讨论的重要贡献，参见 Morton J. Horwitz, "The History of the Public/Private Distinction", 130*University of Pennsylvania Law Review*, 1982, pp. 1423～1428; Grimm, *Recht und Staat der bürgerlichenGesellschaft*, 11ff, 192ff。一种持怀疑态度的反对意见，参见 Klaus F. Röhl, and Hans C. Röhl, *Allgemeine Rechtslehre*: *Ein Lehrbuch*, Köln: Heymann, 2008, 412ff。

③ 经典文献，参见 J. Habermas, *The Structural Transformation of the Public Sphere*, 141ff；经过一定修正的观点，参见 Jürgen Habermas, *Between Facts and Norms*: *Contributions to a DiscourseTheory of Law and Democracy*, Cambridge (Mass.): MIT, 1996, 359ff。

④ David Kennedy, "Background Noise? The Underlying Politics of Global Governance", 3 *Harvard International Review*, 1999, pp. 52～57; Karen Engle, "After the Collapse of the Public/Private Distinction: Strategizing Women's Rights", in Dorinda G. Dallmeyer (ed), *Reconceiving Reality*: *Women and International Law*, Washington: American Society of International Law, 1993, pp. 143～155。

功能差异。[①] 确实，社会宪法的社会国式概念塑造了：

> 一种幼稚地以为社会结构系由国家等级式规定的国家观，这种国家观误以为国家与其他社会功能领域（特别是法律与经济）之间的紧密联系表征了国家的结构性支配，因此没有看清国家与其他功能领域（特别是法律与经济）相互依赖的根本原因。[②]

与社会国社会宪法概念的理解相反，问题在于允许不同社会领域各自的宪治化，从而在社会领域的宪法自治与政治宪法的干预之间创造一种不稳定平衡。[③] 如前所述，这实际上就是福利国家概念的目标。然而，如果将各种社会子系统理解为（准）政治系统并按政治方式加以组织，就不可能整合各种不同的社会动力。仅仅要求立法者考虑私人之间的横向关系，亦很难见效。对于各种社会功能系统的独立的理性和规范性，福利国家理论缺乏起码的尊重。

四、面向社会整体的经济宪治

（一）秩序自由主义宪治

政治应当绝对尊重独立的经济宪法，这是秩序自由主义观的标志。秩序自由主义理论坚决主张相对于政治而自治的经济宪法。由于经济宪法预示了一种关于自治的部分宪法（partial constitutions）的多元范式，这种理论原本颇有潜力。然而，当秩序自由主义理论将经济宪法改造成适用于社会整体的宪法时，其潜力就荡然无存了。与错误地经由全盘政治化整合社会类似，这种理论犯了通过在所有

---

① 拉蒂尔（Ladeur）尖锐抨击政治组织化主张的过度扩张倾向，这是她的论证要点，参见 Karl-Heinz Ladeur, *Der Staatgegen die Gesellschaft：Zur Verteidigung der Rationalität der "Privatrechtsgesellschaft"*, Tübingen：Mohr Siebeck, 2006, esp. 119ff。

② C. Thornhill, "State Building, Constitutional Rights and the Social Construction of Norms", (manuscript) 5f。

③ 这是斯特菲克（Steffek）的论点，参见 Jens Steffek, "The Legitimation of International Governance：A DiscourseApproach", 9 *European Journal of International Relations*, 2003, p. 258。他强调，不同的治理形式需要不同的原则和不同的正当化程序。

社会领域中全盘制度化市场机制整合社会的错误。

财产制度、契约制度、竞争制度、货币制度——在秩序自由主义中，这些基本制度构成了经济宪法。经济宪法不是从政治性的立法决定那里获得正当性，而是首先从经济行动的内在逻辑中获得正当性。唯有一种情况，国家干预是正当的，即当经济释放出解构性的动力的时候，特别是当卡特尔和垄断限制了竞争的时候，国家必须采取行动加以防止。不过，这种干预不能采用自由裁量的政治行动形式，只能采用普遍的法治形式。[①]

实际上，秩序自由主义可能提供关于多元社会子宪法的启发性见解，但它却走向了无可忍受的狭隘的经济主义。特别体现在，经济宪法仅仅关注经济与政治之间的宪法冲突，并且一边倒地支持经济。它忽略了经济与其他社会子系统之间同样重要的宪法冲突。在秩序自由主义的经济基本权利理论中，这个问题十分明显。这些经济基本权利，完全被视为对抗国家扩张主义倾向的经济公民权。然而，经济基本权利理论从未探索过政治基本权利在经济自身之中的实际等值物，也就是从未竭力防止问题同样严重的、经济之于其他社会领域的扩张主义倾向。[②] 如果我们严肃对待经济宪法，那么它就必须也能限制经济的动力。秩序自由主义强烈要求限制国家—政治的扩张，却对经济的扩张主义倾向视而不见。它固然意识到应当限制卡特尔和垄断组织的经济权力，但此种限制止于经济权力之于市场的内部影响。潜在的极端后果，即经济向其他社会领域的扩张被忽略了，而这些社会领域的完整性亦应得到宪法保护。政治基本权利的真正等值物，应当是防止经济理性在科学、艺术、医疗、文化和教育中扩张的

---

① 经典文献，参见 Franz Böhm, *Wettbewerb und Monopolkampf: Eine Untersuchungzur Frage deswirtschaftlichen Kampfrechts und zur Frage der rechtlichen Struktur der geltenden Wirtschaftsordnung*, Berlin: Heymanns, 1933；当前受到支持的一种观点，参见 Ernst Joachim Mestmäcker, *Wirtschaft und Verfassung in der Europäischen Union*, Baden-Baden: Nomos, 2003。

② 尽管如此，阿姆斯特茨（Amstutz）还是通过讨论"超越诸权利的权利"（ius supra iura）发展了这个问题的宪法维度，参见 Amstutz, *Evolutorisches Wirtschaftsrecht*, 11ff。

各种规则。为了防止经济行动对个人完整性和制度完整性的侵犯，需要宪法规范。秩序自由主义确实试图限制经济权力，比如面向占据市场优势地位的公司颁行强制缔约或者反向歧视规则，但没有回答经济宪法中真正的基本权利问题。秩序自由主义甚至也没讨论过在没有经济权力的情境下，也就是在市场、竞争、价格机制或者利润原则正常运转的情境下，纯粹经济理性对个人和制度完整性的威胁。

尤其是，秩序自由主义未能成功处理私有化问题。对于任何一种真正的经济宪法来说，当旧的国家行动按照市场方式组织起来时，私有化就构成了新的挑战，因为威胁基本权利的如今不再是国家行动，而是私人行动。以私有化的大学为例：私立大学董事对科学家研究工作的指示应当被宣告违宪吗？可以允许大多数发达工业社会中普遍存在的、关于校友和捐赠者子女优先入学的规则吗？由于无利可图，私立大学可以减少基础研究，转而支持应用研究吗？当科学和教育自由依附于经济而非政治理性时，所受到的威胁一点也没有减少。

但经济主义的缺陷还不只是基本权利问题。金融危机前后，经济宪法实际奠基在科学理性的权威之上，这种观点也大有问题。这种观点认为，各种经济制度的正当性根植于理性选择的哲学，而非政治的投票决定。这样一来，科学似乎就将经济宪法拔高到了国家—政治宪法之上，尽管后者可以诉诸其民主正当性。三个简单的问题揭示了这种新自然法概念的荒诞不经：一种提供因果解释和预测的认知理论，何以能够创造规范的正当性？难道不需要“政治的”争论和决断来完成从认知到规范的跳跃吗？既然科学内部也面临着无法解决的矛盾，那么根植于科学的宪法又能有多么稳定呢？科学没有强制决策的压力，无须决断上述问题，但经济的宪法性法律必须决断这些问题。可见，在秩序自由主义的经济科学基石之下，明显隐藏着一种“政治”决断。

经济学的技术指令肯定无法将经济宪法正当化。与任何一种政治宪法或者社会宪法一样，经济宪法也是无数不确定情境下的决断产物。因此，经济宪法包含了一种不可化约的"政治"因素。忽视其非经济基础，经济宪法就将遭遇正当性困境，无论科学理论、专业知识还是竞争机制都无法解决这种困境。当然，我们必须避免鲁莽地将这种政治因素等同于与国家政治的关联。毋宁说，我们应当将上述私人政府理论一般化：更广义的政治决定，即涉及公共利益的决定，不只是由政府做出，而是也在全社会的许多地方，尤其是在经济中做出。当经济宪法为政治之外的政治提供了基础，就呈现出社会宪法的潜力。经济宪法的自治性不是基于科学理性，也不是基于竞争机制，而是基于经济内部的政治宪治化。下文对此详加讨论。①

（二）宪法经济学

除了秩序自由主义理论之外，经济学家还独立发展了一种宪法理论——宪法经济学。② 宪法经济学并非明确限于严格意义上的经济宪法，而是指出每个社会群体、每种社会制度都以经济宪法的宪法规则为基础。这种观点开拓了其他多种社会宪法的远景，是一种进步。但另一种狭隘的观念抵消了进步。这种宪法的规则被认为完全奠基于理性选择原则。这就排除了完整的社会视角，无法洞察经济行动之于其环境的解构效果。

经济学帝国主义在此发生了影响，既驱动了秩序自由主义观点，

---

① 参见 G. Teubner, *Constitutional Fragments*, chapter 4, under V。

② 奠基之作参见 James M. Buchanan, *Constitutional Economics*, Oxford: Blackwell, 1991; James M. Buchanan, *The Economics and the Ethics of Constitutional Order*, Ann Arbor: Universityof Michigan Press, 1994。晚近的讨论，参见 Walter E. Block, "A Critical Look at The Calculus of Consent", 8 *Georgetown Journal of Law and Public Policy*, 2010, pp. 433～450; Viktor Vanberg, "Market and State: The Perspective of Constitutional Political Economy", 1 *Journal of Institutional Economics*, 2005, pp. 23～49; Stefan Okruch, "Verfassungswahl und Verfassungswandelausökono-mischer Perspektive", in Klaus Beckmann, Jürgen Dieringer and Ulrich Hufeld (eds) *Eine Verfassungfür Europa*, Tübingen: Mohr Siebeck, 2004, pp. 91～115。关于私法中的宪法要素的专门讨论，参见 Wolfgang Kerber, and Vanberg Viktor, "Constitutional Aspects of Party Autonomy and its Limits: The Perspective of Constitutional Economics", in Stefan Grundmann, Wolfgang Kerber and Stephen Weatherill (eds) *Party Autonomy and the Role of Information in the Internal Market*, Berlin: De Gruyter, 2001, pp. 49～79。

也驱动了宪法经济学。与帝国主义式的经济实践一样，这些理论的表现也是帝国主义式的。这些理论将理性选择适用于所有社会行为，声称理性选择可以解释货币交易以外的行为。理性选择声称自己无所不包，广泛适用于爱、宗教、科学、健康和政治的内部宪法。它始终无视其他各种理性的自我统一性(propriuminternum)。并且，尽管更晚近的行为经济学理论以现实主义为名反对理性选择的普遍规则，但仍然谨守经济学范式，只是对该模型做了一点经验上的修正。经济实践同样也是帝国主义式的：只知道市场、利润、竞争等社会协调形式，而且依靠所有可能的手段甚至政治干预将这些社会协调形式扩展到货币交易之外的各种领域。

经济宪治、交易成本理论、财产权理论、公共选择、制度经济学以及法律经济学是同一场运动的不同分支，妄图以经济效率的理念取代所谓陈腐的公共利益、正义和团结概念。这场运动带着自然法的激昂论调，同时以“本质”和“理性”之名发声。市场和组织的内部理性被视为现代社会的本质，应当反映经济和社会的法律构成。[①] 这场运动自我标榜(stylizes)为范式转换的产物，完全取代了道德—政治的旧式取向，并且主张排他性，不容其他范式并存。[②] 在这个问题上，这场运动尤其诉诸它在现代社会秩序中的历史性胜利，也就是经济理性在全社会范围、如今实际上是全世界范围的制度化。这无疑是其力量所在：谁能否认现代社会是一种经济社会，现代宪法性法律必须发展适应于市场和经济的法律形式的论断呢？

但与此同时，这场运动最大的弱点就是其帝国主义主张。囿于眼界，它只能将社会变革视为经济的单一脉络性对道德—政治的单一脉络性的替代。恰恰相反，从全面的社会视角看，现代性的单一理性已经转变为后现代的多元脉络性，转变为各种部分理性并存的多

---

① Brian Barry, *Theories of Justice: A Treatise on Social Justice I*, London: Harvester Wheatsheaf, 1989.

② 例如，George L. Priest, “The New Legal Structure of Risk Control”, 119 *Daedalus*, 1990, pp. 207～227.

元主义,不允许政治宪法和社会宪法仅仅包含经济理性。除了经济之外,尤其是也存在政治、科学和技术、健康照护、传媒系统以及法律本身,以及分别遵循其自身理性和规范性并相应发展出独立宪法秩序的各种正式组织。无论如何,通过强行的经济化以控制这些不同动力,并不比通过国家宪治化将它们政治化的办法更可靠。

五、宪法多元主义

阶段性的结论是:今天,自由主义宪治忽视市民社会的倾向已不足取。与自由主义宪治相对立的极权主义观点,即将国家的普遍性主张扩展到所有社会部门,则更不足取。另一方面,当前的福利国家概念正确地强调,国家应当创造各种部门宪法的架构,与此同时,只有尊重部门宪法的自治,这种架构才是正当的。然而,福利国家概念无视各种社会子系统的动力。向社会子领域注入政治权力和共识程序,并无成效。相反,经济学理论正确地划定了经济宪法的自治底线。但当经济学理论将经济理性总体化(totalize),将所有其他的部分理性斥为非理性,并推动社会整合为一个经由市场机制形成的整体时,也丧失了可信度。

因此,有必要在福利国家概念的斯库拉(Scylla)和纯粹经济学理论的卡律布迪斯(Charybdis)之间穿梭航行。鲁道夫·维霍尔特(RudolfWiethölter)可以担任这一段奥德赛航程的向导。

> 严肃对待自治意味着依靠自我决定,同时也依靠无可避免的外部化。这种外部化不应被理解为外部决定,而毋宁是在无力自助情况下的外部潜在支持。这种外部潜在支持可以比作法律之外的治疗式帮助(therapeutie assistance)或者支持结构。[①]

---

① Rudolf Wiethölter,"Zum Fortbildungsrecht der (richterlichen) Rechtsfortbildung: Frageneineslesenden Recht-Fertigungslehrers",3 *Kritische Vierteljahreszeitschriftfür Gesetzgebung und Rechtswissenschaft*,1988,27f。合法的宪法性法律纲领,参见 Rudolf Wiethölter,"Just-ifications of a Law of Society",in Oren Perez and Gunther Teubner (eds), *Paradoxes and Inconsistencies in the Law*,Oxford:Hart,2005,pp. 65~77。

实际上,不同版本的宪法多元主义都尝试着驾驭这一艰难的过程。[①] 西欧实验了多元的社会宪法,只承认政治宪法的"同侪之首"(primus inter pares)地位。社会之中,宪法无处不在:不只是格劳修斯所谓有社会就有法(ubisocietas, ibiius),而且是有社会就有宪(ubisocietas, ibiconstitutio)。在全社会的许多地方,自我构造的秩序正在形成,并经由宪法性的法律稳定下来。相应地,法律必须发展为"多边宪治"(multilateral constitutionalism),即不是单边地(unilaterally)以国家宪法或者经济宪法模式约束社会子秩序,而是分别采用适应于不同社会子秩序特色的各种宪法模式。[②]

(一)新法团主义安排

新法团主义的出现在政治实践和社会理论中都有特殊的影响,尤其是在"二战"后德国催生了的大量部门宪法(公司、商业协会、工会、大学、职业组织、大众传媒)。[③] 尽管新自由主义与国家干预主义两个阵营的论战支配了意识形态的争论,但新法团主义的安排主导了社会的实践。在政治经济学中,"资本主义多样性"(varieties of capitalism)理论清晰阐述了新法团主义体制的性质。[④] 这种由组织化

---

① 一种坚实的宪法多元主义概念,参见 Neil Walker,"The Idea of Constitutional Pluralism",65 *Modern Law Review*,2002,pp. 317~359。

② 威尔斯奇(Wielsch)讨论了信息获取权并发展了"多边宪治"概念,"多边宪治"不是仅仅取向于经济学所需的知识构成,而是也取向于其他社会系统的知识构成,特别是科学和艺术,参见 Franz Wielsch,"Die epistemische Analyse des Rechts: Von der ökonomischenzurökologischen Rationalität in der Rechtswissenschaft",64 *Juristenzeitung*,2009,p. 70; Franz Wielsch, *Zugangsregeln: Die Rechtsverfassung der Wissensteilung*, Tübingen: Mohr Siebeck,2008,31ff。

③ 杰出的阐释,参见 Wolfgang Streeck, and Kenworthy Lane,"Theories and Practices of Neocorporatism", in Thomas Janoski, Robert R. Alford, Alexander Hicks and Mildred Schwartz (eds), *The Handbook of Political Sociology*, Cambridge: Cambridge University Press,2005,pp. 441~460。

④ 在这个问题上,外国观察者比德国人看得更明白。德国人被围绕自由主义与福利国家概念的主流意识形态争论蒙蔽了,并且没有充分注意欧洲大陆团体取向的经济与盎格鲁—美利坚世界市场取向的经济之间的差异。对资本主义多样性的讨论,参见 Peter A. Hall, and David Soskice (eds), *Varieties of Capitalism: The Institutional Foundations of Comparative Advantage*, Oxford: Oxford University Press,2005。

的利益行使准公共职能的体制在20世纪70年代极富影响，[①]但被20世纪80年代的新自由主义浪潮打回。直到近期的严重金融危机之后，这种体制才再次获得越来越多的关注。[②]

利益群体的深远政治影响从单纯的院外活动扩展到私人行动者真正承担公共职能、劳动者参与公司共同决策的制度化、通过商业协会的自我规制进行市场控制、几乎所有社会部门（健康照护、体育、文化、科学、教育、大众传媒）中职业组织的有力地位……所有这些新法团主义安排都将社会利益的表达制度化了。所有安排都基于一种特殊的宪法，这种宪法包含自我规制的构造性规则，同时允许私人联合在更广泛的政治过程中作为参与者发挥作用。

新法团主义理论对于国家规制和社会自我规制的分析明显秉持现实主义。不同于20世纪30年代僵化的极权国家法团主义，新法团主义理论指出，不应存在强制性的成员资格条件和全面的国家规制，只有自由形成的社会组织才能有效利用社会子系统内部自发要素和组织要素的互动。[③] 尽管国家立法已经将雇员的共同决策制度化，但新法团主义理论仍然着力反对福利国家的全能幻想，因为没有工会和企业的自我构造和自我规制，共同决策就不可能成功进行。最终，

① 主要代表作品，参见 Wolfgang Streeck,"Korporatismus",in Stefan Gosepath, WilfriedHinsch and Axel Werder (eds) *Handbuch der Politischen Philosophie und Sozialphilosophie*, *Band* 1, Berlin: De Gruyter, 2008, pp. 655～658; Wolfgang Streeck, and Philippe C. Schmitter, *Private Interest Government*: *Beyond Market and State*, London: Sage, 1985; Schmitter,"Still the Century of Corporatism?"。

② "除了共产主义和资本主义这两种极端，还有其他选择，比如斯堪的纳维亚模式或者德国模式。中国的制度尽管付出了侵犯人权的代价，但给全体人民带来了繁荣。德国的福利国家模式在人权方面运转良好，可以成为新的美国行政模式。"参见 Stiglitz, Spiegel-Online 2 April 2009。从经济史角度所做的类似评论，参见 Werner Abelshauser, *Kulturkampf*: *Der deutsche Weg in die Neue Wirtschaft und die amerikanische Herausforderung*, Berlin: Kadmos, 2003, 177ff。相反，全球化意味着新法团主义终结，这种过于草率的预测已经被证明是错误的，参见 Wolfgang Streeck, *Re-Forming Capitalism*: *Institutional Change in the German Political Economy*, Oxford: Oxford University Press, 2009, 230ff。

③ 关于权威主义和社会法团主义的内容丰富的比较研究，参见 Peter J. Williamson, *Varieties of Corporatism*: *A Conceptual Discussion*, Cambridge: Cambridge University Press, 1985, 137ff。

新法团主义理论反对那种对于联合体之政治影响的常见批评，强调利益协调中的自主宪治要素，这些要素在政治之中反映了社会的功能分化。

与此同时，新法团主义理论也与宪法经济学保持距离。该理论虽然也强调社会组织的自我构造，但不采用理性选择的各种人为预设。此外，该理论强调社会自我规制的效果在很大程度上取决于国家宪法的保护，而且阐明了正式法律规则的作用。法律为雇员利益的自发组织奠定了永久基础，从而稳定了这些利益对于商业决策的影响，使之相对独立于市场和权力的变动。

社会子系统的"三角式宪治化"(triangular constitutionalization)，亦即子系统在全社会中的自我构造、国家的宪法干预以及正式法律的稳定化作用这三者的分工，可以视为新法团主义的重要实践和理论贡献。雇员共同决策是各种社会宪法通过政治和法律与外部宪法进行复杂互动的典范。在此，国家的制定法调整与公司、工会的社会自我组织密切协作，法院则不断再调整这种平衡。

当然，大型社会组织的内部宪法一直是新法团主义的"阿喀琉斯之踵"，由于缺乏代表性和民主正当性，这些宪法经常成为批判目标。[①] 恰在此处，出现了"多元的审议式参与民主"(deliberative-participatory polyarchy)这一补充理论，不仅强调市民社会的政治相关性，而且试图发现市民社会的民主潜力，并设计了公民参与的程序。[②] 与此同时，市民社会理论也为现代"组织化社会"提出了一套宪法纲领："恢复有限政府，将管理细节还给市民社会，将市民社会的各种组织政治化，改造为'由宪法组织的民主自我管理联合'。"[③]

---

① 详见 Gunther Teubner, *Organisationsdemokratie und Verbandsverfassung*, Tübingen: Mohr Siebeck, 1978。

② Michael C. Dorf, and Charles F. Sabel, *A Constitution of Democratic Experimentalism*, Cambridge (Mass.): Harvard University Press, 2003.

③ Paul Hirst, "Democracy and Governance", in Jon Pierre (ed.), *Debating Governance*, Oxford: Oxford University Press, 2000, p. 28。也参见 Julia Black, "Constitutionalising Self-Regulation", 59 *Modern Law Review*, 1996, pp. 24～55。

（二）社会宪治

戴维·休利提出的“社会宪治”概念聚焦于新法团主义的另一弱点。[①] 由于受到政治经济二元论的过度束缚，新法团主义在很大程度上忽略了其他社会部门。反复被使用的术语“利益协调”（interest mediation）表明，新法团主义狭隘地关注制度化的政治与经济之间的关系。按照其自我理解，各种新法团主义安排将行业协会和工会改造成政治系统的参与者，并将其制度化的利益协调转换为政治决定。这就低估了其他各种社会子系统的自治，这种自治属性使它们相对远离制度化的政治。与此同时，新法团主义理论与经济的关系过于密切，仅仅考虑行业协会、公司和工会，遗漏了新法团主义制度在其他的社会独立逻辑中的再具体化。由于从一开始就针对所有社会子领域，社会宪治实际上矫正了这种不足。

韦伯曾经敏锐地分析过现代社会的理性化两难困境，休利在韦伯的基础上，识别出一些可以对抗日益增长的极权主义演化趋势的反作用力。以下四种因素推动了极权主义趋势。

（1）各领域逐渐分化、多元化和相互隔离，导致各种行动逻辑的片段化：社会中的每个行动领域都发展出自己的形式理性，与其他领域的理性产生不可解决的矛盾；

（2）作为唯一一种所有领域都承认的理性，工具性算计取得支配地位：在现代社会的理性冲突背景下，唯有工具性算计在经济和政治中普遍得到接受，在其他行动部门中也越来越是如此；

（3）官僚化组织全面替代非正式的协调机制：在所有生活领域中，作为各种形式理性的担纲者，配备专家且具有正式等级结构的各

---

① DavidSciulli, *Corporate Power in Civil Society: An Application of SocietalConstitutionalism*, New York: New York University Press, 2001; DavidSciulli, *Theory of Societal Constitutionalism: Foundations of a Non-Marxistic Critical Theory*, Cambridge: Cambridge University Press, 1992; David Sciulli, “Foundations of Societal Constitutionalism: Principles from the Concepts of Communicative Action and Procedural Legality”, 39 *British Journal of Sociology*, 1988, pp. 377～407.

种组织不断激增；

（4）"现代性铁笼"的禁锢作用日益增长：特别是在政治之外的各种社会领域中，正式组织数量激增，这造成了个人的一种全方位的规则取向。

在全社会范围内，走向极权主义的演化趋势不可避免地导致了围绕权力地位和社会影响的激烈竞争、高度形式化的社会控制以及政治和社会的极权主义。按照休利的观点，过去能够有效抗拒这种演化趋势的唯一社会动力是各种"社会宪治"制度，未来也同样如此。关键在于将非理性（理性选择意义上的非理性）规范的程序加以制度化，在经验层面，我们可以从"委员会结构"中，亦即从各种职业性组织、其他规范创制过程和审议制度中，发现这种程序。它们：

> 不仅典型地存在于公共和私人研究机构、艺术和学术网络以及大学之中，也存在于立法机构、法院和委员会、职业联盟以及私人和公共公司的研究部门……甚至私人和公共公司的董事会之中。①

规范意义上的结果是，这种委员会结构的自治属性获得了公开的正当化、政治保障和法律确认。除了历史上已实现的对于宗教领域、集体合同谈判伙伴和自由结社的保障，这些保障也应当延伸到现代市民社会的各种审议机构，延伸到职业协会以及公司、大学、医院、艺术网络和其他地方的职业性实践场所。②

多元主义的宪治版本与福利国家和经济学的宪治版本的本质区别，在于在社会宪治化过程中委诸国家不同职责。与宪法经济学不同，宪法多元主义没有将国家局限于仅仅规定自主经济宪法的最低限度条件。但宪法多元主义也不像福利国家理论那样，将自己理解为在全社会范围内实现政治目标。毋宁说，宪法多元主义聚焦于政治的以下职责：确定各种社会子领域的宪法模式，通过国家与社会行

---

① Sciulli, *Theory of Societal Constitutionalism*, p. 80.

② Ibid, p. 208.

动者的密切合作，控制功能分化的离心倾向。国家承担了整合相互冲突的社会子系统的任务，但国家实现该任务的方式不是通过做出有集体约束力的决定，而是通过协调公共组织和私人组织之间的合作。①

在对依靠政治全方位管理社会过程有了令人警醒的经验之后，上述观点看来彻底现实主义地、同时又十分明智地减轻了国家的职责。然而，仍然需要制度手段迫使自主的社会子系统与国家制度合作。这就要求“将组织化的社会行动者之间的关系加以宪治化，以保护它们的自治和保障它们的相互适应性。”②首要的目标，在于使组织化的社会行动者具有谈判能力和妥协能力，成为各种政治协调行动的可信赖的合作者。

以这种取向于协调的方式，宪法多元主义的各种观点能够相互补充。由于新法团主义战略竭力将各种社会场域——经济、科学和技术、医疗、媒体——转换为集体行动者，以使它们能够成为政治的合作者，功能系统与正式组织之间的差异就成为一个棘手问题。这是因为功能系统本身既无法行动，又无法谈判，也无法沟通。功能系统必须由正式组织代替，即使这些正式组织并不能完全代表所属的整个领域，但它们作为集体行动者毕竟拥有这些能力。③ 此外，还要保障功能领域的各种组织经由等级式的伞状组织充分集中，以使它们能够参与新法团主义谈判。进一步地，“多元的审议式参与民主”战略要求将各种社会制度加以宪治化，从而使集体行动者有能力处理内部问题。而社会宪治战略则试图通过委员会制度的机制，提升各种社会制度的审议能力。

---

① 在这个问题上，赫尔穆特·维尔克（Helmut Willke）阐发了最为精致的理论，参见 Helmut Willke, *Ironie des Staates*: *Grundlinieneiner Staatstheoriepolyzen-trischer Gesellschaft*, Frankfurt: Suhrkamp; Willke, Helmut (1995) *Systemtheorie* Ⅲ: *Steuerungstheorie*: *Grundzügeeiner Theorie der Steuerungkomplexer Sozialsysteme*, Stuttgart: UTB, 1992。

② Helmut Willke, *Ironie des Staates*, p. 358.

③ N. Luhmann, *Gesellschaft der Gesellschaft*, p. 843.

很明显，这种复杂的安排是为民族国家的特殊条件量身打造的。尤其是沃尔夫冈·施特雷克(Wolfgang Streeck)的研究表明，虽然宪法多元主义已被证明十分成功，但其成功取决于仅仅存在于民族国家背景下的各种制度性宪法(institutional constitutions)。[①] 这首先是因为，国家组织拥有充分的权力和认知资源，能够应对不同子系统的复杂协调过程。迄今为止，这些条件只存在于民族国家之中。同样，在参与性社会制度方面，也有一些条件只存在于民族国家背景下：社会组织的网络化、社会组织长期合作的意愿、普遍化的相互性原则以及出于未来利益预期而接受短期限制。在全球化的条件下，能否形成这种宪法多元主义的等值物，则是一个开放的问题。然而，社会宪治所应对的基本问题已经很清楚：如何建构外部的压力，以使自治社会子系统的内部自我限制能够遏制其负外部性？较之民族国家，在全球化条件下，这个问题可能变得更加尖锐。

① Streeck, *Re-Forming Capitalism*; Streeck and Kenworthy, "Theories and Practices of Neocorporatism".

编后记

记得好些年前，我与陆惠风先生绕着剑桥镇的一片湖水散步，偶然聊起了学问的境界问题。我想起过去读杨度的传记，其中记载着这样一桩事。杨度年轻时心高气傲、目无下尘，却遇到了学问家王闿运，王欲将杨度收入门下，便对他说：天下学问有三种：八股之学、诗文之学与帝王之学。学生中，有的跟我学习八股，以图成为官员；有的学习辞章，以图成为文士，却没有一个学生能有资质，学习帝王之学。于是，杨度欣然投入王门，欲学帝王之学。陆先生听到这里，不禁摇头微笑，说："这不过是老先生逗引年轻人的手段罢了，试问，像王闿运那般去问，哪个不要踊跃去学帝王之学？"

那个时候，我初出国门，负笈名校，颇有澄清天下之志，大概那种心气有点类似杨度。故而心里觉得，最了不起的学问不就是"帝王之学"吗？最高明的手段不就是合纵连横吗？最了不起的英雄不就是苏秦、张仪吗？因此，对陆先生突然之间的"反戈一击"，我竟毫无准备，不知如何回答。

回国之后，我在北京高校里颠沛流离了两年，老老实实地当上了学术民工。在惶然、苦闷之余，我发现，很多同龄的学友走上了"帝王之学"的路，有的热火朝天地建智库，有的起早贪黑地编内参，有的为"经略"拉美、非洲，甚至俄罗斯而宵衣旰食，有的则为"老帝国"与"新世界"而愤懑或激动不已，有的则是行动派——干脆重走长征路，再上莫干山，要把先行者的成功故事复制一遍……也许是时运不济，命交华盖，我竟然没有搭上这一班帝王之学的"皇家列车"，也没有享受到"帝王黄"的高雅瓷器装着的时代盛宴。愧悔之余，倒是一位眼光独到的先生道破玄机，说我浑身上下一股浓郁的文人气，根本就没有什么潜质能够“货与帝王家”，最佳的命运估计就是“且去填词”……如此看来，在王闿运的学问等级里，我当真属于无才可去补苍天的二等货色了。

在自己的寂寞与他人的繁荣中，我不断反思，灵光一闪，有点明白了陆先生当年的深意。

也许，我并不具备纵横捭阖的实力，且没有摧眉折腰的身段，而更重要的是，所谓帝王之学也可能是子虚乌有之事。真正的学问是向寂寞中去寻找，是心思浩渺连广宇，是与天地相参，是无限真诚的产物；而所谓“帝王之学”却恰恰相反，是向热闹中去索取，是无限机心和算计的结果。故而王闿运对杨度的教育（或算计）毋宁说是一种误导，这也为他在后来连续不断的变节埋下了伏笔，使他无法与梁启超、孙中山、黄兴、蔡锷这等英杰相提并论。而看看当下热闹非凡的学界，多少人才识、机缘、根基都不如杨度，对帝王和帝王之学的热望却有过之而无不及，试想这些人会有什么好结果呢？这样一想，“且去填词”居然成了我的佳运，无才补天反而成了我的救赎。

这一点想通，我的心态有了很大改变，方寸斗室成了我的祇园精舍，小小书斋成了我的应许之地，无用之学成了我的人生至乐，左图右史成了我的秘密“基地”（但决不搞恐怖主义）。而在寻古探微中，我越来越认同德国社会学家韦伯曾说的话：“人类命运的历程足以让稍窥其一斑者震撼击节不已，这倒是真的。然而他最好将他个人的感慨保留给自己，就像望见高山与大海时那样，除非，他自知被召唤并赋予能力，去做艺术的呈现或先知的要求。”与这种学问的境界相比，那些做着帝师梦的同僚们，倒是有“忽悠卖拐”般的艺术天分，也有着自诩卡里斯玛的勃勃野心。当然，我的意思绝非欲贬斥真正的方略家，那与王闿运式的“帝王之学”是两回事，如同和氏璧与有机玻璃的差异。真正的方略之学必有穿透历史的洞见，必需窥破玄机的沉思，苏秦、张仪、庞涓、孙膑等固然名垂青史，而更令人神往的，倒是力量来自不在场的鬼谷子。而欲获得这种思想的穿透力，怎能不皓首穷经、甘受寂寞呢？

本辑《清华法治论衡》中的部分文章是清华大学文化传承创新基金项目“法律全球化时代的中国与 WTO”（项目编号：2012WHYX018）的

研究成果。在高鸿钧教授的主持下，这项研究得到了诸位师友的大力支持，在此表示真诚的谢意，在核心刊物指挥学术的今天，他们愿意供稿给这份小小的同仁集刊，殊为难能，令人敬佩。感谢清华大学出版社的方洁老师对“论衡”一如既往的支持，是她的付出，才使万紫千红的学术花园中，有了这一小小嫩枝。

鲁 楠

2014 年 12 月 16 日于清华园